权威·前沿·原创

皮书系列为

“十二五”“十三五”国家重点图书出版规划项目

河南民办教育发展报告（2019）

ANNUAL REPORT ON PRIVATE EDUCATION OF HENAN (2019)

主　编／胡大白
副主编／杨雪梅　王建庄

社会科学文献出版社
SOCIAL SCIENCES ACADEMIC PRESS (CHINA)

图书在版编目（CIP）数据

河南民办教育发展报告. 2019 / 胡大白主编. -- 北京：社会科学文献出版社，2019. 11
（河南民办教育蓝皮书）
ISBN 978 -7 -5201 -5528 -1

Ⅰ. ①河… Ⅱ. ①胡… Ⅲ. ①社会办学 - 研究报告 - 河南 - 2019 Ⅳ. ①G522. 74

中国版本图书馆 CIP 数据核字（2019）第 198135 号

河南民办教育蓝皮书
河南民办教育发展报告（2019）

主　　编 / 胡大白
副 主 编 / 杨雪梅　王建庄

出 版 人 / 谢寿光
责任编辑 / 王玉霞
文稿编辑 / 王　悦

出　　版 / 社会科学文献出版社 · 城市和绿色发展分社（010）59367143
地址：北京市北三环中路甲 29 号院华龙大厦　邮编：100029
网址：www. ssap. com. cn
发　　行 / 市场营销中心（010）59367081　59367083
印　　装 / 天津千鹤文化传播有限公司

规　　格 / 开 本：787mm × 1092mm　1/16
印 张：22. 25　字 数：334 千字
版　　次 / 2019 年 11 月第 1 版　2019 年 11 月第 1 次印刷
书　　号 / ISBN 978 -7 -5201 -5528 -1
定　　价 / 128. 00 元

主要编撰者简介

胡大白　黄河科技学院创办人，教授，中国当代教育名家。第十届全国人大代表，享受国务院政府特殊津贴。中国民办教育协会监事会主席，河南省民办教育协会会长。荣获第三届“中国十大女杰”“全国三八红旗手”“60年60人中国教育成就奖”“中国好人”“中国好校长”“世界大学女校长终身荣誉奖”“河南省劳动模范”“河南省道德模范”“河南省优秀共产党员”“河南省突出贡献教育人物”等荣誉称号。

中国当代民办高等教育的开创者、黄河科技学院董事长，河南民办教育研究院院长。主持全国教育科学“十一五”规划课题“民办高校实施内涵式发展战略研究”，中国高等教育学会“十一五”教育科学规划重点课题“民办本科高校培养目标定位和育人模式改革的研究与实践”“当代民办高校大学章程建设研究”等项目；出版《民办高校现代大学制度建设》《民办高校内涵式发展战略研究》《改革开放以来河南民办教育发展及趋势研究》等专著多部；发表《中国共产党的民办教育理论与实践探析》《关于民办高校董事会建设问题的思考》《民办高校法人治理结构初探》《我国民办高等教育的现状和前景》等论文50余篇。多次获得国家和河南省教学成果奖、河南省发展研究奖。

新华社、中央电视台“东方之子”“半边天”“对话”栏目、中央电视台英语新闻频道、中国教育电视台、《人民日报》、《光明日报》、《中国教育报》、《华盛顿邮报》等中外知名媒体都曾专题报道过其先进的办学理念和管理经验。

《河南民办教育发展报告（2017）》《河南民办教育发展报告（2018）》主编，总报告课题负责人。

杨雪梅　黄河科技学院院长，博士，教授，博士生导师，享受国务院政府特殊津贴，北京大学博士后。第十二届、十三届全国人大代表。全国青联常委，中国民办教育协会副会长，河南省高校创新创业协会会长，河南省教育人才学会会长，河南省民办教育协会常务副会长，河南中华职教社副主任。曾荣获“全国五一劳动奖章”、“全国三八红旗手”、“中国青年五四奖章”、“河南省政府督学”、首批“河南省教育评估中心评估专家”、“河南省学术技术带头人”、“河南省十大科技领军人物”、“河南省优秀专家”等荣誉称号。

从事民办高校管理工作，致力于民办高等教育领域理论研究，出版专著7部，主编著作（丛书）等10余部（套），主持省级以上课题15项，发表论文40余篇，荣获国家级教学成果二等奖、河南省高等教育教学成果特等奖、河南省发展研究奖一等奖，荣获河南省社会科学优秀成果一等奖1项、二等奖3项。

《河南民办教育发展报告（2017）》《河南民办教育发展报告（2018）》副主编。

王建庄　中国民办教育协会党建工作委员会副主任，河南省民办教育协会副会长，河南民办教育研究院执行院长、首席研究员。河南省教育厅学术技术带头人，河南省优秀教师。曾任河南省高校就业工作评估专家组成员，河南省高校德育评估专家组成员，河南省高校办学水平评估专家组成员，河南省民办高校年检专家组组长，河南省函授教育评估专家组组长。

主编《大学语文》《职业生涯规划》《现代社交礼仪》《互联网+创新创业概论》《互联网+创新创业指南》等大学教材10部。在2008、2009、2012、2016、2017五年的河南蓝皮书《河南社会形势分析与预测》分别发表关于河南省高等职业教育、义务教育和职业教育现状与发展的研究报告。主持的研究项目获河南省科技进步奖、河南省政府发展研究奖和河南省社会科学优秀成果奖。多次获得河南省教学成果奖。

《河南民办教育发展报告（2017）》《河南民办教育发展报告（2018）》副主编，总报告执笔人。

摘　要

本书由河南省民办教育协会、黄河科技学院主持编撰，对 2018～2019 学年河南民办教育的规模现状进行了扫描、梳理和概括，展示了河南民办教育在全国民办教育和在河南全省教育中的分量。本书认为长期以来河南民办教育坚持不变的是教育的社会主义方向和公益性原则，是对教育规律的遵循，是对特色教育的追求；不断变化的是对社会发展的适应，是对现代学校制度的趋近，是对人才培养模式的创新，是对教育方法的不断改革，是在发展中不断解决新的问题，开创新的路径。本书分析了当前民办教育发展的内外部环境和主客观因素并对未来的发展提出了对策建议。

全书由总报告、学段教育篇、现代学校制度建设篇、政策与法规篇、培训与职业教育篇、人才培养篇、党建工作篇、综述篇及附录组成，系统反映了河南各级各类民办教育的基本情况。总报告由河南省民办教育协会课题组撰写，统领全书各篇。总报告认为，河南民办教育要想实现健康发展，必须遵循三个基本原则：一是遵循国家第一的原则，二是服务社会的原则，三是遵循教育基本规律的原则。正是在坚持基本原则的基础上不断革新，才实现了规模和质量的发展。党的十八大以来，河南的民办教育实现了持续发展。从 2012 年到 2018 年，民办幼儿园由 10362 所增加到 17293 所，6 年增加了 6931 所；在园幼儿由 174. 04 万人增加到 300. 46 万人，增加了 126. 42 万人。民办小学由 1344 所增加到 1865 所，增加了 521 所；在校生由 107. 18 万人增加到 162. 35 万人，增加了 55. 17 万人。民办普通初中由 584 所增加到 819 所，增加了 235 所；在校生由 59. 13 万人增加到 90. 73 万人，增加了 31. 60 万人。民办普通高中由 196 所增加到 299 所，增加了 103 所；在校生由 25. 98 万人增加到 41. 84 万人，增加了 15. 86 万人。民办中等职业学校数量有所减少，由 234 所减少到 170 所，但是在校生却由 24.28 万人增加到 26.54 万人。民办普通高等学校由 34 所增加到 39 所，学校数增幅不大，但是在校生却由 28.98 万人增加到 51.05 万人，增加了 22.07 万人。2018～2019 学年，全省民办教育在校生数达到 674.90 万人，占到全省各级各类教育在校生总数 2467.67 万人的 27.35%。比上一学年的 23.25% 提高了 4.1 个百分点，占比超过了 1/4。新时代河南民办教育要更加注重自身建设，政府要鼓励支持发展民办教育，加强分类管理，加大扶持力度，使民办教育健康持续发展。

学段教育篇结合全省民办教育的实际，对河南各级各类民办学校的现状进行了分析，从不同的方面提出了对策建议。现代学校制度建设篇重点讨论现代大学制度建设的河南实践问题。政策与法规篇主要分析了分类管理对民办学校的影响。培训与职业教育篇主要就民办教育对河南当代职业教育体系构建的贡献和河南培训教育的现状进行了分析。人才培养篇对民办高校“双师型”教师胜任力模型构建、新时代民办高校人才培养模式、民办应用技术学院产教深度融合道路等进行了探索。党建工作是新的《民办教育促进法》实施以来河南民办教育工作的重中之重，2019 年中国民办教育协会确定的 70 个全国民办学校党建特色项目，河南有黄河科技学院、郑州科技学院、郑州晨钟教育集团、汝州香榭世家幼儿园等学校（机构）入选。党建工作篇发布了全省民办教育党建工作调查报告、民办高校党建工作报告和汝州香榭世家幼儿园红色基因传承教育的调查报告，在一定程度上反映了河南民办教育党建工作的现状。

关键词： 河南　教育体系　民办教育

目　录

Ⅰ　总报告

Ⅱ　学段教育篇

Ⅲ　现代学校制度建设篇

Ⅳ 政策与法规篇

Ⅴ 培训与职业教育篇

Ⅵ 人才培养篇

Ⅶ 党建工作篇

Ⅷ 综述篇

Ⅸ 附录

皮书数据库阅读**使用指南**

总 报 告

General Report

B.1

2018~2019学年河南民办教育发展现状与预测

河南省民办教育协会课题组*

摘　要： 河南民办教育的发展，得益于政策和社会需求，民办教育自身也有鲜明的特色。在发展过程中，坚持不变的是教育的社会主义方向和公益性原则，是对教育规律的遵循，是对特色教育的追求；变化的是对社会发展的适应，是对现代学校制度的趋近，是对人才培养模式的创新，是对教育方法的不断改革，是在发展中不断解决新的问题，开创新路。“变”与“不变”催生了今天的河南民办教育，也为民办教育的发展奠定了良好基础。

---

* 课题组负责人：胡大白；成员：汤保梅、寿先华、王道勋、贾全明、樊继轩、王建庄；执笔：王建庄。

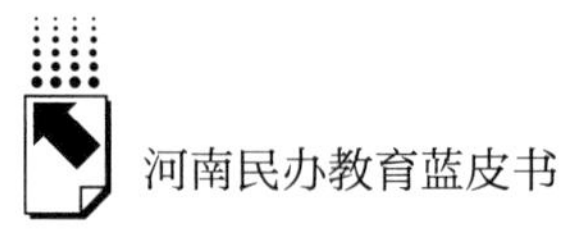

关键词： 河南教育 民办教育 教育创新

改革开放以来，在党和政府的鼓励扶持和社会各界的关心支持下，河南民办教育应社会需求而生，乘国家政策发展，抓时机扩大规模，循规律提升质量，从无到有，从小到大，历经了恢复发展、规模扩张、内涵提升等几个阶段，为河南省经济社会发展和教育事业改革发展做出了重要贡献。民办教育由改革开放之初的教育事业的补充，发展到今天，已成为教育事业的重要组成部分。

2018～2019学年，是新修订的《民办教育促进法》（以下简称新《民促法》）实施的第二年。面对新法带来的一系列解读和变化，面对越来越近的“营”“非”选择，河南民办教育经历了什么样的发展历程，又是怎样面对新时代发展变化的？

一　把握办学方向，健康发展

总结70年的发展经验，河南民办教育工作者深刻认识到，要想实现健康发展，必须遵循三个基本原则。一是遵循国家第一的原则。教育为人类社会所共有，而在不同的历史阶段上或不同的社会里有不同的性质，这主要是由社会政治经济制度决定的。河南当代民办教育70年，特别是改革开放以来40多年的发展历程表明，任何时候，在任何情况下，民办教育都不可能背离国家的发展方向，必须认真执行党的路线方针政策，坚持社会主义办学方向，为国分忧。二是服务社会的原则。三是遵循教育的基本规律。学校在发展上主动与国民经济和社会发展相适应，不断优化，使内部结构比例逐步趋向科学合理。在教育教学上更多地考虑与受教育者身心发展水平相适应，坚持以人为本，以学生成长发展为要，运用因材施教、循序渐进等教育原则，在提高办学水平的同时，提高人才培养质量。

1. 坚持党的领导

河南民办教育在党建工作方面逐步走在了全国前列。2018 年 6 月 13～15 日在珠海举行的全国民办教育党建工作会议上，全国 9 个典型院校代表发言，河南就有两个：黄河科技学院国际学院代表和晨钟教育集团代表。2019 年 6 月，中国民办教育协会确定了 70 个全国民办学校党建特色项目，黄河科技学院、郑州科技学院、郑州晨钟教育集团、汝州香榭世家幼儿园等学校（机构）入选。被确定的全国 7 家民办学校党建学习基地，其中就有郑州晨钟教育集团；汝州市香榭世家幼儿园在全国民办学校党建特色项目交流会上做典型发言，获得与会代表和专家一致好评。他们在工作实践中重视党的建设，健全党的组织，积极贯彻执行党的路线方针政策，将党中央和省委的决策贯穿到教书育人的行动中去，促进了教育的健康发展。

黄河科技学院开展“亮身份、树形象、比贡献，争做出彩黄科院人”活动，要求党员作为促进学校发展的中流砥柱，必须把身份亮出来，把先锋形象树起来，把贡献比出来，充分发挥先锋模范作用，争做出彩黄科院人。郑州科技学院高度重视统战工作，在统战工作中坚持大团结大联合的原则，充分结合民办高校特点，创造性运用“微统战”模式，化大为小，化繁为简，化虚为实，结合实际，围绕中心，分层分级分类开展统战工作，推动统战工作做细、做精、做实。郑州工业应用技术学院连续举办“青年马克思主义者培养工程”培训班，号召和引导青年学生以习近平新时代中国特色社会主义思想为指引，勇担新使命，实现新作为，旨在教育青年、引领青年、培育青年、塑造青年、成就青年。信阳学院打造三支队伍，办好四类培训，创建五项品牌，紧紧围绕立德树人根本任务，牢固树立育人为本、德育为先的理念，在思想政治教育方面形成了具有鲜明特色的“三四五”工作模式，取得了显著成效。郑州财经学院“不忘初心，牢记使命”红色教育实践活动培训班走进延安，寻访梁家河、研学杨家岭、参观延安革命纪念馆，重温中国共产党领导人民取得全国革命胜利的光辉历程。洛阳科技职业学院突出制度的激励约束作用，采取集中宣讲与文艺活动相结合、党性教育与理论学习相结合、集中培训与组织生活相结合的方式，着力提高党员整体素质，让规矩“严起来”；突出党员的先锋模范作用，让党员“动”起来；突出党支部的主体作用，让组织生活“活”起来。以大力提升学院党建工作质量、培养高素质技术技能型人才为目标，用高质量党建引领推动高质量发展。

2. 始终坚持正确的办学方向

河南各级各类民办学校逐步克服短期行为，始终坚持社会主义的办学方向，初步进入了良性循环的轨道。黄河科技学院创新“以学生为中心”的人才培养模式，营造良好的创新创业生态环境，培养了一大批高素质应用型创新人才。郑州科技学院创新性地开展了以“读、观、演、创、做”为内容的“五引导工程”，引导学生读经典名著，感悟人生真谛；观人生百态、辨是非美丑；演基本技能、练职场真功；创新施教方式，培养创新思维、创业能力；做诚信诚实公民。信阳学院坚持立德树人的根本任务，扎实推进高水平应用型大学建设目标的实现，突出办学特色，以教学保障和资源保障为两翼，持续推进内涵建设和转型发展步伐。学院成立了信阳地方民俗文化研究中心、信阳民歌研究所等科研机构以及汉风国韵社、翰墨书法协会、千千结艺社等社团组织，致力于强化传统文化教育，传承民族精神。组织举办罗山皮影戏展演、信阳市非物质文化遗产作品联展、民俗文化节、民间音乐进课堂、汪家拳传习、民族传统服饰展、历史剧《浣纱记》展演等各类文化活动，将优秀的传统文化切实融入思政教育实践之中，以优秀的文化精神濡染和塑造青年学子的心灵与人格。郑州财经学院通过开展“校风学风建设月”“校风学风提升月”“诚信校园行”活动，优化了学生成长成才环境。河南大学民生学院不断改进教学方法，积极运用多媒体等现代教学手段，推进实践教学、案例教学，有效提高了教育教学质量。郑州工业应用技术学院扎实开展以“五个一”工程为载体的素质教育，以“学习雷锋，日行一善”为主要内容，创作了一大批优秀文艺作品，成为倡导师生践行社会主义核心价值观的有效载体。郑州电力职业学院全面启动了院级精品课程、教学团队、特色专业等教学质量工程的建设工作。洛阳第二外国语学校开设了社会实践课、家庭教育系列讲座，举办了“践行社会主义核心价值观”专题讲座和“不忘初心、牢记使命”的主题班会，举办了毕业班系列活动，通过这些活动培养了师生的社会责任感和感恩情怀。

3. 不断提升人才培养质量

学校教育最主要的职能就是培养人，河南民办学校在由规模扩张到内涵提升的转型过程中，紧紧抓住人才培养的中心环节，不断提高教育教学质量。

黄河科技学院以推进创新创业教育，引领应用型人才培养模式实施改革，把创新创业教育融入人才培养全过程，实现通识教育、专业教育与创新创业教育一体化，组建大学生创新创业园，建立创业指导教师队伍，制定并完善相关制度文件，大力促进应用型人才培养质量的提升和创新创业精神的培养。举办文化大讲堂30余场，将传统手偶、诗词等引入校园，增强师生对传统文化的认知、认同；依托课堂教学平台，开展中原特色文化专题教学，将中原茶文化、豫剧等特色传统文化融入食品、音乐等专业教学，拉近学生与传统文化的距离，增强学生对中原文化的自信心和自豪感。

郑州科技学院坚持立足地方经济社会发展，通过开设企业订单班、优卓班，共建实验室、模拟实训中心等途径，加强校企合作人才培养基地的建设，不断拓展校企合作领域。引培并举促进“双师”队伍新提升，实施一站一室培养“双师”新途径。在企业建立“教师工作站”，鼓励教师参与企业生产、管理和技术研发，提高教师的“双师”素质和“双能”水平。学校建立“企业名师工作室”，为企业优秀工程技术人员来校参与人才培养提供良好环境；成立教师发展中心，构建岗位胜任、专业发展、团队协作等多层次多角度的教师培训系统，全方位促进双师双能型教师成长发展。

信阳学院坚持学习国内外高校先进办学理念，加强校企合作与产教融合，通过“走出去”与“请进来”的方式，不断拓宽学术交流广度与深度，进一步深化专业教学及学术科研等方面的合作。学院不断拓宽办学新思路，先后与中软国际、珠宝街、智游集团、阿里巴巴等合作，建立实习实训基地，为进一步推动应用型人才培养，全面提高人才培养质量构建有效渠道。

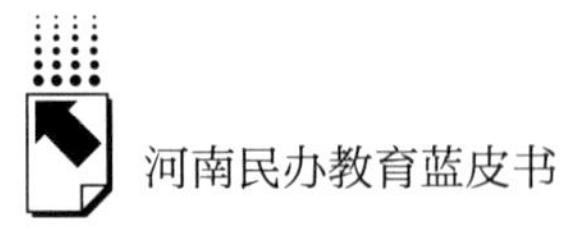

新乡医学院三全学院成立“AI + VR 医学教育融合创新研究院”。聚焦未来人工智能、大数据、虚拟现实对医学教育的改变，虚拟现实技术和 AI 大数据在医学中的应用与教育教学融合，将成为应用型大学实现弯道超车、在行业领域树立品牌的关键抓手。

洛阳科技职业学院坚持以服务地方经济和社会发展为己任，大力推进产教融合、校企合作，本着“办一个专业、建一个实体、兴一个产业、创一个品牌”的原则，以建设高水平有特色示范性高职院校为目标，不断更新办学理念，加强内涵建设，提高人才培养质量，积极探索校企合作的新理念、新思路、新举措，形成了政府与学校合作、学校与企业合作的发展模式。

郑州高新区艾瑞德国际学校更新治学理念，从“文化理念与传承”“义务教育学校专业标准”“教育核心理念”等方面展开育人工程；郑州一八联合国际学校从课堂教学改革、课堂理念与模式探索、课堂探索等方面提升课堂理念和学校教育成果；郑州十九中国际部改变传统的授课模式，在互联网背景下寻求新型模式教学；郑中国际学校加强学校内涵发展，本着开办“让孩子的未来触手可及”的特色教育，在学校办学理念、校园文化、创办有灵魂的教育、打造现代化国际化新型学校等方面进行了有益探索。

更新教学方法，提升育人质量，持之以恒地努力，民办学校毕业生由逐步被社会承认发展为市场的紧缺人才。

2018 年 8 月 2 日，福布斯公布了 2018 年中国“30 位 30 岁以下精英”榜单。黄河科技学院 2008 级建筑工程专业学生、大学科技园孵化企业郑州飞轮威尔实业有限公司 CEO 李威入选。同时，李威也是关于智能个人移动出行方面唯一上榜者。

郑州科技学院产教融合探索协同育人新路径，掌握地方发展新动向。学院与郑州航空港区、高新区、经开区等产业聚集区实施战略合作，通过校地互动，了解产业动向，强化人才培养与地方发展的结合度，每年来校招聘的地方企业有 400 余家。结合企业用人新需求，深入企业调研，确定培养目标。依据企业用人标准，明确知识、能力、素质要求，根据培养目标和规格构建课程体系。最后请行业企业和学校专家进行论证，确保培养目标和规格从企业中来，课程体系符合企业用人需求。融入企业应用新技术。学院与企业共建校内实验实训基地，搭建企业真实场景，通过企业设备进校园、技术进课堂、工程师上讲台等全程融入的方式，共同实施人才培养，两年来，更新课程和开设企业课程累计达150余门，毕业生成建制被预定，入职薪资比普通大学生高出30%。

洛阳科技职业学院以众创空间为依托，结合大学生就业创业需求，成立了"洛克8"众创空间，通过市场化机制、专业化服务和资本化途径，积极构建低成本、便利化、全要素、开放式的创新创业培育孵化平台，着力提升大学生创新创业能力。学院通过开展创新创业论坛、创新创业大赛、创新创业讲座、众创空间大讲堂、科技文化周等丰富多彩的创新创业主题活动，倡导大学生积极参与，以期培育创新创业情趣，增强创新创业主动性，启发创新创业思路，拓宽创新创业视野，提高创新创业精神，培养能够适应未来市场需求、具备创新创业能力的技术技能型人才。

二　2018～2019学年河南民办教育发展态势

改革就是不断创新，就是在原有的基础上打破常规，实现突破，从而不断激发前进的活力，将事业发展推向更高层面。河南民办教育不论是在数量上还是在质量上都在不断提升。

（一）规模持续扩大

党的十八大以来，河南的民办教育实现了持续发展。从2012～2013学年到2018～2019学年，民办幼儿园由10362所增加到17293所，6年增加了6931所；在园幼儿由174.04万人增加到300.46万人，增加了126.42万人。民办小学由1344所增加到1865所，增加了521所；在校生由107.18万人增加到162.35万人，增加了55.17万人。民办普通初中由584所增加到819所，增加了235所；在校生由59.13万人增加到90.73万人，增加了31.60

万人。民办普通高中由 196 所增加到 299 所，增加了 103 所；在校生由 25. 98 万人增加到 41. 84 万人，增加了 15. 86 万人。民办中等职业学校数量有所减少，由 234 所减少到 170 所，但是在校生却由 24. 28 万人增加到 26. 54 万人。民办普通高等学校由 34 所增加到 39 所，学校数增幅不大，但是在校生却由 28. 98 万人增加到 51. 05 万人，增加了 22. 07 万人。2018 ~ 2019 学年，全省民办教育在校生数达到 674. 90 万人，占到全省各级各类教育在校生总数 2467. 67 万人的 27. 35%，比上一学年的 23. 25% 提高了 4. 1 个百分点，占比超过了 1/4。如图 1、图 2 所示。

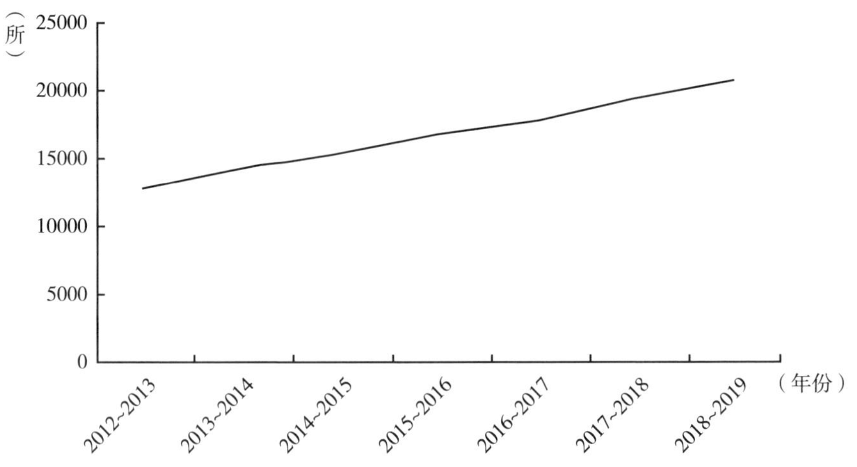

图 1　2012 ~ 2013 学年以来河南民办教育学校发展情况

2018 年下半年，河南民办教育研究院通过走访、座谈、问卷、微信、电话等方式对全省 37 所民办高校就学校现状和发展方向进行了不同形式的调研。通过对数据进行整理分析，其结果如下。

1. 办学历史

37 所高校中，建校 30 年以上的 8 所，占总数的 21. 62%；20 ~ 30 年的 6 所，占 16. 22%；10 ~ 20 年的 16 所，占 43. 24%；10 年以下的 7 所，占 18. 92%。由此来看，近 2/3 的民办高校建校时间在 20 年以下。其中占比最大的是建校 10 ~ 20 年的，这部分学校大多是原来公办高校的二级学院。

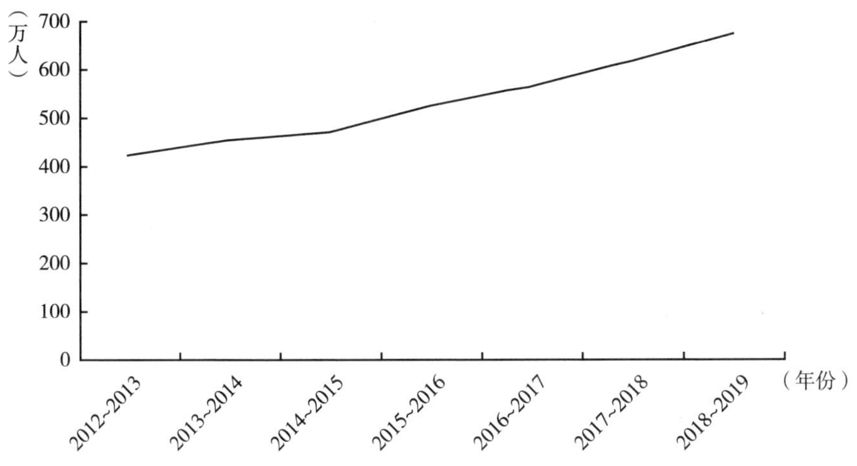

图2　2012～2013学年以来河南民办教育在校生情况

2. 校均规模

2017～2018学年，全省民办高校校均规模为12341.54人。其中本科院校校均16425.71人，专科学校校均8870人。37所高校中，在校生超过30000人的1所，占2.70%；20000～30000人的10所，占27.03%；10000～20000人的8所，占21.62%；5000～10000人的12所，占32.43%；5000人以下的6所，占16.22%。由此看来，超过50%的高校在校生规模超过了万人。

3. 师生比

调研获得了35所民办高校的师生比数据。全省民办高校平均师生比为1∶18.79；其中12所高校高于这个比例，占到34.29%。师生比最高的达到1∶24.53，即平均每个专任教师要负担24.53个学生。整体来看，高比值密度分布较大的区域在在校生规模大的学校。就当前河南高等教育现状来看，高校师生比一般在1∶17～1∶19。超过了这个区间，教师的负担就可能过重；低于这个区间，教育教学成本就会增加。

4. 党建工作

全省37所民办高校全部建立了党组织，开展组织活动。组织关系隶属于河南省委高校工委。省委高校工委向省属民办本科院校选派了党委书记，独立学院的党委书记由合作高校选派。17 所民办本科高校中，目前 16 所院校的党委书记在岗，一所院校的党委书记退休，新任书记尚未到任。

5. 关于发展

全省有 28 所民办高校已经表示在 2022 年过渡期结束时选择为非营利性民办学校，占到总数的 75. 68%；9 所尚未确定，占到 24. 32%。截至 2018 年底，没有一所存量民办高校表示选择营利性民办学校。

2009 ~2010 学年，全省民办高校 23 所，在校生 233844 人，专任教师 16635 人。当年的校均规模为 10167. 13 人，师生比为 1∶14. 06。10 年后的 2018 ~2019 学年，学校数增加到 39 所，在校生增加到 522544 人，整体规模明显增长。与此同时，校均规模也由 10167. 13 人增加到 12341. 54 人，平均每所学校增加了 2174. 41 人；师生比由 1∶14. 06 增长到 1∶18. 79，平均每个专任教师多负担了 4. 73 人。

（二）特色逐步形成

随着市场经济的迅速发展，河南民办教育逐步形成了多样化的办学态势。在发展过程中创造了多种办学模式：有以黄河科技学院为代表的“滚动发展模式”发展起来的在全国具有一定影响力的本科院校；有以郑州工业应用技术学院（原郑州华信学院）和河南建业外国语中学等为代表的“企业集团投资模式”；有以信阳学院（原信阳师范学院华锐学院）等为代表的原公办本科院校独立学院转型的本科院校；有以郑州工商学院（原河南理工大学万方科技学院）等为代表的综合教育集团；有以郑州成功财经学院、郑州升达经贸管理学院等为代表的台胞投资兴办的本科院校；有以河南师范大学新联学院等为代表的普通高校二级学院；有以郑州大学西亚斯国际学院等为代表的中外合作办学机构；还有以郑州澍青医学高等专科学校为代表的具有较强实力的民办专科学校等。

此外，河南民办教育还有以长葛实验中学为代表的股份制模式、以郑州一八联合国际学校为代表的“校企联姻办学模式”；以公办学校为主体、利用名校效应吸引合作伙伴举办民校的“优质教育资源倍增模式”；以郑州晨钟教育集团为代表的非学历教育机构的“教育集团发展模式”等。多样化的发展模式为河南民办教育的发展注入了新的活力，使河南的民办教育在竞争与合作中稳步发展。

区域民办教育的共同发展是河南民办教育发展的又一特色品牌优势。随着发展，河南各地涌现出了推进民办教育整体发展的区域典型，呈现出了独特的区域现象，尤其是以区域性特征为代表的民办教育发展模式，正在成为一种地方文化现象，引起了广泛关注。在河南区域民办教育发展的版图上，逐步形成了以江浙资本的涌入为典型特征的周口模式、以本土资本迅速崛起的商丘模式、以区位优势发展民办高等教育的郑州模式等。

（三）影响力不断扩大

在向更高层次、更广领域发展的过程中，河南民办教育正在突破原有的藩篱，在中国民办教育的大舞台上扮演着越来越重要的角色。

1. 人才培养模式不断创新

新时代对教育目标的实现提出了新的要求，为适应这个要求，就要不断创新人才培养模式。黄河科技学院着力抓好人才培养“试验田”，探索建立跨院系、跨学科、跨专业交叉培养应用型创新人才的新机制。澍青医学高等专科学校从2014年以来实施了“基本技能+一技之长”的“特色教育工程”，在人才培养上，强调学生在掌握本专业的基本知识、基本技能的基础上，掌握一门适合自己兴趣、体现专业特色，同时又是岗位急需的实用技术，以提高就业竞争力。多数民办学校能够根据当地经济和社会发展需要，紧贴时代需求，认真制订人才培养方案，人才培养模式不断创新。

2. 参与重要文件的讨论修订

2017年底，协会根据上级要求，就《民办教育促进法实施条例》多次组织河南民办教育研究院和专家学者、民办教育参与者等征求意见。2018年4月9日，河南省民办教育协会又组织部分民办学校举办人在黄河科技学院举行了座谈会，向教育部发展规划司调研组提出了修订意见和建议。河南

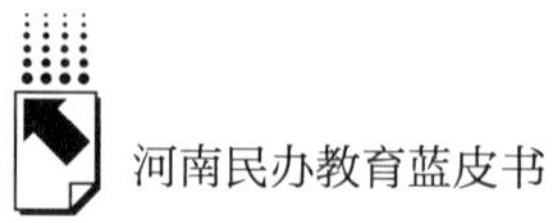

民办教育研究院起草的建议得到了参与调研的教育部发展规划司副司长田福元、政策法规司副司长王大泉、教育部发展规划司民办教育管理处处长顾然、政策法规司法制办副主任翟刚学的重视和肯定。

河南省民办教育协会多次接受省政府、省教育厅的安排，参与地方教育法规的讨论、起草、修改工作，为政府决策提供了行业支持。2018 年以来，河南民办教育研究院执行院长王建庄等多次参与有关报告的起草工作。协会胡大白会长多次参加重要文件的讨论并在省政府征求意见座谈会上提出了建设性意见。

3. 主动承担全国性的会议

2018 年 3 月 31 日至 4 月 1 日，首届全国民办高校信息技术与学生工作创新研讨会在黄河科技学院召开；9 月 15 日至 9 月 17 日，由亚洲生物氢能联盟（Asia bio-HyLinks）、亚太经济合作先进生物氢能技术研究中心（APEC Research Center for Advanced Biohydrogen Technology，ACABT）主办，河南农业大学、黄河科技学院、生物质能源河南省协同创新中心、河南省农业工程学会承办的第十三届亚洲生物制氢和生物炼制学术会议（The 13th Asian Biohydrogen & Biorefinery Symposium）在黄河科技学院成功举办；10 月 13 日，中国民办高等教育改革发展论坛在信阳举办；10 月 18 日，全国民办理工高校新工科教育论坛在郑州工业应用技术学院召开，来自全国的专家学者和 22 所民办本科理工院校代表共 70 余人参加论坛，共同探讨新工科发展策略；由中国民办教育协会培训教育专业委员会主办、郑州晨钟教育集团承办的 2018 年培训教育机构党建工作现场交流会，10 月 30 日在郑州晨钟社会组织党建学院举行，来自国内 20 个省、区、市的近百家培训教育机构 200 余名会议代表济济一堂，共同探讨交流培训教育机构党建工作；11 月 29 日至 12 月 2 日，第十五届全国中小学校园影视教育成果展示活动暨校园影视媒体应用研讨会在黄河科技学院举行，来自全国各省、自治区、直辖市电化教育馆、教育媒体、理事单位的 500 余名全国学校代表齐聚郑州，共话校园影视教育的成果和未来。

国际层面、国家层面的会议密集地在河南召开，提升了河南民办教育发展的质量，开阔了河南民办教育界人士的视野，使得河南民办教育一步步走向全国，走向世界。

4. 持续开展民办教育研究

继2017年出版全国第一本省级民办教育蓝皮书后，《河南民办教育发展报告（2018）》于2018年9月由社会科学文献出版社出版。全书由总报告、学段教育篇、人力资源篇、运营管理篇、专题研究篇、案例篇、综述篇等部分组成，系统反映了河南各级各类民办教育的基本情况。总报告由河南省民办教育协会课题组撰写，统领全书各篇。总报告认为，改革开放40年来，河南的民办教育从观望、萌芽到发展壮大，在当代中国社会发展的大背景下，乘着中国教育改革发展的大潮，在起步较晚、底子薄弱、经费困难、社会轻视的情况下一步一个脚印，逐步走在了全国前列，实现了跨越式发展。该书于2018年11月23日举行了发布会，近百名专家学者和蓝皮书研创人员与会。人民网、新浪网和河南的媒体进行了报道。连续两年的蓝皮书出版和发布，提升了河南民办教育在国际国内的影响力，促进了民办教育的健康发展。

河南省民办教育协会的会刊《河南民办教育》以为民办教育发展服务为宗旨，改版后更加贴近民办教育发展实际，坚持及时发布国家政策，传递政府声音，为民办学校师生服务，影响力逐步扩大。内部学术刊物《民办教育研究》刊发省内外具有一定影响力的学术论文和研究成果，逐步形成了自己的特色。

2018年，协会组织的民办教育研究课题立项达到869项，研究成果获得一等奖50项，二等奖70项。

5. 服务地方经济发展的能力不断提升

民办高校大多承担的是应用型高等教育，所以服务地方经济社会发展不仅是应尽的义务，也是提升人才培养质量的有效途径。黄河科技学院在引领全国、全省民办教育发展的同时，也积极投身当地经济社会发展，主动参加郑州市及中原区、二七区组织的各项社会活动。郑州科技学院、郑州工业应用技术学院、郑州澍青医学高等专科学校、郑州商学院等高校也都结合自身实际，主动融入当地经济社会发展。洛阳科技职业学院下派驻村“第一书记”，帮助贫困群众发展种植、养殖、光伏等产业，增收致富。学院培训中心经常性地开展果树栽培、农作物种植、电子商务、裁剪缝纫以及月嫂、家政服务员等职业技能培训，使贫困劳动力提高了综合素质，掌握了实用的职业技能。这些技能培训成为帮助他们脱贫致富的有效途径。

6. 社会美誉度持续走高

2018 年 9 月，由中国管理科学研究院《中国大学评价》课题组完成的《2018 中国民办大学排行榜》发布，黄河科技学院在大学综合实力排行榜中排名第一，在理学、工学、农学、医学 4 个学科门类组成的自然科学排名中，黄河科技学院位列第一。这是黄河科技学院连续第三年获得武书连中国民办大学排行榜综合实力排名第一。信阳学院获评武书连 2018 年中国民办大学本科毕业生升学率第 1 名。2019 年 5 月 10 日，《广州日报》数据和数字化研究院（GDI 智库）发布“2019《广州日报》应用大学排行榜”，对公办高校、民办高校使用同一评价体系，以应用指数、学术指数、声誉指数、二次评估指数四个一级指标建构综合指数，科学评价国内 891 所本科院校（非博士培养单位），推出“2019《广州日报》应用大学排行榜——TOP 800”以及四个子榜单，黄河科技学院在全国 891 所参评本科高校中位居第 89 名，连续三年在民办本科高校中排名第一。

三　河南民办教育面临的挑战、机遇及应对建议

（一）影响因素

1.《民办教育促进法》的影响

2016 年 11 月全国人大常委会通过的新《民促法》和地方政府的文件，都在标题部分突出了“鼓励”和“促进”，这是改革开放以来党和政府对民办教育发展的一贯态度，也是经济和社会发展的必然需要，但是细心的人更多地看到了“规范”。这表明，民办教育在规模扩张的过程中还存在一些与

发展不适应的问题。粗放发展的时代已经结束，新时代的民办教育必须以习近平新时代中国特色社会主义思想为指导，端正办学思想，明确办学目的，真正解决培养什么人，怎样培养人，为谁培养人的问题。只有坚持社会主义办学方向，遵循教育规律，不断改革创新，才能真正办成人民满意的教育。

新《民促法》的主要内容体现在“规范管理”和“分类管理”上，总的目的是促进民办教育健康发展。这对于长期以来坚持正确办学理念，坚持正确育人方向的民办学校，应该是机遇大于挑战，但也要进行一些积极的调适。对于一些粗放发展的民办学校，则需要调整发展思路，在端正办学指导思想的基础上，着重现代学校制度建设，尽快建立完善党的基层组织并认真开展活动，将工作重心转移到提高人才培养质量上来。面对即将到来的“营”“非”选择，各个学段民办学校都要有一定的准备。新《民促法》规定不得设立实施义务教育的营利性学校，现有的民办小学、初中要及早做好实施非营利性教育的准备。学前教育在河南民办教育中占的比例最大，全省学前教育在校生规模也占有2/3 的比例。虽然新《民促法》没有规定学前教育必须实行非营利，但是在未来公办民办各 50%、民办园多数要办成普惠园的大盘子里，民办幼儿园也要考虑自己的发展路径；民办中等职业教育总体上发展滞后于其他学段，但是未来发展的空间很大。民办高校发展比较稳定，黄河科技学院等一批院校已经在国内外具有了一定影响力，对于未来的选择也初步有了方向。但是发展也不平衡，少数民办高校还处于规模扩张的初级阶段，发展还有很多困难。这些学校要冷静分析自己所处的环境，科学谋划，提前转型，实现弯道超车。只有这样，才能实现良性发展。

2. 政策推进的影响

2018 年 4 月 20 日，教育部发布了《中华人民共和国民办教育促进法实施条例（修订草案）（征求意见稿）》（以下简称“征求意见稿”），在此前后征询了社会及民办教育界多方人士意见，并组织和委托组织了多场座谈会和实地调研活动。汇总意见后，几经修改，同时协调了相关部委，最后形成了“送审稿”，报送至司法部审查。8 月 10 日下午，司法部发布了

《中华人民共和国民办教育促进法实施条例（修订草案）（送审稿）》（以下简称“送审稿”）。“送审稿”较之先前的“征求意见稿”有了一些变化。在“送审稿”中，对实施集团化办学的，除了要求应当具有法人资格，具备与其所开展办学活动相适应的资金、人员、组织机构等条件与能力，并对所举办民办学校承担管理和监督职责外，增加了不得通过兼并收购、加盟连锁、协议控制等方式控制非营利性民办学校，不得滥用支配地位排除、限制竞争，所属民办学校应当依法独立开展办学活动，存续期间所有资产由学校依法管理和使用等限制性要求。

随着《中华人民共和国民办教育促进法实施条例》的发布和各个学段改革措施的出台，薄弱的民办学校只有抓紧进行内涵提升，通过更新观念、内部改革等途径才能适应时代的发展。

3. 观念更新带来的影响

随着时代的发展，人们的思想观念发生了很大的变化，教育观念同样在不断更新，这就给传统教育带来了严峻挑战。僵化的教育教学模式、单一的课堂传授方法、陈旧的学校管理体系等都面临着革新。民办学校要充分利用自身体制灵活等优势，下好先手棋，占领制高点，在新的起跑线上进入第一方阵。

4. 教育现代化过程的影响

新中国成立 70 年来，河南教育事业不断发展，逐步改变了教育供给严重不足的局面，初步建立了层次完备、结构合理的国民教育体系。

1949 年至 2018 年河南初等、中等、高等教育在校生结构不断发生变化。1949 年 5 月河南省人民政府建立时，全省高等教育在校生只有 800 余人，而小学教育在校生则超过了 160 万人，呈“倒图钉形”；到世纪之交的 1999 年，全省高校在校生达到 18. 55 万人，中等教育在校生达到 566. 26 万人，形成“金字塔形”；2018 年河南全省高等教育在校生达到 247. 81 万人，中等教育在校生为 767. 87 人，小学教育在校生下降到 982. 06 人，形成了“正梯形”结构，大大扩展了学龄人群的受教育机会。随着义务教育阶段的不断延伸、层次的不断扩大和教育体系的完善，这样的结构将逐步趋向

“正方形”。在这样的发展过程中政府的投入会越来越大，会使少数民办学校逐渐萎缩。大部分民办学校将更加注重质量提升，在特色教育和个性化教育中获得更好的发展机会。

对公办学校改革也将带来一定的影响。不少公办学校将传统的行政级别、人事编制等因素逐步淡化，引进了具有生机活力的现代学校制度。这样的变化将进一步增强公办学校的优势。优秀的师资、学生和管理人员会更多地选择公办学校。民办教育要及时调整思路，充分发挥自己的优势，进一步深化改革，激发创新活力，保持发展后劲。

5. 技术发展的影响

随着科学技术的进步和社会的发展，新技术正在快速改变着社会生活。民办学校已经形成的管理体制和管理模式、运行机制和运行方法等都面临挑战；传统的课堂教学模式既不适应今天的学生，也无法与社会需求对接。这些挑战，都对民办学校提出了新的课题。翻转课堂、网络教育、移动终端等新技术的发展和更新也在不断地冲击着传统的校园。民办学校要及时跟进，在向公办学校学习的同时，摒弃其行政化、同质化的弊端，根据发展需要不断改革内部管理体制，避免官僚主义，打破中层棚架，实现良性互动，减少管理摩擦。建立科学管理、全面服务的机制，实现效率最大化。在教育教学方面，尽可能根据自己的实际引进新的理念和方法，及时了解掌握学生的观念、兴趣和认识取向，将新知识、新理念、新技术应用于教育教学之中。改革陈旧的教法，开辟广阔的课堂，优化教学评价机制，更新教材的形式和内容，使之更加贴近学生实际。比如要加快教材改革的步伐；加大改革评价的力度，将单一的终结性评价改为综合的真实性评价；等等。

6. 生源变化的影响

人口出生率和教育政策的变化会影响到不同学段的生源。一般情况下，小学教育招生数会影响到6年以后初中阶段的生源；初中阶段的招生数会影响到3年以后高中阶段的生源；高中阶段的招生数会影响到3年以后高等教育阶段的生源。这种人口自然增减的影响是基础影响，但是政策的变化会带来升学率的变化，升学率的变化必然带来生源情况的变化。

2014～2015 学年河南省小学招生数比上一学年减少了 21.62 万人（见表 1），这会影响到 2019～2020 学年全省初中教育阶段的招生，同样会影响到 2022～2023 学年高中阶段教育的生源。但是由于政府推进普及高中阶段的措施，这次由小学招生数减少引起的高中教育阶段生源减少的影响不会太大。同样的情况会波及 2025～2026 学年全省高等教育的招生。

在高等教育阶段，生源的构成会有一些变化。2019 年国家扩大高职招生 100 万人，将会改革完善高职院校考试招生办法，鼓励更多应届高中毕业生和退役军人、下岗职工、农民工等报考，选拔方式将打破单一的考试方法。

表 1　2013～2014 学年以来河南基础教育阶段招生数和毕业生数

单位：万人

学段＼学年	2013～2014		2014～2015		2015～2016	
	招生数	毕业生数	招生数	毕业生数	招生数	毕业生数
小学	181.06	164.48	159.44	140.81	169.30	140.55
普通初中	137.71	140.34	138.50	114.66	138.23	123.62
普通高中	66.11	63.13	64.49	60.28	67.98	61.05
学段＼学年	2016～2017		2017～2018		2018～2019	
	招生数	毕业生数	招生数	毕业生数	招生数	毕业生数
小学	173.16	144.16	172.38	150.31	173.56	160.70
普通初中	144.13	129.50	149.45	132.29	159.86	133.63
普通高中	69.53	63.30	70.97	63.14	72.65	66.08

河南小学阶段的招生，1996 年达到 239.94 万人，是改革开放 40 年来的峰值。之后逐年减少，到 2014～2015 学年探底，为 159.44 万人，之后又开始回升，到 2018～2019 学年达到 173.56 万人，恢复到了 2000 年的水平。全省初中阶段的生源，2019～2020 学年将到达低谷，之后会逐年回升，应该在 150 万人左右的水平保持一段时期。

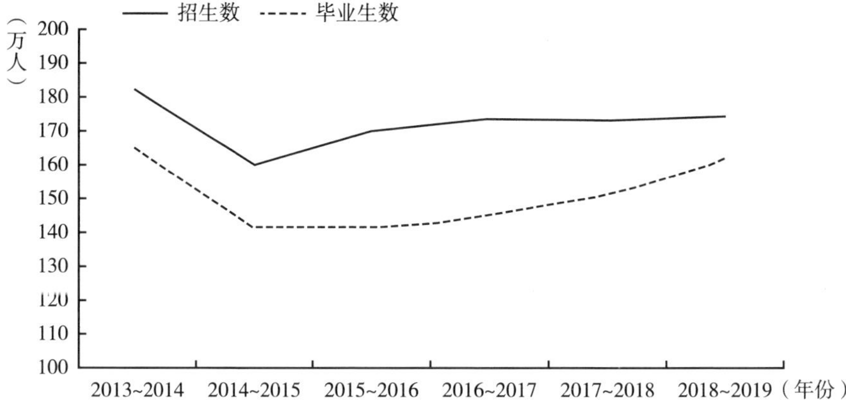

图3　2013～2014学年以来河南省小学招生数、毕业生数

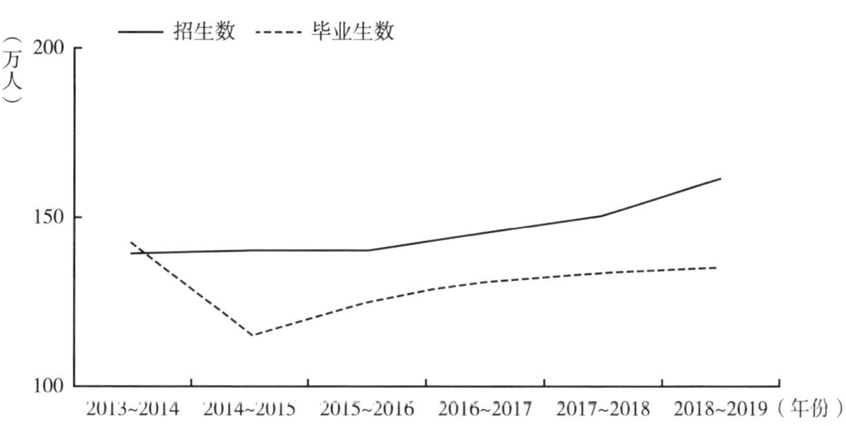

图4　2013～2014学年以来河南省普通初中招生数、毕业生数

（二）面临的发展机遇

虽然河南民办教育发展面临着一些困难和问题，但在40年发展的基础之上，在国家“积极鼓励、大力支持、正确引导、依法管理”的方针指导下，河南民办教育依然有着广阔的发展空间。

1. 政策利好

新《民促法》重点推进民办学校的规范管理和分类管理。河南省委、

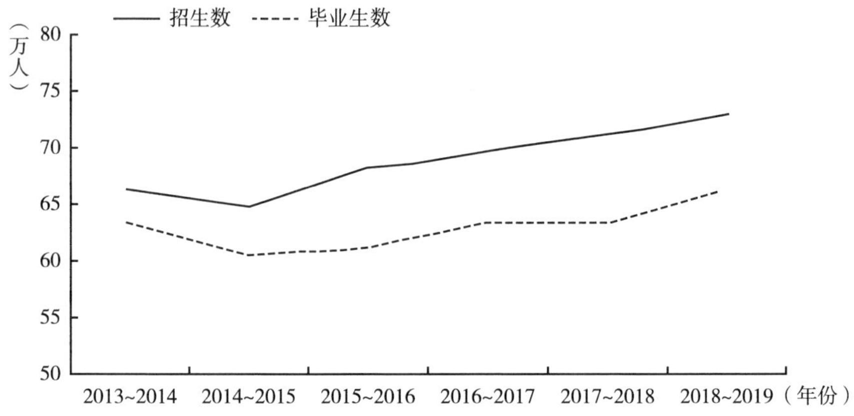

图 5　2013～2014 学年以来河南省普通高中招生数、毕业生数

省政府采取多项有效措施，推动民办教育健康发展。现有民办学校要认真总结发展经验，凝练特色。特色的凝练过程就是发展的过程。特色一旦形成就是自己生存发展的竞争实力。

2. 新技术带来的教育机遇

新技术带来新产业，新产业形成新学科。教育总要不断地前行，适应经济社会发展的需要。不断开拓新领域，占领制高点，才有发展的主动权。

同理，专业交叉、跨界融合也给民办教育带来发展机遇。

3. 经验累积

改革开放以来，河南民办教育在坚持教育的公益性原则、致力于发展中国特色民办教育的理念方面进行了行之有效的实践，积累了丰富的经验。河南民办教育的初心与新时代的新环境、新要求相契合，即能够实现更有质量的发展。河南具有良好的教育环境和丰富的生源基础。

民办学校必须更新观念。有远见的学校，要下决心果断地把规模稳定下来，扎实进行内涵建设，一步一个脚印提高人才培养质量。已经初具规模的学校，要着眼未来，不断寻求发展。尚不具备规模的学校，要认真进行战略思考，不要一味走扩大规模的老路。事实上，现在再像 30 年前那样办学已经走不通了。事易时移，绝不能刻舟求剑。要根据时代发展的大局制定自己的发展方略。当然，这要比单纯的扩大规模困难许多，但这是唯一的出路。要存在，要发展，必须办出特色。

（三）发展建议

1. 加强党建和思想政治工作

全面加强民办学校党的政治建设、思想建设、组织建设、作风建设、纪律建设，把党的政治建设作为党的根本性建设，坚持以习近平新时代中国特色社会主义教育思想为指导，全面贯彻落实党的教育方针，充分发挥民办学校党委的政治核心作用，确保学校时刻坚持正确的政治方向、正确的育人导向。民办学校必须认真贯彻执行党和国家的教育方针、坚持社会主义办学方向，将社会主义核心价值观教育融入课堂教学和学校的各项工作中，认真解决好“培养什么人”“为谁培养人”的问题，真正使我们的学生成人成才。

2. 规范发展，提升质量

进入新时代，传统的重规模、重速度、重收益的外延式发展道路已经行不通了。民办教育管理者要成为真正的教育家，要站在经济社会发展的高度调整自己的办学思路。要完善以学校章程为核心的制度体系建设，依法依规办学，依章依制管理。健全财务管理制度，确保资金安全；健全教师管理制度，强化师德师风建设；健全学生管理制度，保障学生合法权益；严格招生制度，遏制违规招生行为；严格收费制度，禁止乱收费；完善内部控制制度、审计监督制度，加强风险防控。真正解决好“怎样培养人”的问题，实现健康发展，良性发展。

3. 构建“学为人师，行为世范”的优质教师队伍

民办学校要依法依规与教师签订合同、按时足额支付工资、足额缴纳社会保险，教育行政部门要加强监管，压实学校法人的主体责任。同时，教育行政部门要做好民办学校师资队伍建设的长远规划，师资培养要有前瞻性，要接地气，要有所作为。民办学校的教师要理直气壮地教书育人，在实现社会事业发展的同时实现自己的提升。

4. 政府扶持，营造良好环境

经过近 40 年的快速发展，河南民办教育已经得到了社会的广泛认可。但是，由于“正统”观念的影响和体制机制的原因，河南民办教育发展的环境还需要进一步优化。省委、省政府对民办教育的扶持力度不断加大，在加强监管、强化服务的同时，为民办教育发展营造了良好环境。改革开放 40 年来，河南民办教育取得了长足发展，形成了一批办学规范、特色鲜明、声誉较高的民办学校，涌现出一批投身公益、不图回报、为教育事业做出突出贡献的民办学校举办者。有关部门要认真总结好经验、好做法，大力宣传先进典型，弘扬他们的奉献精神，树立民办教育良好的社会形象，努力营造全社会共同关心、关注、关爱民办教育的良好氛围。

5. 民办教育自身要严格自律

严格按照国家和河南省政府有关政策规定及新《民促法》的规定，切实履行规范自身办学行为并建立长效机制。从增强担当意识、责任意识入手，重点加强安全稳定、教育教学、师德师风、资金管理、招生收费等方面工作，使人才培养工作适应时代需求，符合国家要求。进一步加强内涵建设，提升人才培养质量，提升学校发展质量。

6. 凝神聚力，实现又好又快发展

河南的民办教育已经处在由规模扩张到质量提升的转型时期，民办学校要在发挥自身特色的同时，要加强沟通交流，团结进取，取长补短，共同进步；要进一步发挥社会组织，特别是河南省民办教育协会的作用，在人才培养、学校发展、制度建设等方面发挥评估评价、协调监督的作用，形成合力，推动河南民办教育高质量发展。

学段教育篇

Segment Education

B.2

河南民办高等教育发展报告

李储学*

摘　要： 站在改革开放再出发的历史新起点上，河南民办高等教育改革发展既迎来重大利好，同时又面临严峻挑战。从外部看，国家政策大力引导支持民办高等教育全面深化改革，新一轮科技革命和产业变革倒逼民办高等教育转型升级，外部激烈竞争对民办高等教育形成全方位冲击和挤压，河南决胜全面小康、让中原更加出彩，迫切需要民办高等教育大展作为。从内部看，河南民办高等教育改革发展中还存在一些突出矛盾和瓶颈问题，新老问题叠加、新旧矛盾交织，主要表现为配套政策建设滞后，扶持措施缺乏创新；党建与思政工作有待加强，内部治理结构尚不完善；学科

* 李储学，河南民办教育研究院研究员，黄河科技学院新闻中心理论部副部长，主要研究方向为民办教育管理与战略创新。

专业同质化竞争，质量和特色均有不足；应用导向不够突出，教学质量有待提升；教师流失率高，人才短板仍然突出等。进入新阶段，推进河南民办高等教育高质量发展，应该双向发力，一方面需要政策给力，另一方面需要民办高校自身狠练内功。政府层面应解放思想，创新思路，加大引导支持力度；民办高校层面应深化改革，创新模式，全面提升教育教学质量。

关键词： 河南　民办高等教育　高质量发展　政策供给　深化改革

2018 年是我国改革开放四十周年，党中央、国务院深入推进高等教育综合改革，引导支持民办教育分类发展，河南民办高等教育也迎来了新一轮的黄金机遇期，实现了较快增长，已经具备了再次起飞、加速发展的基础。如今，站在新的历史起点上，河南民办高校及各级政府和相关主管部门应该“跳出河南看河南民办高等教育”，全面把握和正确认识内外部环境变化对河南民办高等教育所带来的机遇和挑战，适应时代需求，融入改革大潮，变革思想理念，抢抓政策机遇，加强校地合作，创新发展模式，推进民办高等教育高质量发展，实现新突破、新跨越、新增长，在新时代的中原大地上成长起一批高水平民办大学。

一　河南民办高等教育发展面临的外部环境

河南民办高等教育正处于新一轮科技革命和产业变革加速演进、国家政策大力推进高等教育领域综合改革和河南决胜全面小康、让中原更加出彩的历史交汇期。政策红利叠加，发展机遇聚焦，改革环境优化，上升空间已经打开，能否抓住机遇，深化改革，跨越发展，关键在于各级政府及民办高等教育主管部门和民办高校自身能否解放思想、创新机制、大胆探索，通过政策助力、社会合力，以及民办高校改革发力、创新增力，不断提升河南民办高校在全国高等教育竞争大格局中的地位。这就要求相关主体必须全面准确把握河南民办高等教育正面临的发展环境，适应新形势，把握新要求，主动融入，顺势发展。

（一）国家政策大力引导支持民办高等教育全面深化改革

2018 年，国家层面围绕教育改革召开了一系列会议，出台了一系列政策，为民办高等教育发展提供了根本遵循。特别是 2018 年召开了两次“写入历史”的重要会议，一个是全国教育大会，习近平总书记出席并发表重要讲话，这次大会吹响了加快推进教育现代化、建设教育强国的冲锋号，强调了以人才培养为本；另一个是新时代全国高等学校本科教育工作会议，陈宝生部长在讲话中提出要坚持以本为本，推进“四个回归”，加快建设高水平本科教育，这次会议吹响了建设中国特色世界一流本科教育的集结号，强调了本科教育是根。这两次重要会议对全国高等教育改革提出了新的更高要求，也为民办高等教育发展指明了方向。

2018 年，中共中央、国务院印发《关于全面深化新时代教师队伍建设改革的意见》；教育部发布我国高等教育领域首个教学质量国家标准《普通高等学校本科专业类教学质量国家标准》；教育部等五部门印发《教师教育振兴行动计划（2018—2022 年）》；教育部印发《新时代高校思想政治理论课教学工作基本要求》；教育部、财政部、国家发展改革委联合印发《关于高等学校加快“双一流”建设的指导意见》；教育部印发《关于加快建设高水平本科教育　全面提高人才培养能力的意见》（简称“新时代高教 40 条”），决定实施“六卓越一拔尖”计划 2.0 等。这些政策从本科教育、教学、教师、思政等各个方面进行了系统的规划设计，为全国高等教育体制机制改革搭建起“四梁八柱”。新时代，民办高校及主管部门首先应注重对这一系列政策进行系统的研究，强化全局意识和战略眼光，深入推进依法办学、依法治校、依法治教，推动改革沿着制度化、规范化、科学化的道路前进。

（二）新一轮科技革命和产业变革倒逼民办高等教育转型升级

当前，新一轮科技革命和产业变革正在加速推进，特别是在新一代信息技术、新能源技术、新材料技术、智能制造技术、生物技术等领域不断取得突破，以“互联网+”、人工智能、大数据、云计算等为代表的新一代信息技术，已经与生产、生活和学习等各领域相互融合，不断涌现出新技术、新产业、新业态、新业务、新模式、新方法等，深刻改变着经济社会发展，合作、融合、协同、创新等成为新时代鲜明的主题词，各领域变革、颠覆、重塑、迭代的速度和规模前所未有，对高等教育带来新的挑战和机遇。

同时，党的十九大报告明确指出，我国经济已由高速增长阶段转向高质量发展阶段，要推动经济发展质量变革、效率变革、动力变革。目前，国家正大力推进经济转型、产业升级，全面实施“中国制造2025”，加快培育和发展战略性新兴产业，推进农村一、二、三产业融合发展。在国家政策和新科学技术的助推下，中国制造逐渐走向“中国智造”和“中国创造”，传统产业脱胎换骨、提质增效、转型升级，新兴产业增长迅速、不断向好、壮大规模，现代产业体系正在加速构建。这也需要高校培养大量的高素质应用型人才，但是，从发展的情况来看，我国高技能人才供给远远不足。数据显示，我国技能劳动者总量为1.65亿人，仅占就业人员总量的21.3%，其中高技能人才4791万人，仅占就业人员总数的6.2%；预计到2020年，我国高级技工缺口高达2200万人。[①] 这对高等教育改革发展，特别是优化学科专业结构和创新人才培养模式，提出了严峻的挑战。

民办高校要想在新一轮的高等教育竞争中占据一席之地，就必须抓住新科技革命和产业变革的“机会窗口”，主动拥抱新科技革命和产业变革，加快转型升级，注重特色发展、内涵发展，走校企合作、产教融合发展道路，深入探索“政产学研用”一体化、“教产科创”融合发展、集团化办学等新模式，全面提升教育教学质量和服务地方经济社会发展能力。

---

① 谢辛：《涵养高技能人才发展环境》，《人民日报》2018年2月27日，第18版。

（三）外部激烈竞争对民办高等教育形成全方位冲击和挤压

随着我国高等教育综合改革的加快推进，民办高校所面临的挑战和竞争压力是全方位的，生源竞争、资源竞争、生存竞争和发展竞争日趋白炙化。

一是“双一流”高校深化改革创新，纷纷布局产教融合。虽然国家正在推进高等教育分类管理、分类发展，通过加快“双一流”建设、引导地方高校转型、发展现代职业教育等，划分不同赛道，引导各类高校差异化发展，办出特色。但是，我国高等教育即将进入普及化阶段。截止到2018年底，我国共有普通高校2663所（含独立学院265所），其中，本科院校1245所，高职（专科）院校1418所；另有研究生培养单位815个；各种形式的高等教育在学总规模3833万人。① 与此同时，我国经济下行压力增大，高校毕业生就业压力严峻，2019年应届高校毕业生规模达到834万人，再创历史新高。因此，虽然高校可以分类发展，培养人才类型也有所偏重，但是，面对庞大的就业人口，“双一流”高校纷纷布局产教融合、“四新”建设（新工科、新医科、新农科、新文科），“双一流”高校的毕业生也是一种高层次的“应用型”。因此，对所有类型的高校包括民办高校而言，完全的分赛道竞争是不可能的，也是不存在的。在差异化发展、特色发展的同时，民办高校必须注重高质量发展、内涵发展。

二是地方本科高校加快转型，发展势头强劲。近年来，国家引导和支持地方高校向应用技术型大学转型，民办高校的办学定位是面向地方、服务地方，培养技术技能人才，因此，选择应用技术型大学这一赛道，走产教融合发展道路，是目前绝大多数民办高校的最佳选择。但是，经过几年的探索发展，应用技术型大学这一赛道上已经开始拉大差距，民办高校所面临的竞争对手已经快速走到了前列，比如天津中德应用技术大学、上海应用技术大学，还有2017年新建的深圳技术大学、滇西应用技术大学等，这些大学都明确提出建设高水平应用技术大学的目标任务，并且得到地方政府、行业企

① 数据来源于《2018年全国教育事业发展统计公报》。

业的大力支持。还有一批在转型之初就牢牢占据第一方阵的地方高校，如合肥学院、枣庄学院、黄淮学院、许昌学院等，已经结合地方经济社会发展需要和自身特色探索出了不同的转型发展模式，在应用性、示范性等方面均得到了很好的体现。

三是民办高校千帆竞发，竞争更加激烈。在全国民办高等教育领域，2011 年已经有吉林华桥外国语学院、北京城市学院、西京学院、河北传媒学院、黑龙江东方学院 5 所民办高校获得研究生教育资格，冲破了民办高等教育的“天花板”，实现快速发展，特别是吉林华桥外国语学院 2017 年被吉林省学位委员会批准为博士学位授权单位立项建设高校，2018 年经教育部批准更名为吉林外国语大学。反观河南省民办高校，至今还没有一所学校具有硕士学位授予权，制约着河南民办高等教育的长远发展。另外，山东英才学院、西安欧亚学院、大连东软信息学院、浙江树人学院等民办高校在产教融合、“新工科”建设、“双创”教育改革等方面均取得了先进经验和显著成绩。同时，近年来，一批独立学院转设民办高校，它们依托母体的品牌、资源和优势设置特色学科专业，开设的专业一般都是母体学校办得相对成熟、师资力量雄厚、社会急需的热门专业，这些院校很多师资与母体大学共建，再加上投资方的资金支持，相对依靠滚动发展模式成长起来的民办高校而言，在招生、招聘和社会声誉等方面具有很大的比较优势，例如文华学院、武昌首义学院、三亚学院、武汉学院等，转设为民办高校以后，占据各大民办高校排行榜的前列。河南民办高校必须正确认识差距和不足，坚持问题导向、目标导向和效益导向，加快推进改革发展。

四是职业院校发展迅猛，奋起直追。近年来，国家大力发展现代职业教育，一批职业院校抓住机遇，乘势而上，在招生、就业创业、产教融合、现代学徒制、职业技能培训等方面探索出了诸多新模式，实现了快速发展。2019 年，教育部正式批准泉州职业技术大学、南昌职业大学、江西软件职业技术大学、山东外国语职业技术大学、山东工程职业技术大学、山东外事职业大学、河南科技职业大学、广东工商职业技术大学、广州科技职业技术大学、广西城市职业大学、海南科技职业大学、重庆机电职业技术大学、成都艺术职业大学、西安信息职业技术大学和西安汽车职业大学为全国首批15所本科职业教育试点学校，它们由“职业学院”正式更名为“职业大学”，同时升格为本科院校。教育部职业教育与成人教育司发布了《关于〈高等职业教育创新发展行动计划（2015—2018年）〉项目认定名单的公示》，认定全国200所高职“优质校”。这类职业院校更“接地气”，其“应用性”更明显，越来越受到学生和社会的欢迎，已经成为民办高校的一大竞争对手。

（四）河南决胜全面小康、让中原更加出彩迫切需要民办高等教育大有作为

当前，河南正处于爬坡过坎、转型发展的关键时期，全省着力打好“四张牌”，打好“三大攻坚战”，深入推进“三区一群”等国家战略实施，加快推动经济高质量发展，决胜全面小康，让中原更加出彩。为了实现这些目标，2018年以来河南先后出台一系列政策和改革措施，推进全面深化改革向纵深发展。这些新政策、新需求为河南民办高等教育改革发展创造了新的生态环境，既包括政策新生态，也包括产业新生态、社会新生态、文化新生态等，民办高校必须正视并认真研究这些新生态，特别是树立敏锐的政策意识和市场意识，立足河南深化改革开放和经济社会高质量发展实际需求，探索新模式，展现新作为。

河南民办高等教育改革发展必须紧紧围绕和服务河南发展战略，积极学习和贯彻落实省委、省政府的决策部署。例如，2018年2月，河南省人民政府印发《关于强化实施创新驱动发展战略进一步推进大众创业万众创新深入发展的实施意见》，提出要推进大众创业、万众创新在更大范围、更高层次、更深程度上发展。2018年4月，河南省人民政府印发《河南省智能制造和工业互联网发展三年行动计划（2018—2020年）》，提出到2020年全省“两化”（工业化、信息化）融合发展水平进入全国第一方阵，智能转型走在全国前列，制造业重点领域基本实现数字化。2019年2月，河南省人民政府发布《关于实施创新驱动提速增效工程的意见》，提出着力建设“四

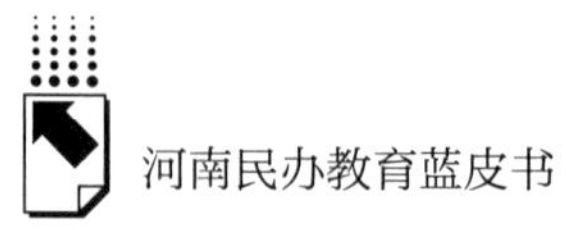

个一批”（培育一批创新引领型人才、培育一批创新引领型企业、建设一批创新引领型平台、引进一批创新引领型机构），着力促进“四个融合”（科技与金融、军工与民用、“地方”与“国家”、产业与院所融合）等要求。这些政策文件中都涉及高校，对高校参与改革发展提出了明确的要求，民办高校也应发挥优势，整合资源，积极融入这些战略发展中，强化社会服务功能。

对于新时代如何引导和支持民办教育发展，《河南省人民政府关于鼓励社会力量兴办教育进一步促进民办教育健康发展的实施意见》从加强党对民办学校的领导、创新体制机制、完善扶持制度、加快现代学校制度建设、提高教育教学质量、提高管理服务水平等方面对促进全省民办教育改革发展做出了规定。特别是提出“民办高校须在 2022 年年底前完成分类登记”“扩大民办高校和中等职业学校专业设置自主权”“加大公共财政对民办教育的扶持力度”“支持符合条件的民办本科院校申报学士、硕士和博士学位授予单位”“非营利性民办学校教师享受当地公办学校同等的人才引进政策”等，这些新政策对河南民办高等教育分类管理、分类发展，特色发展、内涵发展，高质量发展、高层次发展等方面都给出了明确的方向，为民办高校特别是非营利性民办高校享受公立高校同等待遇，补齐人才短板、提升办学层次，打造品牌、争创一流，创造了良好的政策环境和发展空间。河南民办高校应解放思想、加快改革步伐，乘着国家和河南民办教育政策东风，多方借力、大胆创新，加快突破事业发展的“天花板”。

从当前民办高校改革发展环境来看，可谓是形势逼人、挑战逼人、使命逼人，正如习近平总书记指出，改革已经到了“愈进愈难、愈进愈险而又不进则退、非进不可的时候”。河南民办高校必须准确把握外部复杂变化的新环境，必须强化机遇意识、危机意识、竞争意识、创新意识和服务意识，准确识变、科学应变、主动求变，加快向应用技术型大学转变。

二　河南民办高等教育发展现状及存在的主要问题

河南省委、省政府大力引导和扶持民办高等教育改革发展，把民办高等教育作为全省高等教育发展新的增长点和推动高等教育改革的重要力量。《河南省人民政府关于鼓励社会力量兴办教育进一步促进民办教育健康发展的实施意见》为民办高校全面深化改革和持续健康发展送来了“及时雨”。2018 年，河南民办高等教育在规模和质量上都得到了较大提升。根据河南省教育厅印发的《2018 年河南省教育事业发展统计公报》，截止到 2018 年底，全省共有民办普通高等学校 39 所，其中，本科院校 19 所，高职（专科）20 所；普通本专科在校生 51. 05 万人（其中，本科 31. 12 万人），占全省普通本专科在校生总数的 23. 85%。近年来，河南民办高校普通本专科在校生持续增长，规模不断扩大（见表 1）。

表 1　2016～2018 年全国和河南民办高等教育发展情况统计

	2016 年	2017 年	2018 年
全国民办高校总数(所)	742 所(含独立学院 266 所)	747 所(含独立学院 265 所,成人高校 1 所)	749 所(含独立学院 265 所)
河南民办普通高等学校总数(所)	37 所	37 所	39 所
全国民办高校普通本专科在校生(万人)	616. 21 万人	628. 46 万人	649. 60 万人
全国民办高校硕士研究生在学人数(人)	715 人	1223 人	1490 人
河南民办高校普通本专科在校生(万人)	41. 72 万人	45. 66 万人	51. 05 万人

资料来源:《全国教育事业发展统计公报》《河南省教育事业发展统计公报》。

2018 年，在国内各大排行榜中，河南民办高校有不俗的表现，其中，在“2018 广州日报应用大学排行榜——民办本科高校 TOP 100（不含独立学院）”中，黄河科技学院位居第 1 名；在全国 872 所本科院校（非博士培养单位）中位居第 87 名。在武书连“2018 中国民办大学综合实力排行榜”中，黄河科技学院名列全国民办高校第 1 名，郑州工商学院、郑州升达经贸管理学院、郑州成功财经学院、郑州工业应用技术学院等民办高校进入全国民办高校前 40 名；在理学、工学、农学、医学 4 个学科门类组合的自然科学排名中，黄河科技学院位居第 1 名；在哲学、经济学、法学、教育学、文学、历史学、管理学、艺术学 8 个学科门类组合的社会科学排名中，黄河科技学院位居第 2 名，其中，教育学第 1 名。在武书连“2018 中国民办大学教师创新能力排行榜”中，黄河科技学院位居第 2 名，郑州升达经贸管理学院位居第 10 名。在武书连“2018 中国民办大学教师绩效排行榜”中，黄河科技学院位居第 3 名。在武书连“2018 中国民办大学本科毕业生升学率排行榜”中，信阳学院获得第 1 名，郑州工商学院获得第 7 名。在武书连“2018 中国民办大学本科毕业生就业质量排行榜”中，信阳学院位居第 5 名。在中国校友会网“2018 中国民办大学综合实力排行榜”中，郑州工商学院跻身前十，位居全国民办高校第 7 名。从这些榜单中可以部分地看出，近年来河南民办高校在教学质量、人才培养质量、毕业生就业质量、教师创新能力、科研水平等方面均实现了较大提升。同时，也应该清醒地看到，河南民办高等教育发展整体水平在全国民办高等教育中所处的位置还有很大的提升空间。

目前，河南民办高等教育改革发展已经到了“爬坡过坎”的关键时期，从政策支持、教育治理和民办高校自身发展等方面来看，河南民办高等教育持续健康发展仍然有不少制约因素，新老问题叠加、新旧矛盾交织，痛点、堵点和难点问题，以及“卡脖子”的瓶颈问题还没有取得实质性的突破，改革发展正是吃力的时候，亟须“响鼓重锤”，下大决心、花大力气、加大投入，扫除改革发展中的“桎梏”、“梗阻”和“壁垒”。具体来分析，主要问题表现为以下几个方面。

（一）配套政策建设滞后，扶持措施缺乏创新

河南省出台了《河南省人民政府关于鼓励社会力量兴办教育进一步促进民办教育健康发展的实施意见》，但与其他省市相比，还存在一些不足，对国家新修改的《民办教育促进法》和《国务院关于鼓励社会力量兴办教育促进民办教育健康发展的若干意见》等相关法律政策的贯彻落实中，缺乏创新性的办法和有力举措。

一是相关配套政策还不完善。例如，浙江省出台《浙江省人民政府关于鼓励社会力量兴办教育　促进民办教育健康发展的实施意见》，浙江省财政厅会同教育厅印发了《公共财政扶持民办教育实施办法》等 3 个文件，浙江省教育厅会同相关部门印发了《加强民办学校教师队伍建设实施办法》等 4 个文件，共同组成了浙江民办教育“1 + 7”政策体系。[①] 黑龙江、辽宁、广东、河北、江西、云南、贵州等多省均早已出台《民办教育促进条例》，河南省还没有制定，分类管理推进有待加速，非营利民办高校法定待遇难以落实；在关乎教师切身利益的“五险一金”、评优、评先、职称评定、科研等方面，民办高校教师都处于劣势，毕业生就业升学仍然受到歧视。

二是民办高校发展的同等权利还没有得到完全落实。尤其是在财政资金支持民办高校改革方面，河南与其他省份相比存在不足。财政资助在减轻学费负担、提升教师薪资、对私人投入形成挤入效应方面未取得预期成效。[②] 根据相关新闻报道，河南省财政从 2012 年设立民办教育发展专项资金，已由最初的 2000 万元增长到 8000 万元。[③] 根据国家统计局数据统计，2018 年河南省 GDP 位列全国第五，达到 4.8 万亿元，远超过陕西、云南等省份，但省财政对非营利性民办高等教育的支持力度不够，并且在 2018 年 2 月发布的《河南省人民政府关于鼓励社会力量兴办教育进一步促进民办教育健康发展的实施意见》中也没有明确提出省财政设立民办高等教育发展专项基金的额度。民办高校普遍存在办学经费不足问题，引进高层次人才，改善办学条件、购买仪器设备等都需要持续不断的资金投入，但民办高校的办学经费来源单一，基本靠学费收入，不足以支撑民办高校的可持续发展。此外，河南民办高校办学层次有待提升，目前还没有硕士学位授予权，亟须得到更多的政策和资源支持。

---

① 毛雪逸：《我省出台民办教育综合改革新政》，《浙江教育报》2018 年 5 月 11 日，第 1 版。

② 鲍威、王赫男：《民办高校财政资助的制度设计及其成效评估——基于倾向值匹配估计的经验研究》，《高等教育研究》2018 年第 7 期。

③ 史晓琪、周晓荷：《我省民办学校总数居全国首位》，《河南日报》2018 年 8 月 7 日，第 1 版。

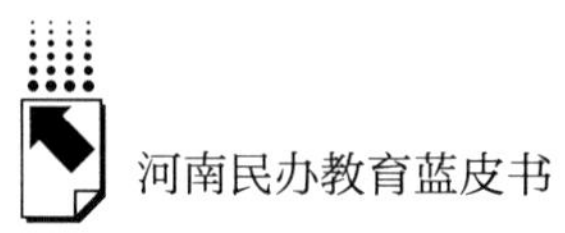

表 2　部分省份财政支持民办高等教育发展情况

省份	2018 年省份GDP(万亿元)	财政支持民办高等教育的具体措施
广东省	9.73	2018 年 4 月,广东省财政厅公示了广东高校资金安排方案,22 所民办高校整体获拨款 7200 万元
山东省	7.65	2013 年 11 月,山东省教育厅、省财政厅启动"山东省民办本科高等教育特色名校建设工程",省财政每所支持 1000 万元建设经费;2014 年省财政首次安排专项资金 2000 万元,支持山东英才学院、山东协和学院建设人才培养特色名校;自 2014 年开始实施"山东省民办本科高校优势特色专业支持计划",每个立项专业一次性获得支持经费 200 万元;2014 ~ 2015 年,省财政安排 7800 万元,支持 12 所民办本科高校建设优势特色专业;2016 年,省财政预算安排 4000 万元支持民办本科高校优势特色专业建设,同时省财政预算安排 5400 万元,对办学成效显著、为社会培养高素质人才数量较多的民办院校给予奖励
陕西省	2.44	2012 年 1 月发布的《陕西省人民政府关于进一步支持和规范民办高等教育发展的意见》提出,省财政从 2012 年起每年设立 3 亿元民办高等教育发展专项资金;2018 年 2 月发布的《陕西省人民政府关于鼓励社会力量兴办教育　促进民办教育健康发展的实施意见》提出,省级财政继续设立民办高等教育发展专项资金,每年安排 4 亿元,用于支持非营利性民办高校内涵发展
云南省	1.79	从 2015 年起由省财政安排资金 8000 万元设立民办高等教育发展专项资金

注：根据各省份发布的相关信息整理而成。

（二）党建与思政工作有待加强，内部治理结构尚不完善

党的十九大以来，以习近平同志为核心的党中央高度重视高校党的建设和思想政治工作。在 2018 年 9 月召开的全国教育大会上，习近平总书记指出，加强党对教育工作的全面领导，是办好教育的根本保证。在 2019 年 3 月召开的学校思想政治理论课教师座谈会上，习近平总书记强调，我们党立志于中华民族千秋伟业，必须培养一代又一代拥护中国共产党领导和我国社会主义制度、立志为中国特色社会主义事业奋斗终身的有用人才。2018 年以来，中共中央组织部、中共教育部党组印发了《高校党建工作重点任

务》，中共河南省委高校工委下发了《关于加强新形势下高校党支部建设的意见》，这些政策为加强高校党建和思政工作提供了清晰的“施工图”。

目前，部分省份已经制定出台了民办高校党建和思政工作的专门政策。例如，江苏省出台《江苏省民办高校基层党组织建设工作考核办法》及《基本标准》，正在起草《关于进一步加强全省民办高校党的建设工作的实施意见》；湖北省出台《关于进一步加强和改进民办高校党建工作的意见》；陕西省制定出台《关于加强和改进民办普通高等学校党的建设工作的实施意见》；云南省出台《关于加强民办高校党的建设工作的实施意见》等。河南省还没有制定出台专门政策，这不利于充分结合民办高校的特点、优势和不足，有针对性地推进民办高校加强党建和思政工作。

同时，民办高校内部党建和思政工作水平也有待进一步提升，存在党组织的政治核心作用发挥受限、保证监督作用不突出，党员意识弱化、考核评价缺位，党建工作人员不足、业务不精等问题。[①] 学校党组织和群团组织建设相对滞后，还存在定位不够清晰、制度不够健全、体系不够合理、功能不够完善、队伍不够优化等问题，亟须加强领导，加大投入，加快研究，加速建设，切实写好民办高校党建工作“奋进之笔”。在内部治理结构方面，民办高校存在“重管控轻参与”“重行政轻教学”等现象，管理制度体系建设不完善，管理的制度化、规范化、系统化、协同化、科学化和现代化水平有待提升；学术组织独立性不强，职能作用发挥不够；教授治学的理念虽然已经提出，但还没有真正落地实施，各类专家委员会制度及发挥作用的体制机制尚未建立；民主管理和监督机制不够完善，参与治理和反馈回应机制不够健全，渠道不畅通，一线教师、基层职工和学生参与治理在范围、程度、深度和频度等方面均存在不足，基层一线的诉求、意愿、意见和建议不能得到及时有效的处理和回应；校内各类群团组织角色定位比较模糊，缺乏明确的发展规划，对服务对象、服务内容、服务要求等都还没有形成统一合理的认识。

---

① 程样国、魏芳、黄语素：《民办高校党建工作存在的问题与制度改革》，《学校党建与思想教育》2018 年第 7 期。

（三）学科专业同质化竞争，质量和特色均有不足

虽然向应用技术型高校转型发展已经成为共识，但体现到民办高校学科专业建设上却尚不明显，过去民办高校的发展和学科专业建设多是模仿和追随公立高校，主要是向“985”和“211”高校学习，在办学上追求综合性，学科越全越好、专业越多越好，导致千篇一律、千校一面，学科专业缺乏特色，同质化竞争严重。这与民办高校积极扩大办学规模、扩大招生指标、增加学费收入等目标追求有着密切的关系。并且，这种规模扩张思维以及长期以来已经形成的既有条件，制约着转型发展的顺利推进，越是办学时间长、学科专业数量多，越是受惯性制约大。这些综合因素都导致民办高校虽然学科专业设置齐全，但学科专业建设水平不高，缺乏特色，高峰学科和高水平专业少，还没有建立起专业增设、退出、优化升级的动态调整机制。就业市场接近饱和甚至供应过剩的专业设置太多，适应新科技革命和新一代信息技术发展以及河南“四个强省”建设的应用型专业设置不足、建设发展滞后。民办高校提升办学质量所需筹措资金路径有扩大招生名额、提高学费收入、吸引社会捐赠和获得财政拨款，而办学质量低下成为制约民办高校筹措资金的关键因素。①

根据中国高等教育学会“高校竞赛评估与管理体系”专家工作组自2017年起连续三年发布的《中国高校创新人才培养暨学科竞赛评估结果》，河南民办高校在中国“互联网+”大学生创新创业大赛、“挑战杯”全国大学生课外学术科技作品竞赛等全国普通高校竞赛中表现不佳，仅黄河科技学院在2017年登上“2012~2016年全国普通高校竞赛评估结果（本科）TOP 300”，众多民办高校在2018年和2019年发布的榜单中均没能进入；在2019年2月发布的“2014~2018年‘民办及独立学院’学科竞赛排行结果（本科）TOP 20”中，仅有黄河科技学院位居全国民办高校（包括独立

① 陈睿腾：《民办高校办学质量研究——对资金筹措四个路径的检视》，《北京社会科学》2019年第2期。

学院）第11名（见表3）。通过这个榜单可以看出，福建省、浙江省的民办高校已经在这方面走在了前列。河南民办高校学科专业建设水平亟须提升，特别亟须加强重视并积极参与全国各类学科竞赛，以赛促学、以赛促教、以赛促训、以赛促建，逐渐缩小与先进省份的差距，形成学科专业特色和品牌。

表3　2014～2018年“民办及独立学院”学科竞赛排行结果（本科）TOP20

排名	学校名称	奖项数量	总分	省份
1	厦门大学嘉庚学院	64	59.93	福建省
2	集美大学诚毅学院	35	56.2	福建省
3	杭州电子科技大学信息工程学院	42	55.36	浙江省
4	浙江大学城市学院	64	53.97	浙江省
5	江西科技学院	56	52.15	江西省
6	浙江师范大学行知学院	24	51.23	浙江省
7	沈阳工学院	75	50.78	辽宁省
8	云南大学滇池学院	35	49.54	云南省
9	浙江工业大学之江学院	69	49.17	浙江省
10	吉林大学珠海学院	74	49.05	广东省
11	黄河科技学院	27	49.03	河南省
12	浙江大学宁波理工学院	45	48.7	浙江省
13	广州大学华软软件学院	71	48.46	广东省
14	成都理工大学工程技术学院	15	48.39	四川省
15	安徽新华学院	28	48.33	安徽省
16	西京学院	44	48.3	陕西省
17	武汉工商学院	55	48	湖北省
18	南宁学院	74	47.94	广西壮族自治区
19	山西大学商务学院	33	47.94	山西省
20	大连东软信息学院	64	47.74	辽宁省

注：资料来源于2019年2月中国高等教育学会“高校竞赛评估与管理体系”专家工作组发布。

（四）应用导向不够突出，教学质量有待提升

目前，河南民办高校加快向应用技术型大学转型发展，取得了初步成

效。但是，转型中仍然存在一些痛点和难点没有突破，这既包括师资、科研等“老问题”，也有人才供需“两张皮”、产教融合“一头热”等“新瓶颈”问题。一是稳定、可深度合作的企业欠缺。校外实践基地少，规模不大，与知名企业共建的实践实习基地少；校企合作停留在表面层次的多，深度合作项目少；获批教育部和教育厅的产教融合的项目还很少。二是合作运行机制不顺畅、合作协议不规范，仅仅流于形式、止于表层，缺乏实质性合作内容，育人效果不明显等。现在的观念是“企业能为我做什么”，而不是“我能为企业做什么”，根本问题在于缺乏一线的学习调研，不了解企业需求，不清楚行业市场动向，没掌握技术革新等，对新时代、新理念要求下的产教融合人才培养模式的新要求不熟悉，没有找准校企合作的“最大公约数”。

当前国家高度重视高等教育人才培养的产教融合发展，但是目前产、教两端的积极性没有完全匹配。一方面，企业的重要主体作用还未完全发挥出来，对于接纳没有工作经验的高校学生开展生产性实践的融合培养有顾虑；另一方面，部分高校对于合作企业也有门槛限制，更加希望与大型企业或者名牌企业开展产教融合的合作，而创业型小微企业进入校门参与人才培养的机会相对较少。

同时，在教育教学和科研工作中，民办高校的应用性导向还不够突出。民办高校教师普遍处于“单兵作战”的状态，没有形成明确的研究方向，也没有形成高质量的创新团队和教学团队等。“职称科研”现象比较明显，虽然近年来民办高校加大科研和教研资金投入，激发了广大教职工的科研热情，科研“产量”大幅提升，但科研能力和水平仍处于低层次，科研资源少、积淀少，横向课题少，成果转化少，成果转化率低；专利技术转化力度不够，申报多、转化少，实用新型专利、外观设计专利多，具有含金量的发明专利少，产教融合效益不明显。教研成果应用于教学实践也存在不足，民办高校教师的构成主要是国内高校应届毕业的研究生，具有企业工作经历和实战经验的教师比例较低，“双师双能型”教师队伍建设相对滞后。教材建设以及教学方法、教学内容，都在不同程度上存在与生产、管理和社会服务发展相脱节的现象。这些问题最终导致民办高校人才培养的应用性不足。

（五）教师流失率高，人才短板仍然突出

近年来，国家和河南都出台政策支持民办高校加强人才队伍建设，但在政策落地和具体执行过程中，仍然存在不少问题和阻力。从政府层面来分析，主要是对新修订的《民办教育促进法》《国务院关于鼓励社会力量兴办教育促进民办教育健康发展的若干意见》《中共中央国务院关于全面深化新时代教师队伍建设改革的意见》等相关法律和政策的贯彻执行力度有待加强，对涉及民办高校合法权利、同等待遇、财政支持等方面的政策规定亟须加快推进落地；对民办高校的重视相对不足，调研考察、专题座谈、引导支持等工作开展得相对较少，缺乏实质、创新、破冰的举措。在涉及民办高校人才引进、教师待遇等方面，还存在“有政策、难落实”的问题，例如，《国务院关于鼓励社会力量兴办教育　促进民办教育健康发展的若干意见》提出要“完善学校、个人、政府合理分担的民办学校教职工社会保障机制”“民办学校教师在资格认定、职务评聘、培养培训、评优表彰等方面与公办学校教师享有同等权利”“各地要将民办学校教师队伍建设纳入教师队伍建设整体规划”。《河南省人民政府关于鼓励社会力量兴办教育进一步促进民办教育健康发展的实施意见》提出要“保障教师在公办学校与民办学校之间合理流动”，但是，在实践工作中，由于“民办非企业”身份，民办高校不享受财政补贴，教师的社会保障水平相对较低，民办学校和教师个人负担过重，而实际享受到的医疗保险、公积金、退休金等福利保障却比较低，教师合理流动的“玻璃墙”依然存在，导致人才引进难、培养难、留住难、流失率高等问题，高层次人才匮乏。

从民办高校层面来看，民办高校教师职业吸引力贫乏，离职意向较为严重，师资队伍稳定性较差[①]。学科专业缺乏高层次领军人才，优势学科普遍遭遇“一将难求”局面，领军人才和优秀中青年学者严重缺乏，许多教师取得一定成绩便跳槽到待遇更好的公立高校，陷入“流失—培养—流失”的恶性循环，人才队伍建设后续乏力，已成为多数民办院校的共性问题。民

① 白文昊：《民办高校教师职业吸引力的贫乏与提升》，《黑龙江高教研究》2018 年第 10 期。

办高校薪资福利待遇难以与公办高校竞争，高层次人才引进难，缺少培训经费和项目，教师培训不足，还没有研究制定配套支持政策；“双师双能型”教师配备严重不足，具有行业背景和取得职业资格与任职资格的教师为数尚少，有任职经历的教师较少，教师整体的实践动手能力不够强，教学上仍不同程度存在重理论、轻实践的现象，与建设高水平应用技术大学的要求不相适应；教学科研项目平台申报难，很多项目的规定和要求对民办高校仍有准入限制或支持性不足，如学科建设、专业建设、课程建设、实验室建设、教研科研项目申报等。上述问题制约了民办高校的科学发展、可持续发展。

三　推进河南民办高等教育高质量发展的建议

习近平总书记指出，当前中国处于近代以来最好的发展时期，世界处于百年未有之大变局，两者同步交织、相互激荡。中国共产党团结带领全国各族人民正在为实现“两个一百年”奋斗目标、实现中华民族伟大复兴的中国梦而努力奋斗！2019 年，新中国成立 70 周年；2020 年，我国全面建成小康社会；2021 年，中国共产党成立 100 周年；2035 年，我国基本实现社会主义现代化；2050 年，全面建成社会主义现代化强国……这一系列重大的历史任务的时间节点，激励着全党全国各族人民奋勇向前，也为民办高等教育带来了大有可为的历史机遇期和广阔的发展空间。当前，河南民办高等教育发展已经进入深水区和攻坚期，改革不能再是亦步亦趋、零敲碎打，应该明确发展目标，坚持制度先行，强化顶层设计，从全局和整体的高度加强对民办高等教育的引导和支持。推进民办高度教育高质量发展，应该双向发力，一方面需要政策给力，政府强化政策供给，加大财政投入，创新扶持方式；另一方面需要提升能力，民办高校自身狠练内功，补齐短板，深化改革。

（一）政府层面：解放思想，创新思路，加大引导支持力度

1. 健全河南民办教育发展的法规制度体系

首先，应加大法律和政策的贯彻执行力度。加大对《教育法》《高等教

育法》《民办教育促进法》《民办教育促进法实施条例》等国家相关法律法规的贯彻执行力度，进一步清除制约民办高等教育健康发展的不公平政策等，确保民办高校特别是非营利性民办高校、教师、学生享受应有的同等待遇。其次是加快研究制定配套扶持政策。加强学习调研，借鉴陕西、黑龙江、江西等省份经验，研究制定并出台《河南省民办教育促进法实施条例》《河南省民办学校分类登记实施细则》。特别是借鉴浙江省“出台促进民办教育健康发展‘1+7’配套政策”的做法，由省教育厅牵头，会同相关部门加快研究制定河南省《公共财政扶持民办教育实施办法》《民办学校财务管理办法》《民办学校信息公开和信用管理办法》《落实民办学校办学自主权实施办法》《加强民办学校教师队伍建设实施办法》等配套文件。

2. 切实加强对河南民办高校的引导和支持

新一轮的高等教育竞争之战已经打响，民办高等教育是一种类型，而不是一个层次，更不是“低层次”和“公立高等教育的补充”，民办高校也有着追求“高质量发展”“建设一流应用技术大学”等梦想，并且一直呼吁和热切期盼得到公平的待遇和有力的支持。目前，很多地方已经加强重视、加大支持、加快落实，大力推进民办高等教育改革发展。进入新时代，站在改革开放再出发的历史关口，河南民办高等教育的跨越发展离不开积极的、公平的、有力度的政策支持。各级政府及相关部门应进一步解放思想，充分认识民办高等教育的“公益性”和“服务性”，强化公平发展理念，加强对民办高校特别是非营利性民办高校的重视和引导支持，加快推进落实工作，让非营利性民办高校真正享受到法律法规和政策规定的同等待遇。

一是遴选支持几所民办高校争创一流。河南民办高等教育的跨越发展离不开政策的“阳光雨露”。各级政府及主管部门应进一步加强对民办高等教育的重视，加强调查研究，了解民办高校及师生诉求，强化政策引导，创新支持方式。例如，陕西省在“十三五”期间全面深化高等教育综合改革，2016年8月，中共陕西省委办公厅、陕西省人民政府办公厅印发《关于建设“一流大学、一流学科、一流学院、一流专业”的实施意见》，推进实施“四个一流”计划，在“总体目标”中明确提出“建成3所、培育3所国内

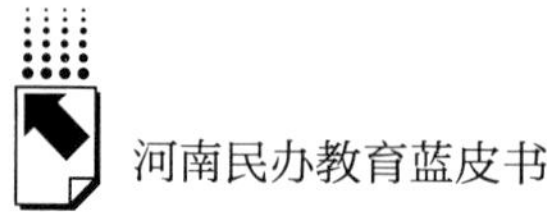

一流民办高校（含1所民办高职院校）”，并在“经费支持”中强调“进入我省‘一流学院、一流专业’建设计划的公办和民办高校同等对待，按绩效予以奖励支持”。西京学院、西安翻译学院、西安外事学院、西安欧亚学院、西安培华学院、西安医学高等专科学校6所高校获批陕西省“一流民办高校建设单位”，其中，前3所为“建设单位”，后3所为“培育单位”。河南民办高校也迫切需要这样的政策红利和项目支持。

二是加大对非营利性民办高校财政资金投入。设立非营利性民办高校专项资金，明确扶持资金额度，进行公开公示，并根据经济社会发展水平不断增加财政资金投入。投入专项资金，支持民办高校进行师资引进、培养和培训工作。借鉴其他省份做法，对非营利性民办高校教师“五险一金”进行财政补贴，力争使非营利性民办高校教师享受与公立高校教师同等待遇。例如，2018年6月，山东省人民政府发布《关于鼓励社会力量兴办教育促进民办教育健康发展的实施意见》，提出“持续推进非营利性民办学校教师养老保险与公办学校教师同等待遇试点工作，当地财政部门应充分考虑学校缴费规模，对参加试点的民办学校给予适当补助”。河南省应建立财政补贴制度，大力实施河南省民办高校教师学历能力双提升计划，围绕民办高校教师专业能力、实践能力等开展系列帮扶工程。

三是大力推进政府、公立大学、企业对民办高校开展帮扶行动。推进民办高等教育治理思想创新，积极探索引导支持民办高校转型发展的新路子。例如，山东创新性提出“各地要有计划地开展公办学校与民办学校互派教师、管理人员等帮扶工作”“允许公办高校教师经所在单位批准，在民办高校从事多点教学并获得报酬”等一系列有力举措，大力支持非营利性民办高校加强师资队伍建设、补齐人才短板。河南省也应该出台引导支持政策，支持公立大学与民办高校“结对子”，一对一或者多对一进行帮扶；支持地方政府与办学实力强、社会声誉好的民办高校签署战略合作协议，支持民办高校高水平发展、特色发展；为深化民办高校校企合作、校地合作和产教融合发展“牵线搭桥”，推进校政企协同，共建高水平应用型教学科研创新平台、创新团队、实训基地等。

（二）民办高校层面：深化改革，创新模式，全面提升教育教学质量

1. 切实加强党建工作，完善民办高校内部治理结构

坚持党的领导，是推进民办高等教育全面深化改革、办好中国特色社会主义民办大学的根本保证。新时代，推进民办高校深化改革和健康发展，必须坚持党的领导，切实加强党建工作，发挥党委的政治核心作用，积极探索创新特色党建工作模式。深入构建“大思政”工作格局，立足“三全育人”，落实立德树人根本任务。

同时，民办高校应强化依法办学、依法治校、依法治教，须坚定共同治理理念，以共同价值为引领①，从体制机制入手，加快健全和优化内部治理结构，培育多元的治理权力组织架构，应用综合治理手段实现治理目标②，充分发挥各方力量，形成推动改革发展的强大合力。一是充分发挥基层一线教职工的作用，进一步推进民主参与和协同治理，为普通教师、职工参与治理开辟制度化、便捷化、常态化的渠道，倾听一线的声音诉求，尊重基层的意见建议，以问题为导向，建立问题清单制度，切实解决基层一线教职工最期盼、最关注、最关心的问题。二是充分发挥专家教授的作用，真正将“教授治学”落实到办学实践中，建立健全各类学术委员会、教授委员会等组织，并制定配套落实方案，切实发挥专家教授的智力资源优势。三是充分发挥二级学院和各学科专业的自主性，尊重和遵循高等教育发展规律，校级层面做好“放管服”工作，下放权力，重心下移，资源下沉，给二级学院和各学科专业更多的自主权，发挥好评价机制“指挥棒”的作用，为教育教学改革提供各项保障，激发基层的积极性和创造性，探索形成特色育人模式。四是引进校外专家参与治理，重视加强与行业组织、企业等各类组织的

① 白峰：《共同价值引领下的非营利性民办高校有效治理：问题与思路》，《江苏高教》2019年第1期。

② 刘爽、赵俊芳：《治理理论视域下民办高校发展的三重困境及其路径探析》，《高校教育管理》2018年第4期。

合作沟通，充分吸纳行业专家、企业高管、创业者、工程师、优秀校友等参与治理，探索创新校外专家参与教育教学、教学评价等育人过程的新形式。

2. 抢抓国家高教改革战略机遇，积极推进“四新”发展

民办高等教育的诞生和发展壮大都得益于国家的教育方针政策，对政策的敏锐性是民办高校的最大特点之一。民办高校应充分发挥好这个特点，加强对国家新政策的研究思考，可以成立专门的研究咨询部门，为学校决策提供服务。特别是自2017年以来，教育部加快“新工科”建设进程，先后出台“一揽子”政策和计划项目，紧锣密鼓地推进各项探索实践，特别是在“复旦共识”、“天大行动”和“北京指南”等“新工科”三大行动之后，“新工科”建设在全国高校中已经形成浓厚氛围，并在部分高校取得实质性成果。教育部高教司吴岩司长在2018年11月9日“一带一路”背景下的工程科技人才培养暨第13届科教发展战略国际研讨会的报告中提出，“新工科”只是开始，教育部将大力发展“四个新”，即新工科、新医科、新农科、新文科。在2019年2月26日教育部举行的新闻发布会上，高等教育司范海林副司长回应称，大力发展“四新”在2018年已经写入了中央文件，其主要目的就是要推动形成覆盖全部学科门类的中国特色、世界水平的一流本科专业集群。

专业建设好了，人才培养的“四梁八柱”就立起来了[①]。河南民办高校应该抓住这个重大利好，提前布局，加快转型，争取得到支持。将“四新”建设与高水平应用技术大学建设有机结合起来，整体规划、统筹推进。以此为着力点和突破口，推进民办高校学科专业体系不断优化升级。对标应用技术型高校建设标准，大力培育学科专业特色品牌。

河南民办高校在新一轮的竞争中脱颖而出、争创一流，必须积极借鉴国内外高水平应用技术型大学建设发展经验，从学习、追随到并跑，最后实现赶超。民办高校必须树立危机意识、长远眼光，跳出发展“舒适区”，抓住

① 董鲁皖龙：《找准着力点强壮本科教育——来自高校的代表委员为建设一流本科建言》，《中国教育报》2019年3月10日，第3版。

并利用好当前国家和河南省经济社会转型发展所带来的巨大红利，融入改革大潮，规划长远目标，在充分调研学习的基础上进行创新发展。一是加快推进对国内应用型高校实践经验和各省份相关政策及建设标准的研究借鉴；二是加快推进对国外一流应用技术大学的学习借鉴，如德国的应用技术型大学、美国的创业型大学等；三是加快推进对民办高校转型发展总体目标及指标体系的研讨制定，在国家、河南相关政策要求以及国内外高校应用技术型大学建设经验的基础上，制定独具特色的质量标准体系和质量保障体系。加强资源整合，聚焦特色优势，争取打造一批一流学科、一流专业、一流课程和一流教育教学创新平台。

3. 推动课堂教学深化改革，促进本科教育提质升级

当前，我国社会主要矛盾已经发生转化，人民群众对高等教育的需求也已经从“有学上”向“上好学”转变。在当前和未来的竞争中，民办高校必须强化质量意识，主动回应回归本科教育交流，推进本科教育提质升级。学习四川大学、天津大学等高校的先进经验，结合自身办学定位和发展实际，大胆探索创新，以课题改革为突破口，推动教育教学整体改革。

一是要创新激励制度，引导推进本科教学改革。习近平总书记提出，要“努力让教师成为社会上最受尊敬、最令人向往的职业”“努力提高教师政治地位、社会地位、职业地位”。陈宝生部长提出，“教育质量是被尊敬出来的”！一所不尊重教师的学校，不可能有一流的教育教学质量，也不能留住各类人才来实现持续健康的发展。民办高校要想在全国高等教育的格局中脱颖而出，必须尊重教师、“礼遇”教师，让教师找到从教的幸福，提升教师的职业归属感和幸福感。要建立健全本科教学改革的制度体系和实施方案，建立资金投入常态机制，每年拿出“真金白银”，支持和奖励全身心投入一线教学的老师、积极开展教学改革的老师，重奖教学工作优秀典型老师。设立针对各类、各层次优秀教师的“教学奖”“教学新秀奖”，设立“优秀青年教师奖”，引导和支持一线教师把精力和能力释放到教学工作中。创新工作形式，通过开展“课题教学改革周”“本科教学工作表彰会”等方式，在全校厚植尊重教师、重视教学、潜心教学的文化，让一线教师有更多

的获得感、荣誉感、成就感。

二是要鼓励支持教师打造“金课”。加强对教师资格、能力的条件审核及培养锻炼，做到教师上讲台必须持有教师资格证，并参加教学能力培训，合格者才能授课，大面积、大幅度提升民办高校教师的教学能力和水平。鼓励和支持教师创新教学方式方法，改变传统“满堂灌”的教学方式，开展启发式讲授、互动式交流和探究式讨论，通过实用课程内容，鲜活地呈现方式，吸引学生“把头抬起来、坐到前排来、提出问题来”，让教师由“主演”变成“导演”，让学生由“观众”变成“主演”。创新实施“课程菜单”，让全校学生自主选择喜欢的课程，对选课人数太少的课程教师，要求进行再培训再学习，逐步实现让全体教师的课程“叫好又叫座”。推进非标准答案考试，避免学生上考场前“临阵磨枪”和“死记硬背”的问题。加强对教师教学内容、教学方式方法的培训、研讨和交流，切实解决“新的东西不会教、教的东西过时了”的问题，通过持续集中的培训学习，让每位教师的课堂上，“食材”新、“品质”好、“滋味”足、“营养”全，抽干水分，提高课程的含金量，淘汰“水课”，打造“金课”，增强课堂教学的吸引力。要创造“赛马”的制度和机制，让教师在“擂台”上赛本领，并通过专家、评委、学生等对参赛教师进行赛中评比、赛后指导，达到以赛促教、以教促学的目标。同时，大学没有“围墙”，课程没有“边界”，民办高校应坚持开放发展战略，打好人才培养“协同牌”，把一流大学教授“请进来”，让优质资源“手牵手”，为学生开设课程，并发挥他们的“传帮带”作用，大力培养民办高校的青年优秀教师。

三是要对学生“合理增负”。在成都召开的新时代全国高等学校本科教育工作会议上，陈宝生部长指出，中国教育“玩命的中学、快乐的大学”现象应该扭转，对中小学生要有效“减负”，对大学生要合理“增负”，提升大学生的学业挑战度。民办高校应该大力落实“教育教学质量是生命线”的理念，在“严”字上下功夫，坚持“严”字当头，针对目前高校中普遍存在的“课堂上学生睡觉、打游戏、玩手机”“平时都很放松，出去玩、看剧、泡吧，只有到考试、交论文时才紧张几天”“轻轻松松就能毕业”等现象，要严把培养关、过程关和出口关，念起学业“紧箍咒”。对教师也要严格要求，切实加强教学管理，向“课堂纪律松散、课堂教学质量不高”等突出问题“开刀”，严正师德师风、严把学术要求、严实育人使命，对教学要做到“眼里揉不得一粒沙”，在学风建设上打出“组合拳”，挤出挤干课堂教学和人才培养的水分。当然，民办高校应该正确认识“增负”，不能为了增而增，要紧跟国家政策精神要求和经济社会发展实际需求，合理增加学生的课业“负担”。例如，“职教 20 条”提出将“启动 1 + X 证书制度试点工作”“鼓励职业院校学生在获得学历证书的同时，积极取得多类职业技能等级证书”，民办高校应该加强调研，引导学生基于职业生涯规划，获取相应的证书和能力。

四是要借助新技术推进传统课堂革命。新一轮科技革命和产业革命正在加速演进，特别是“互联网 +”、大数据、人工智能、云计算等新一代信息技术迅猛发展，与各行业各领域深度融合，不断催生新模式、新业态、新方法，也对教育形成全方位的冲击，正在不断重塑教育形态和内外部生态。在智能手机时代，高校和教师们纷纷明显地感受到“低头族”成为普遍现象，课堂已被手机抢了“风头”。传统的知识获取及传授方式、师与生关系、教和学关系等都正在悄无声息地发生深刻变革，给高等教育教育教学提出了新的挑战。民办高校也应该适应新科技革命的大趋势强化“互联网思维”“大数据思维”等，认真研究《中国教育现代化 2035》《加快推进教育现代化实施方案（2018—2022 年）》等政策文件，加快布局，学习先进，推进改革。例如，四川大学投入 2 亿多元全面推进“教室革命”，打造多视窗互动教室、灵活多变组合教室、移动网络互动教室等类型的智慧教室。高等教育信息化建设，关键应在于“化”，要把信息技术化于“教书育人”全过程。民办高校也应该主动拥抱新技术、新趋势、新方法，将新一代信息技术融入人才培养、科研管理和社会服务全过程，利用新技术让学习生活和教育管理变得更加智慧。加快推进智慧校园建设，借助大数据、人工智能，帮助高校提升管理水平，形成事业发展状况的“体检报告”，科学决策、精准施策；帮助教师转变角色，让教师变成读懂学生的“分析师”、重组课程的“设计师”和整合信息的“策划师”。[①] 提升信息技术的应用能力，真正让新技术服务教育教学，避免陷入“技术本位”“技术至上”，克服“人灌 + 机灌”等现象。通过新技术应用，助推课堂变革，并以此为着力点，促进整个人才培养模式的创新。

4. 下大力气引进培育人才，打造高水平应用型师资队伍

高水平大学首先必须要有高水平师资队伍。民办高校建成高水平应用技术大学的梦想离不开优秀人才支撑，必须加大投入，引进培育并举，打出人才工作“组合拳”，重才爱才惜才，补齐人才短板，重点做好以下三篇文章。

首先，应该在增量上下功夫，大力引才聚才。2019 年 2 月，国务院印发《国家职业教育改革实施方案》（简称“职教 20 条”）明确提出，要多措并举打造“双师型”教师队伍，特别是提出从 2019 年起，职业院校、应用型本科高校相关专业教师原则上从具有 3 年以上企业工作经历并具有高职以上学历的人员中公开招聘，从 2020 年起基本不再从应届毕业生中招聘。民办高校应提前谋划布局，立足办学定位，早规划、早部署、早推进，越早行动，越早受益，抢在这一轮人才争夺战的前面，及时储备适应创新创业教育改革、产教融合发展和高水平应用技术大学建设的人才。应强化政策意识、市场意识和创新意识，密切关注国家和各省份高校教师队伍改革新动向，加快推进应用型高层次人才的引进工作。具体来说，河南民办高校应瞄准“三区一群”等国家战略、“三大攻坚战”和“四个强省建设”的迫切需要，重点加强对科技创新团队、学科领军人才、产业精英人才、行业专家、具有实践经历的博士等高层次创新团队和人才的引进，争取尽快改变民办高校高层次创新团队少、学科带头人少、掌握行业前沿的专家学者少以及博士比例低等问题，汇聚一大批应用型高端人才，实现“人才洼地”为“人才高地”的转变。

其次，应该在存量上下功夫，全力选才育才。高水平应用技术型大学不

① 黄蔚、李冀红：《人工智能何以改变教育》，《中国教育报》2019 年 3 月 13 日，第 4 版。

仅要为社会培养输送高素质应用型创新人才，同时也要“生产”高质量应用型师资。民办高校一方面需要千方百计、绞尽脑汁地去引进人才，但另一方面也要注重现有人才的培育发展，做到“两手抓、两手都要硬”。在当前财政资金支持不足，民办高校在平台、资金、团队、待遇等方面配套缺乏竞争力的情况下，引进高层次人才成本高、难度大、成效弱。因此，在现有师资队伍中发现人才、遴选人才、培育人才，增强学校自身“造血能力”，是当前民办高校更迫切、更务实、更有效的改革举措。具体来说，一是要对现有师资情况进行摸底调查、分析研究，按照分类管理、分类发展的理念，充分发现不同学科专业、不同类型师资的优势，并根据学校转型发展需要、教师自身职业规划意愿等因素，通过签订协议支持教师提升学历、到企业进行实践锻炼、到国内外高校交流访学等方式，大力推进教师学历能力双提升计划。二是要围绕河南产业转型升级和社会服务需要，引导支持教师组建创新团队，鼓励教师参加跨学科、跨部门以及校外创新团队，实现“抱团发展”和协同创新，发挥各类人才“1 +1 >2”的倍增效应。

最后，应该在管理服务上下功夫，做好用才留才。要真正落实“教育大计，教师为本”“让教师成为令人羡慕的职业”“让教师找到从教的幸福”“事业留人、感情留人、待遇留人”等精神理念，落到激励政策中，落到管理实践中，落到实际行动中，落到校园文化中，真正落地生根发芽，而不是继续停留在口号上、口头上、纸面上。真正做到尊师重教，切实提高一线教师的地位和待遇，为教师潜心教书育人、科学研究和服务社会创造良好的环境和提供充分的保障，搭建平台、健全机制、创造条件，支持和帮助广大教师特别是青年教职工成长发展，发挥民办高校体制机制灵活优势，让广大教师在民办高等教育沃土中施展抱负、大显身手，将个人成长与学校发展、中原出彩和民族复兴紧密相连。河南民办高校应注重做好三方面的工作，一是提高教职工福利待遇，充分调研河南以及全国同类别、同级别高校的工资和福利待遇水平，主要是参照公立高校的待遇水平，加大资金投入力度，提高薪酬竞争力，吸引并留住人才踏踏实实为民办高校转型发展做贡献，彻底扭转人才流失率高的问题；二是转变重管理、轻教学的行政化倾向，牢固树立

“教学中心地位”，强化领导、管理要为教学和教师服务的理念，切实摒弃“官僚主义”“官本位”思想，坚持重心下移，保证资源要向教学、教师和基层倾斜，尊重一线教职工，倾听广大师生的意见建议和意愿诉求，着力解决师生反映最迫切、最强烈、最突出的问题，让师生有更多的获得感、幸福感和安全感；三是重视对教师的培养培训，整合相关部门力量，建立健全民办高校教师培训制度，真正发挥教师发展中心等机构的作用，为教师提高学历、出国访学、交流访问、企业挂职锻炼、提升技能、开展社会服务实践等提供全方位、便捷化的服务和保障，为全体教职工创造人人皆可成才、人人尽展其才的良好生态。

5. 聚焦地方治理痛点难点，切实提升社会服务职能

提升服务经济社会发展能力是高等教育改革发展的目标和方向。民办高校要建成高水平应用技术型大学，就必须牢牢抓住社会服务这个职能，将社会服务用好用足用活，只有这样才能真正做到立足地方、扎根地方、融入地方，并与地方建立亲密的伙伴关系，实现同频共振、协同发展。

一是创新社会服务组织体系。加强对社会服务的重视，将提升社会服务能力作为学校和各学院各部门的“一把手”工程，建立由党委书记、校长和各学院、各部门党政领导干部等共同组成的社会服务工作领导小组，并设立领导办公室，整合学校各级党团组织、学生处、教务处、科研处等多方力量，统筹规划现有的社会服务项目和社会实践活动，围绕地方发展中不同类别的需求，通过组建社会服务小组、专家服务团队、博士服务团队等方式，不断建立健全民办高校社会服务组织体系，统一领导，集中力量，发挥优势，真正为地方提供有价值、有实效、有意义的社会服务。

二是建立校地信息互通机制。加强与地方政府、企业、社会组织、社区等社会治理主体沟通联系，建立长期合作关系，争取多方签订战略合作协议，推进社会服务供需信息对接，实现信息资源共建共享，特别是要注重利用“互联网 +”、大数据、人工智能、云计算等新一代信息技术，建立地方社会经济社会发展需求数据库。一方面，将地方行业组织、企业、社会组织、科研院所、社区和政府等纳入数据库建设中，建立常态化信息收集、处

理和发布机制；另一方面，将高校智库、研发机构、研究院、专家、教师、学生等主要信息及优势定期在数据库中更新，以便为开展社会服务整合资源、组建团队。

三是加强社会服务相关项目研究及经验总结交流。设立社会服务专项基金，并充分利用政府财政资金、企业和社会捐赠资金等，扩展基金来源，以解决实际问题为导向，围绕地方需求设立社会服务项目，采取竞争制面向全体师生进行课题招标，并由政府部门、社会服务需求方、相关领域专家等共同组成评估组，对项目立项、研究过程、结项等进行评审和管理，推进产生一批具有较高实际效益的社会服务项目，并逐步形成民办高校的社会服务品牌。同时，定期开展社会服务经验总结、研讨交流活动，形成社会服务典型案例，形成一批可复制、可推广的社会服务创新经验。

B.3

河南高中阶段民办教育的现状与发展研究

吴德亮*

摘　要： 党的十八大以来，随着改革开放的纵深推进和经济社会的持续发展，河南省高中阶段民办教育取得了长足发展，已成为河南省基础教育的重要组成部分。民办基础教育的兴起与发展，是社会主义市场经济在教育领域的客观反映和内在要求，同时也打破了公办高中教育包揽基础教育的格局，这是教育发展史上具有里程碑意义的重大变革。目前，河南省高中阶段民办教育既面临重要历史机遇，也存在不少问题和挑战。本文在简要阐释河南省高中阶段民办教育发展现状的基础上，主要对河南省高中阶段民办教育发展现状进行分析，并分析了河南高中阶段民办教育未来的发展走向。

关键词： 河南　高中阶段　民办教育

当今世界国际竞争的实质是以经济和科技为基础的综合国力的较量，在知识大爆炸时代，基础教育的兴衰已经关乎民族未来。可以说，基础教育是民族素养提升的基石，而高中阶段民办教育作为基础教育的重要组成部分，在提高全民族整体素质、促进教育均等化和人才培养过程中发挥着重要作

* 吴德亮，黄河科技学院讲师，河南民办教育研究院研究员，主要研究方向为思想政治教育、河南高中阶段民办教育研究。

用。进入新时代，高中阶段民办教育进入了新的发展时期，不论在数量上还是质量上都表现出强劲的发展势头，加快形成富有内涵的高中阶段民办基础教育格局已成为社会共识。

2018 年全省高中阶段毛入学率达到 91.23%，高于全国平均水平，普及水平迈上了新台阶。《2018 年河南省教育事业发展统计公报》显示，截至 2018 年底，河南省普通高中 852 所，毕业生 66.08 万人，招生 72.65 万人，在校生 210.06 万人。共有 3.45 万个班，其中，大班 2.23 万个（占 64.64%），超大班 1.07 万个（占 31.01%）。其中民办普通高中 299 所，在校生 41.84 万人。总体来看，河南省高中阶段民办教育经过 30 多年的发展，形成了规模适度、管理有序、发展稳定的格局，成为河南教育事业的重要组成部分，更是河南教育事业发展的重要增长点和促进教育改革的重要力量，同时丰富了教育资源，更好地满足人民群众对教育多样性的需求。

一　河南省高中阶段民办教育发展现状

（一）高中阶段民办教育的战略地位

河南省高中阶段民办教育发展至今，在基础教育领域发挥了重要作用，也产生了积极影响。近年来，随着城镇化步伐加快和“二孩”政策的放开，河南省基础教育行业的压力很大，社会对基础教育的需求在不断增加，高中阶段民办教育作为教育领域的重要力量，其地位更是不可小觑，即为国家排忧解难、为家长提供多样化的选择、为青少年成才铺路、为教育体制改革提供土壤。

1. 为国家排忧解难

目前，河南省作为人口大省限于财力，每年投入财政性教育的经费有限，虽然教育经费绝对数量在逐年增加，但是仍不能满足全省对基础教育的需要。民办高中充分吸纳社会资金投入国家教育事业，客观上减轻了国家财政投资教育领域的压力。各民办高中将教育对象的需求和教育供给有机结合，关注基础教育结构的优化，弥补公办教育的短板，一定程度上解决了教育供需的矛盾。

2. 为家长提供多样化的选择

随着经济社会的发展，现代家庭的经济状况、家庭结构的变化，以及学生在求学、升学、就业等方面所出现的新问题，更高层次的教育和更优质的教育成为更多家庭的选择。高中阶段民办教育的发展，不仅激发了家长教育投资的消费意识，而且刺激了全社会通过各种渠道筹资办学。高中阶段民办教育在吸纳社会闲置资金的同时，也满足了家长交钱求学，交钱能接受更高层次、更优质教育的心理需求。有的需要接受特色教育，有的需要寄宿制学校，有的需要教学基础设施更好、教学质量更高，有的需要各类补习、专项辅导等。可以说，民办高中在满足家长和学生对基础教育的个性化需求方面做出了不可磨灭的特殊贡献。

3. 为青少年成才铺路

河南省每年中招考试结束之后，就划定高中最低录取分数线，公办学校因为招生计划有限，相应地提高门槛，很多在最低录取分数线之上的学生无法被公办高中录取，为此有的学生就选择职业中专、技校等，应运而生的各民办高中，拓宽了广大初中生的求学之路，许多学生通过在民办高中的学习，顺利参加高考，不少学生最后取得大学毕业证书，一部分学生还考上研究生继续深造，为将来走上社会奠定了知识基础。这为青少年实现自己的人生价值，更好地服务社会、创业就业创造了条件。

4. 为教育体制改革提供土壤

高中阶段的民办教育打破了原有教育体制的束缚，一定程度上重新布局基础教育，促使整个高中教育在办学体制、管理模式、运行机制、经费筹措、师资聘任、后勤管理等方面进行变革，改变了过去体制和机制的僵化，师资固化不能流动，办学经费过度依靠财政拨款等状况。高中阶段的民办教育作为经济社会发展的产物，对在过去体制下形成的公办教育体制构成压力，形成相应的竞争，对深化教育体制的改革发挥了重要作用。

（二）高中阶段民办教育的办学模式

河南省不同地区之间在经济社会发展程度上存在明显差异，对当地高中阶段民办教育的模式产生深刻的影响。通过认真研究各地的社会、经济发展差异，发现河南省高中阶段民办教育大致有以下几种发展模式。

1. 政府占主导地位的“民办公助”模式

这一类别的学校主要特点是：办学条件、办学质量、社会声誉较好，依托公办学校得天独厚的资源，有一定的生源基础，具有较强的市场竞争力与强大生命力。

民办公助学校，是由自然人或社会团体承办，办学经费由教育主管部门予以资助。这类学校具有以下优势：一是举办者大都是长期从事基础教育，长期关注教育事业的发展，具有基础教育领域的相关办学经验，并有教育理想的教育工作者；二是教育主管部门为了探索教育体制改革的新模式，也会从政策上给予引导、鼓励与支持。如郑州市、区教育局，把创办民办中小学校纳入当地教育发展规划当中，从学校筹建到招生，从指导教学管理到改善教学设施，从校长任命到师资配备等都给予了大力支持，保证了全市民办高中能够在政策的支持下健康持续发展。

2. 经济发达地区的“教育储备金”模式

“教育储备金”，是教育收费的一种特殊形式，也是教育发展与企业结合的一种探索。这类学校资金投入高、硬件设施好，主要面向高收入家庭。学校和企业有机结合，学校的经济来源除了家长支付的学费，主要来自本土企业的支持。学校的办学质量与企业的发展相得益彰，办学水平的提升可以吸引更多的生源，为筹集更多资金提供了可能性，促使企业得到长足的发展。企业通过树立正确的经营战略，加强经营管理，利润稳定增长，反哺学校发展，促进办学条件优化和教师待遇的提高，为学校的办学质量稳步提升奠定物质基础，这样学校教育与企业经营就会形成良性循环。“教育储备金”模式创办的学校，其产权归企业所有，教育产业可以不断增值，比如企业可用利用自身的社会影响筹措并运作资金，产生的利润投入学校发展，对学校基础设施建设、办学条件改善都会产生积极的影响。

3. 特色鲜明的“辅导班模式”

根据学生的个性化需求兴办学校，这类学校面广量大，以实用为主，针对学生学习知识的特点，在查漏补缺、培优提升上下功夫，具有很强的针对性，这类民办高中多以辅导机构的形式存在，发展快、重心低、多门类、多层次、多样化。形式灵活多样，既有全日制学校，也有钟点式学习；既有长期学习，也有短期培训；既有个别指导，也有班级教学。

省会郑州的晨钟教育集团前身是陈中数理化培训学校，创办于 2000 年，随后经郑州市教育局批准设立郑州晨钟教育集团。该集团主要提供包括小学以及初、高中数、理、化、语文、外语培训和 VIP 个性化辅导等的培训业务和全日制业务，品牌统一、教材统一、服务统一、管理制度统一、师资配备统一，以确保高水平的服务质量和教学质量。截止到 2018 年 6 月，集团拥有直营分校 122 家，遍及郑州、开封、洛阳、商丘、许昌、平顶山、新乡、安阳、漯河、周口等省辖市，在职员工 1500 余人，年培训学生达 25 万人次。集团设有陈中数理化、陈中实验学校（全日制）、功匠 1 对 1、晨钟小状元、晨钟教育商学院、晨钟硕博硕、域外校区七大业务模块。其中陈中实验学校被纳入郑州市优质教育资源倍增工程，并于 2013 年被郑州市教育局评为“示范性名优民校”。这所学校始终坚持“党建引领文化，文化促进发展，发展助推公益”，秉承“教是本分，育是功夫”的教育理念，经过十多年的探索和总结，在实践积淀的基础之上，确立了以“促进中原教育，影响中国教育，增辉中华民族”为使命的“晨钟梦”。

（三）河南省高中阶段民办教育的政策环境分析

高中阶段的民办教育已成为我国教育事业的重要组成部分，为引导和规范其健康持续发展，国家和河南省政府部门先后出台了一系列法律法规。《国家中长期教育改革和发展规划纲要（2010—2020 年）》在谈到高中阶段教育时指出，“推动普通高中多样化发展，促进办学体制多样化，扩大优质资源。推进培养模式多样化，满足不同潜质学生的发展需要。鼓励普通高中办出特色。探索综合高中发展模式”。同时，《河南省中长期教育改革和发展规划纲要（2010—2020年）》提出：坚持公益性原则，落实政府责任，完善高中办学体制，推动改革和发展机制创新。鼓励和支持民办普通高中学校发展。民办教育政府投入相对较少而社会效益明显，非常符合我国教育资源需求和人才强国战略的要求。因此，政府从政策层面支持民办基础教育的发展，具体支持政策可以从以下几个方面得以证实。

1. 顶层设计的支持

《中华人民共和国民办教育促进法》规定，民办教育事业是社会主义教育事业的重要组成部分，民办教育和公办教育享有同等的法律地位。国家大力支持民办教育事业的发展，努力健全“政府主导、社会参与、办学主体多元、办学形式多样、充满生机活力”的办学体制。同时强调各级政府要将民办教育事业统筹于国民经济和社会发展总体规划当中，鼓励社会组织、个人团体以独立或共同举办等多种形式参与教育行业，多措并举兴办学校。

2. 办学体制方面的支持

国家鼓励企事业单位、社会团体、其他社会组织及公民个人依法举办学校及其他教育机构。鼓励公办职业学校积极吸纳民间资本和境外资金，探索以公有制为主导、产权明晰、多种所有制并存的办学体制；积极与企业合作办学，形成前校后厂（场）、校企合一的办学实体；推动资源整合和重组，走规模化、集团化、连锁化办学的路子。

3. 师资队伍建设方面的支持

《民办教育促进法》第四章第27条明确规定：民办学校的教师、受教育者与公办学校的教师、受教育者具有同等的法律地位。各级教育主管部门要为民办学校教师在职称评定、任职资格评审、人事代理、劳动纠纷等方面提供政策支持。同时，保障民办学校教师在科研立项、业务培训、教龄计算、档案管理、表彰奖励、福利待遇等方面的合法权益①。保证民办学校在

① 王焕斌、李和平：《民办教育管理引论》，重庆大学出版社，2008。

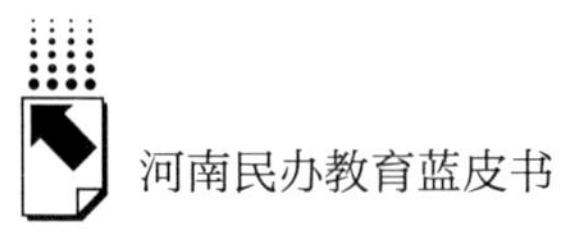

学术交流、教研活动、社会活动等方面与公办学校同等对待。

4. 基础设施方面的支持

各级政府在基本建设规划、土地利用规划过程中，对新建、扩建民办学校的社会组织和个人，要按照公益事业用地及建设的有关规定给予相应的优惠，各级政府要致力于教育基础设施的不断完善和改进，在推进数字化校园建设过程中，采取激励性措施，鼓励、支持和引导民办高中加强数字化校园建设，打造先进、实用、高效的数字化教育基础设施。

5. 对外交流与合作方面的支持

河南省教育国际交流协会明确指出，为适应河南省教育对外开放、国际交流与发展的需要，积极搭建教育国际交流与合作平台，推动河南省教育界与国际教育先进的国家和地区就人才培养、教育科研展开交流与合作，多措并举促进河南教育事业的全面、健康、和谐发展，在引进优质教育资源、吸收借鉴先进教育理念、共同设立教育机构等方面给予相应支持。坚持以开放的姿态促进河南省民办教育事业的发展，提升河南省民办教育的国际化水平和国际竞争力。

（四）河南省高中阶段民办教育收费问题

为进一步完善和规范河南省高中阶段教育收费行为，河南省发展和改革委员会、河南省财政厅、河南省教育厅三部门联合下发《关于加强我省普通高中收费管理的通知》，合理确定普通高中教育学费标准，并加强对高中阶段教育收费的管理和监督。该通知指出，高中阶段教育实行以政府财政资金投入为主，多措并举筹措资金以及家庭合理分担为辅的投入机制。各部门应根据当地经济发展水平、学校基础设施和受教育者家庭的承受能力，依据学生的培养成本来确定收费标准。教育培养成本包括公务费、业务费、设备购置费、修缮费、教职工人员经费等正常办学费用支出。

通知要求，各民办普通高中正常的收费范围包括学生在校期间的学费、住宿费及代收费，在未经相关主管部门批准的情况下，禁止有任何其他收取费用的行为。同时对正常范围内的费用收支严格管理。原则上所收取的学费要全部用于学校的办学支出，其他任何部门不得挤占、挪用，严格执行专款专用，主动接受学生、家长和社会的监督。各级价格、教育、财政部门要加强对高中阶段民办教育收费的管理和监督，同时学校应建立健全收费管理制度，严格执行相关收费管理的政策和规定。

在相关部门对民办高中收费进行监督和管理的同时，由于优质教育资源的短缺，很多民办高中致力于打造优质教育资源，无形之中在办学条件、师资队伍建设等方面投入成本较大，就会出现高质量的民办高中学校的收费可能会增加。这种现象的出现也是有政策根源的，河南省教育厅印发的《河南省高中阶段教育普及攻坚计划（2017—2020 年）》指出，支持高中阶段民办学校发展，积极支持各类办学主体通过独资、合资、合作等多种形式举办民办职业教育。进一步完善社会资本办学成本测算和学费定价机制，允许高质量民办学校实行优质优价。从河南省教育厅获悉，现在省会郑州民办高中学费生均每年 9000 元左右，有的已经达到生均每年 15000 元，这是社会和家长对优质教育资源选择的结果，是教育资源供求关系的客观反映。

表 1　2018 年河南省民办普通高中收费（节选）

序号	地市	学校名称	学费	住宿费	招生范围
1	郑州市	郑州树人中学	8000 元/生/年	900 元/生/年	跨省辖市
2	郑州市	郑州领航实验学校	13500 元/生/年	1800 元/生/年	跨省辖市
3	郑州市	郑州外国语新枫杨学校	8000 元/生/年	700 元/生/年	跨省辖市
4	郑州市	黄河科技学院附属中学	9000 元/生/年	1000 元/生/年	跨省辖市
5	郑州市	郑州四禾美术学校	14300 元/生/年	1700 元/生/年	跨省辖市
6	郑州市	郑州市宇华实验学校	13700 元/生/年	1000 元/生/年	跨省辖市
7	开封市	河大附中实验学校	8000 元/生/年	800 元/生/年	跨省辖市
8	开封市	开封市求实中学	7500 元/生/年	1400 元/生/年	跨省辖市
9	洛阳市	洛阳市佳林中学	9800 元/生/年	800 元/生/年	跨省辖市
10	洛阳市	洛阳复兴学校	14000 元/生/年	1800 元/生/年	跨省辖市
11	平顶山市	平顶山一中新区学校	4000 元/期	350 元/期	跨省辖市
12	平顶山市	平顶山市龙河实验高级中学	2000 元/期	600 元/期	跨省辖市
13	安阳市	安阳正一中学	10000 元/生/年	260 元/生/年	跨省辖市
14	安阳市	林州市林虑中学	6000 元/生/年	360 元/生/年	跨省辖市

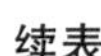
续表

序号	地市	学校名称	学费	住宿费	招生范围
15	鹤壁市	鹤壁黎阳中学	4000 元/期/生	350 元/期/生	跨省辖市
16	新乡市	河南师范大学附属中学金龙学校	10500 元/年	700 元/年	跨省辖市
17	新乡市	新乡市一中实验学校	11000 元/年	800 元/年	跨省辖市
18	焦作市	焦作市宇华实验学校	15600 元/生/年		跨省辖市
19	焦作市	沁阳市永威高中	15000 元/生/年		跨省辖市
20	焦作市	沁阳市覃怀中学	6000 元/生/年	700 元/生/年	跨省辖市

资料来源：河南省中招考生服务信息平台。

二　河南省高中阶段民办教育发展困境

河南作为农业大省和人口大省，在城镇化步伐加快的时代背景下，进城定居的人口数量日益增多，客观上对基础教育资源的需求在不断扩张，高中阶段的民办教育已经具备一定的规模，但是其持续健康发展态势尚未完全形成，无论是外部政策和市场环境，还是自身内在的运行机制都存在诸多亟待解决的问题。这就要求高中阶段的民办教育必须站在比公办教育更高的起点上竞争，才能健康良性有序地发展。

1. 师资力量薄弱，管理制度不够健全

随着民办教育事业的发展，河南高中阶段民办教育在探索中不断前行，教师队伍建设问题始终制约着高中阶段民办教育的发展。民办高中大多起步较晚，办学时间不长，大多数学校师资队伍的水平、年龄布局结构与公办学校相比，仍然存在较大的差距，部分民办学校老中青的合理搭配模式尚未形成，专职和兼职教师的比例不协调，有的民办学校兼职教师或临时聘用人员占比较大，有的民办学校专任教师以 30 岁以下的年轻教师和 60 岁以上的老教师居多，中年教师比例偏少，这种哑铃形师资结构缺乏相应的稳定性，不可避免地影响到民办学校的持续健康发展。①

① 《关于推动我市民办高中健康发展的建议》，鞍山市政协网站。

开展各级各类培训学习，可以提高教师队伍整体素质、专业水平和教学能力。从调查中发现，许多民办学校将教师培训放在平时的会议中一带而过，不乏走过场的现象，单独组织的教师培训会议相对较少，培训的质量尚待提高，势必影响教师的专业成长。有些发展规模较小的学校在发展初期更倾向于向其他学校挖教师和外聘教师，放弃自我培养、自我成长的机会，教师队伍素质的提升更加困难。

科学的管理机制是提高工作效率的重要保障，建立健全教育教学制度，是学校内涵建设的重要环节，也是学校依法治教的重要举措。这就要求学校规章制度的制定必须符合教育发展规律，必须与学校发展的实际情况有机结合。调查中发现，部分民办学校的规章制度在制定过程中缺乏公平性、民主性和科学性，导致各项管理制度落地生根异常困难；也降低了执行过程中的权威性。这些问题的存在在一定程度上制约着全省高中阶段民办教育的健康发展。

2. 公益性界定模糊问题

社会组织的公益性需要从公益性质、公益活动的流程和监督机制等方面来进行考量，各类公益事业的上级主管部门更应严格按照公益性事业的评价体系，对各民办学校进行客观的评估。《民办教育促进法》第 3 条明确规定：“民办教育事业属于公益性事业，是社会主义教育事业的组成部分。国家对民办教育实行积极鼓励、大力支持、正确引导、依法管理的方针。各级人民政府应当将民办教育事业纳入国民经济和社会发展规划。”从法律上对各类民办教育进行准确定位，从侧面反映出政府对各类民办教育所持的立场和态度。

《民办教育促进法》对民办教育公益性的界定，就充分说明各类民办教育可以享受一定政策优惠，比如税收优惠、政策倾斜等。事实上民办教育的定位却是“民办非企业”性质。而《中华人民共和国民法通则》规定，我国的法人机构包括企业法人、机关法人、事业单位法人和社会团体法人。“民办非企业”的则成为不伦不类的法人，税收优惠有时就成了“空头支票”，河南很多地方将民办学校特别是基础教育辅导机构类的民办学校，按照“企业”法人对待，需缴纳一定额度的企业所得税。调研过程中，很多学校的举办者认为，按照法律规定，出资人放弃合理回报的学校以及通过捐资举办的民办学校应依法享受包括税收在内的各项优惠政策，不应该缴纳企业所得税。但由于法律对各类民办学校公益性或营利性的分类，对“合理回报”的区间范围等问题界定不够清晰，从而导致相关部门在实施优惠政策时出现“无法可依”的问题，客观上造成了各种优惠政策无法真正落到实处。

3. 思想认识有误区，相关理论研究滞后

民办教育在减轻各级政府财政资金压力的情况下，承担着提供教育资源，满足社会公众多样化教育需求的社会职能，是我国教育事业的重要组成部分。然而公办学校教师享受着事业单位的社会保险，民办学校教师适用的是企业类别的职工保险，退休后的待遇更是差别悬殊。在思想认识领域，社会公众对民办教育还存在“营利论”“怀疑论”“冲击论”评价，认为民办学校管理不够严格、制度不够健全、办学质量尚待提高等。相关教育主管部门对民办教育在国民教育体系中的地位和作用认识不到位，这直接关系相关政策的制定和落实。调查发现，有的民办学校基本没有享受到政策红利。消除对民办教育的偏见和歧视，为民办教育打造良好的思想舆论环境，是广大民办学校的强烈呼声。

高中阶段民办教育实践的发展，要求不断地总结经验，以期更好地在反思中前行，这就要求相关研究必须紧跟教育实践的发展步伐，广泛收集高中阶段民办教育发展过程中的焦点问题，做深入细致的理论研究和探索。但是河南高中阶段的民办教育是在相关教育理论探索并不充分的情况下发展起来的，曾经一度上演依靠学校规模扩张忽略内涵建设的发展之路。步履匆匆却忘了为什么出发，仅从发展形势上看令人欣慰，而问题和矛盾显然存在，由于缺乏及时跟进，使得理论研究工作与教育实践的发展存在时间差，客观上造成了河南省高中阶段民办教育理论研究工作相对滞后。

三　河南省高中阶段民办教育发展前瞻

进入新时代，站在新的历史方位，面对新的目标和任务，同样要求教育要紧跟时代发展的步伐，必然要求河南省探索出一条适合省情的教育发展道路。参照发达国家的历史经验来看，在自然资源、有形资本、人力资源三大要素中，只有充分发掘人力资源的潜在比较优势，才能在日益激烈的国际竞争中立于不败之地，毋庸置疑，基础教育是将这种潜在优势变为现实优势的最佳途径①。河南省作为具有潜在人力资源优势的省份，要不失时机地抓住重要的历史机遇期，充分发挥基础教育在人才培养过程中的作用。而高中阶段的教育担负着为高一级学校输送合格新生的历史使命，高中阶段民办教育的健康发展会让河南基础教育事业锦上添花。可以预见，大力发展高中阶段民办教育将是河南未来教育发展的必然选择，这一历史性选择必将推动高中阶段的民办教育朝着规范化、数字化和国际化的方向发展。

（一）规范化趋势

教育的规范化，要求对已有的教育模式、教育资源和教育手段进行科学整合，并吸收借鉴国内外教育发展的有益成果，结合受教育对象的个性特征，探索出规范的教育流程。它需要大胆革新，结合河南省高中阶段民办教育发展的现状，可以预见，未来全省高中阶段民办教育的规范化发展会在以下几个方面得以呈现。

1. 教育管理制度将更加健全

教育宏观管理体制将不断健全和完善。各级教育主管部门会完善教育标准体系，研究制定切实可行的办学条件标准和人才培养质量标准。标准健全、目标分层、多级评价、多元参与、学段完整的教育质量监测评估体系逐渐形成，体现教育评价的专业性和客观性。相关配套的教育立法、教育法规和实施机制会更加规范，教育的法治化水平明显提高，教育管理部门服务意识和能力明显提升。

就河南省高中阶段民办教育自身发展而言，必须遵循教育规律，方能

① 王建庄：《求正归真》，光明日报出版社，2015。

立于不败之地，必须摒弃规模扩张的发展思路，取而代之的是在学校内涵建设上下功夫。教育实践的发展会让民办教育的践行者深刻地认识到，机制灵活的民办学校必须建立更加规范化的教育教学制度和管理制度，积极主动适应社会公众对未来教育的需求，必将会促使全省高中阶段的民办教育不断地革故鼎新、开拓创新，建立起更加完备和规范的教育教学管理制度。

2. 学校基础设施将明显改善

随着人民生活水平的提升，可支配收入明显增加，政府逐步加大财政性教育经费投入，高中阶段的民办教育办学条件必将大大改善，如校园硬件设施和人才引进、校园文化环境的改善、教育教学的仪器设备更新换代等，都会受益于经济发展水平的提高。

3. 教育思想和观念不断创新

教育是培养人才的重要途径，作为教育主阵地的学校担负着文化知识传承、再造和创新的历史使命。近年来，河南省各地都在探索教育体制改革的新路子，不断更新教育教学观念，进而实现高中阶段民办教育发展的规范化。

（二）数字化趋势

人类进入 21 世纪，科技革命向纵深发展，现代信息技术特别是云计算、大数据、物联网、人工智能的广泛运用，拓展和延伸了人们获取和运用知识的能力，深刻地影响着人们的学习、工作和生活。感受变化的同时，不难发现未来教育发展数字化趋势的雏形已经形成，信息技术在教育中应用更加广泛，凸显出以下显著特点：计算机教育全民化、教育内容的智能化和软件化、教育手段的电子化、评价体系的数据化等。

河南高中阶段民办教育持续健康发展，必然要求改变传统的技术手段，取而代之的是课堂教学、教育管理与现代科技发展的最新成果有机结合，让现代信息技术为未来教育提供相应的支持。数字化技术在教育领域的应用在提高教育效率的同时，也能获得更好的教学效果，用最少的时间使师生获得最大的发展和提高。随着未来信息技术的不断进步，可以预见信息技术在河南省教育领域必将得到更广泛的应用，进而推动高中阶段的民办教育朝着数字化方向发展。

（三）国际化趋势

经济全球化背景之下，人才和科技的竞争如火如荼，开放的世界要求每一个教育人必须具备国际化视野，胸怀祖国放眼世界，故步自封、闭目塞听就会重蹈历史覆辙。最终能否自信地参与全球化竞争与合作，昂首阔步进入世界大循环，并在大循环中实现中华民族伟大复兴，是历史机遇对中国人的又一次考验。抛开经济和政治因素，仅从人才培养的角度来分析，这一历史性的考验要求我们必须在东西方文化碰撞与交流、借鉴与融合的环境下，重视全民族综合素质的提升，面向世界博采众长、取长补短。

坚持发展的观点审视教育，可以预见当前社会所培养的人才与未来社会所需要的人才不会完全匹配，很多职业和技能将被新技术取而代之，也会出现适应未来社会的新职业。作为国民教育体系的重要环节，人才培养起始阶段的基础教育，要引导学生学会学习、学会合作、学会创造。河南作为中部人口大省，高中阶段的民办教育必将顺应时代的发展要求，面对经济全球化浪潮，抓住历史机遇，勇敢面对挑战，积极主动地融入教育发展国际化的时代潮流，为人才强省战略的落实做出应有的贡献。

参考文献

《河南省人民政府关于鼓励社会力量兴办教育进一步促进民办教育健康发展的实施意见》，河南省人民政府，2018。

《郑州市人民政府关于促进民办教育发展的意见》，郑州市人民政府，2005。

吴林桧：《四川省民办高校教育转型中的政策研究》，电子科技大学硕士学位论文，2014。

林婧:《我国民办基础教育发展面临的困境和出路——以益阳沅江市为例》，湘潭大学硕士学位论文，2017。

洪英:《民办中小学教师生存现状的成因及对策探寻》，《长春理工大学学报》2012年第10期。

金一鸣:《普通高中办学模式探索》，上海教育出版社，2010。

B.4
河南民办基础教育现状与发展对策

任晓林　张启文　翁　晴*

摘　要： 改革开放40多年来，河南的民办教育从萌芽到发展壮大，逐步走在了全国前列。河南民办基础教育也在发展中具备了一定的规模和办学特色，同时也面临着诸多发展瓶颈。进入新时代，河南民办基础教育应该怎样调整发展方略，克服哪些困难，是各级政府、社会各界特别是民办教育自身十分关注的问题。本报告在分析河南民办基础教育整体发展现状和面临瓶颈的基础上，提出了发展思路及解决问题的策略。

关键词： 民办教育　基础教育　文化传承　河南

2004～2018年15年间，河南民办小学教育在全省教育发展的大盘子中实现了跨越式发展；在河南民办教育的体系中，则一直保持着1/4左右的在校生规模。2004年，全省民办普通小学585所，在校生24.98万人，分别占全省小学校数和在校生数的1.71%和2.46%；占到全省民办学校数和在校生数的17.24%和22.90%。到2013年，全省民办普通小学达到1429所，在校生达到110.61万人，分别占到全省小学数和在校生数的5.47%和11.77%；占到全省民办学校数和在校生数的10.03%和24.31%，占全省小

* 任晓林，先锋教育创始人，现任河南妇女儿童活动中心主任，中教高级；张启文，原郑州市金水区教育局民管科科长，现任郑州市冠军中学书记；翁晴，河南少年先锋学校事业发展总部副主任。

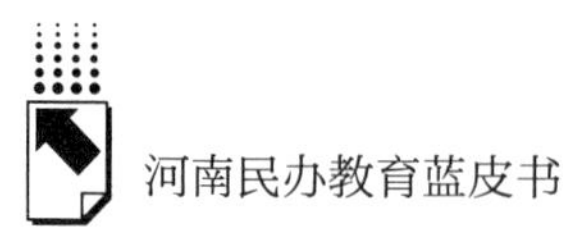

学的指标远远超过了2004年，说明这10年间河南的民办小学教育实现了大跨度的规模扩张。到2018年，全省民办普通小学数和在校生数分别达到1865所和162.35万人，占到全省小学数和在校生数的10.02%和16.32%；占到全省民办学校数和在校生数的9.08%和24.08%。15年间，民办普通小学校数和在校生数占全省普通小学校数和在校生数的比例分别增加了7.37个和21.62个百分点；但是占全省民办学校的比例却是下降的趋势。这一增一减，说明了河南民办小学总体规模是增长的，而河南民办学校整体规模的增量更大。

全省民办普通初中2004年为398所，在校生25.81万人，占到当年全省普通初中学校数和在校生数的7.48%和4.37%；占到当年全省民办学校校数和在校生数的11.73%和23.66%。到2018年，民办普通初中学校数和在校生数分别达到819所、90.73万人，占到全省普通初中学校数和在校生数的18.12%和20.06%；占到全省民办学校校数和在校生数的3.99%和13.46%。总起来看，民办普通初中15年来规模有较大扩张，在全省普通初中中占比有较大幅度提高，但在民办学校中的比例则有明显下降。实际情况是，15年来，民办初中在民办教育中的学校数和在校生数占比都有下降，但近两年却是增长的势头。

一　发展现状：举办者热情、社会投资与社会需求的逆增长

2016年11月，全国人大常委会正式审议通过了修订后的《中华人民共和国民办教育促进法》，义务教育阶段的民办教育机构可能面临客观环境和内部管理模式的双重变革。

（一）数量与规模

2019年4月9日，河南省教育厅印发《2018年河南省教育事业发展统计公报》，以官方大数据形式正式发布2018年全省教育事业发展有关情况。

截至2018年8月31日，河南省民办学校突破2万所，其中，民办小学1865所，比2017年增加了58所，在校学生数量达到162.35万人，比上一年增加了约18万人；民办普通初中819所，比2017年增加了18所，在校学生数量达到90.73万人，比上一年增加了约10万人。河南省民办小学的数量占全省小学数量总和的10.02%，民办小学在校生数量占全省小学在校生数量的16.32%，而同期河南省小学总量则比2017年减少了1800所，与上一年相比依然呈下降趋势。河南省民办初中的数量占全省初中数量总和的18.12%，民办初中在校生数量占全省初中在校生数量的20.06%，与上一年相比民办初中数量及在校生人数均呈上升趋势。

表1　2016~2018年河南省基础教育（小学）发展概况

年份	全省小学数量（万所）	民办小学数量(所)	占比（%）	小学在校人数（万人）	民办小学在校人数(万人)	占比（%）
2018	1.86	1865	10.03	994.6	162.35	16.32
2017	2.04	1807	8.86	982.06	143.96	14.66
2016	2.28	1748	7.67	965.59	129	13.36

数据来源：河南省教育厅《2018年河南省教育事业发展统计公报》。

表2　2017~2018年河南省基础教育（初中）发展概况

年份	全省初中数量（所）	民办初中数量(所)	占比（%）	初中在校人数（万人）	民办初中在校人数(万人)	占比（%）
2018	4519	819	18.12	451.88	90.73	20.08
2017	4515	801	17.74	429.16	80.92	18.86

数据来源：河南省教育厅《2018年河南省教育事业发展统计公报》。

受诸多因素的影响，近年来河南全省小学的总量正以较明显的幅度下降，小学在校生数量在稳步增加。与此同时，河南省初中的总量及在校生数量在稳步增加，其中，民办初中的数量和在校生数量增加明显。

新的《民促进法》颁布的相关政策规避了一些以营利为目的的社会资本，同时有营利诉求的原民办基础教育机构的举办者也开始观望和调整，减少投资。但是随着社会经济的稳步发展，对高质量、多元化的基础教育需求

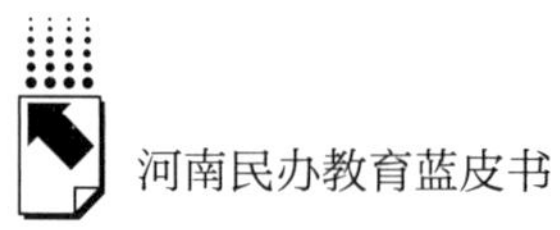

并未减弱。有责任心的民办基础教育举办者的热情、社会投资与社会需求出现了鲜明的增长态势。

（二）发展模式与办学特色

目前河南民办中小学的办学模式，大概可以分成集团式办学、滚动式办学和简易式办学三大类型。

民办基础教育虽然性质相同，但办学特色各异，主要有以下几种。

（1）以外语教学为基本特色，走西方现代教育模式。

（2）以中国优秀传统文化为基本特色，走中外融合教育模式。根植人类元典文化，容纳东西圣贤智慧，诵读中外圣贤文化经典，体验古琴、书法、茶艺、棋艺、武术等新六艺生命智慧，在完成现行基础教育知识学习基础上，完善人格和思想教育，形成了以河南先锋教育为代表的国学现代教育的品牌方阵，率先在全国编写了系列教材，进入基础教育课程。

（3）以应试教育教学为基本特色，参照公办教育的模式。

二　发展的瓶颈

制约民办基础教育发展的主要问题是经费、师资和办学者的理念问题以及社会的认可程度。这些问题有些是需要随着政策的落实和认识的提高来解决的，有些是民办学校内部核心竞争力提高的问题。在持续不断地解决这些问题的同时，需要重视以下工作的开展。

（一）党建工作

坚持党的领导，加强党的建设，是民办基础教育正确办学方向，实现持续发展的根本保证。虽然民办基础教育党建工作取得了一定的成绩，在党和政府办学方针对整个教育发展的引领指导下，民办教育可以更灵活地接纳、吸收，迅速成为民办教育发展的生产力。但民办教育举办者整体的认识和动力不够，主动性不强，存在党建工作欠规范、党员管理有难度、作用发挥不充分等现象。

（二）文化传承

当今中国全面推动中华优秀传统文化建设，以传承中华优秀传统文化为特色的课程体系构建急需真正落地，文化匹配以及人才的培养储备尚不完善。2017 年 1 月 25 日，中共中央办公厅、国务院办公厅《关于实施中华优秀传统文化传承发展工程的意见》正式发布实施，第一次以中央文件形式专题阐述中华优秀传统文化传承工作，意味着优秀传统文化真正实现活起来、传下去。

目前一部分学校已经建立耕读教育模式，一部分学校将琴棋书画等融入第二课堂，但文化根基不牢固，国学师资力量短缺，课程体系构建形式化较多。

三　新时代发展的建议与策略

党的十八大以来，河南省民办教育事业累计吸引民间资金 460 多亿元，民办教育打破了原有的教育体制和格局，改变了经费靠政府划拨、国家包揽的单一模式，充分调动了社会力量投资兴办教育的积极性。近年来，河南省委、省政府高度重视民办教育工作，坚持把民办教育作为教育发展新的增长点和推动教育改革的重要力量，大力发展民办教育。省政府先后出台了《关于创新投融资机制鼓励引导社会投资的意见》《关于加快推进民办教育发展的意见》《关于鼓励社会力量兴办教育进一步促进民办教育健康发展的意见》等文件，扶持引导民办教育发展。

河南民办基础教育的发展至少要从以下几个方面加以改革和发展。

（一）加强思想理论武装

1. 深入学习领会习近平总书记关于教育的重要论述

要结合河南基础教育实际认真学习领会习近平总书记关于教育的重要论

述，结合民办教育的具体情况全面准确把握理论核心和内涵。

2. 全面落实全国教育大会和全省教育大会精神

新时代新形势新需要为民办基础教育提出了新的课题，要把握正确的发展方向，必须认真落实习近平总书记对教育的总要求，必须认真学习全国和全省教育大会的精神并落实到办学实践之中。

（二）进一步提升对新时代基础教育发展的认识

新时代已经有了和以往不同的社会需求，民办基础教育要及时分析理解社会发展对教育提出的新要求，从而在坚持教育基本规律的基础上调整自己的发展方向，坚持教育的公益性原则，创新发展。

（三）教师队伍建设

办好教育，必须要有一支政治坚定、业务精湛、结构合理的教师队伍。建设这样的教师队伍是一个系统工程，从人员引进到培养再到合理使用，需要付出大量的劳动。民办学校可以建立一个高效的人力资源管理系统，尽可能发挥每一个个体的作用，实现人尽其才。

1. 招聘与选拔

在教师的招聘和选拔上一定要严格把关，不仅强调其学识的专业性，还要注重其全面综合素质。

2. 培训与学习

在从业过程中，教师需要不停地自我提升才能跟上时代的要求，跟上最新的学科前沿，掌握最新的教育方法，提供更优质的教育服务。因此，必须加强教师的业务能力培训，给教师的职业生涯提供更多的成长空间。通过学习和锻炼，培养出具有代表性的名师。

3. 配置与开发

在教师的安排和使用上，有的教师适合一线教学，有的教师适合综合管理，有的教师则适合实践指导，对教师进行科学合理的分配，是有效提升整体教学和管理水平的直接途径。

4. 薪酬与福利

学校要全方位关注教师的发展，结合教师的精神和物质需求，设计出公平合理的薪酬福利体系，实施人性化管理，有效降低人员的流动性，加强教师个人价值的实现感和归宿感。

5. 关怀与激励

民办学校的教师在一定程度上付出的劳动更多，心理压力更大，学校和社会要给予更多的理解和关怀，从物质上和精神上帮助他们解决困难，减轻压力。同时要通过激励措施，引导教师不断提升知识水平和业务能力，使之不断适应学校发展的需要。

（四）品牌战略规划与实施

1. 明确办学定位，树立品牌形象

办学定位是一所学校或教育机构在整个教育系统中对自身所处的位置、服务对象、达到某种服务效果的总称。办学定位的主要内容包括教育思想、办学指导思想、教育理念、发展目标、服务范围、办学特色等。民办教育应努力形成自己的特色品牌，提高自身的知名度，不断扩大民办教育的品牌影响力。民办教育要根据国家和地区、行业和经济建设与社会发展的需要和自身的特点，积极培育办学特色，坚持办学特色。只有保证学校不断处于优势地位，才能更好地保证办学质量。

2. 打造品牌教师队伍，实现学校与社会的良性互动

民办教育的教师队伍建设是学校品牌树立的关键，尤其是民办教育学校校长，是品牌的关键。校长本来就是学校的灵魂人物，更应在品牌建设中成为品牌的灵魂。品牌校长和品牌教师素质和形象的打造，是创建品牌学校的根本。打造品牌师资队伍，提升民办学校吸引力，多渠道、多频次地与家长、社会、学生进行互动并请他们积极参与，增强其主人翁的意识，使其对学校品牌建设给予足够的关注。这种有效的互动，能够提升学校品牌的传播力和影响力。

3. 重视校园文化建设，促进民办教育品牌影响力

校园文化是一所学校最具活力和特色文化的体现。学校可组织形式多样的主题活动，增强公众的参与度，提升其品牌体验力。学校品牌的传播可以通过与政府进行多方面的合作与推广，组织策划各种有利于品牌传播的活动，树立正面良好的品牌形象，提升学校公信力。优秀的教师资源是品牌形象传播的使者。教师的言行举止都是学习品牌的侧面反映。公众在选择民办学校时，多数会考虑师资队伍和教学质量，品牌教师也将左右家长选校的决策。家长之间信息相传，也将影响家长的朋友圈、社群对学校的选择。媒体的传播覆盖面广，宣传效果较大，尤其在招生旺季，主流媒体的宣传将会高效提升品牌形象。作为民办学校，更应该注重校园文化建设，增加品牌体验，加强与学生、家长及社会的互动，更有效地推动学校品牌传播。

（五）鼓励社会力量和民间资本进入

1. 建立政府购买教育服务机制

建立政府向民办城乡义务教育学校购买服务的经费投入制度，按相应标准、要求拨付生均公用经费，对免费招收学片内义务段中小学生及入学的民间资本全资投入的非营利性中小学，进行培养成本年度补助。设立民办教育发展专项资金，用于向民办城乡义务教育学校购买服务、奖励非营利性民办中小学校出资人、奖励特色品牌学校的创建。

2. 落实建设用地优惠政策

将民办学校建设纳入区教育布局总体规划，支持民办学校通过土地置换迁建、扩建，支持民间资本整合改造闲置存量土地和房屋资源进行办学，非营利性民办学校建设用地、规费减免与公办学校享受同等待遇，非营利性民办学校用地可采取协议出让方式办理用地手续，国土部门每年安排用地指标优先确保民办学校建设用地等。

3. 落实税费优惠政策

民办学校用水、用电、用气、用热、环境保护等方面享有与公办学校同

等的政策待遇。税务机关对取得非营利组织免税资格的民办学校实行与公办学校同等的税收优惠政策。

4. 创新投融资支持服务

探索组建国资引导、民资参与的教育金融服务公司，为民办学校提供“一站式”金融综合服务。鼓励金融机构为民办学校提供以扩大办学规模和改善办学条件为目的的信贷支持。探索实施民办学校将知识产权、学费收费权作为质押向银行申请贷款的融资机制。

5. 完善师资扶持政策

认真落实民办学校教师待遇，把民办教师月工资实发数是否达到当地中小学“教师平均工资水平”作为重要指标进行考核，并在资格认定、职称评审、进修培训、课题申报、评先评优、国际交流等方面享有与公办学校教师同等机会。加大师资扶持力度，鼓励公办学校管理人员、教师到非营利性民办学校支教。健全教师流动机制，打通政策渠道，使公办、民办学校教师在实施健全的资格管理制度、社会保障制度基础上实现由身份管理向岗位管理转变的自由流通。

6. 学生扶助关爱政策

非营利性民办学校学生在国家助学金、国家助学贷款财政贴息、义务教育阶段免费教科书、困难生资助等财政补助政策方面与公办学校学生享受同等待遇。民办学校学生在升学、同类同层次学校间转学、考试、交通优惠、医疗保险、户籍迁移、先进评选、就业等方面与公办学校的学生享有同等权利。

（六）加强与公办教育的交流与合作

1. 加强与公办基础教育的交流与合作

民办中小学和公办中小学是一个互补的共同体，都是河南基础教育的组成部分，两者各有自身的优势和不足，应加强合作，优势互补。目前，企业或个人与公办学校合办的民办中小学，就是一种很好的尝试。

2. 加强与政府等主管部门的交流与合作

民办中小学的举办者学会和管理部门有效沟通，能更好地把握国家和地方的管理政策，合理享受更多的优惠和便利条件，并通过管理部门扩大自身的影响力。

（七）加强党建工作

重视学校党的建设，创新党建管理体制，选好配齐党务工作人员。民办学校党建工作特点决定了民办学校的发展需要董事会、党组织和行政形成工作合力。因此，民办学校应该结合新《民促法》、“全国教育大会”等指导精神和相关规定，认真落实“董事会决策、校长执行、党组织监督”的管理体制，形成“内聚人心强基础，外树形象促发展”的工作思路，有力发挥党组织的政治核心作用，把“服务经济社会发展，办好人民满意的教育”作为工作目标。

（八）打造有影响力的基础教育模式与品牌

充分利用民办教育灵活的办学机制，结合中原经济区建设，响应河南省委、省政府打造全国文化高地的部署，用好中华文化发祥地的资源，率先在全国实践有中国文化底色、吸纳先进的西方教育经验，形成中国特色的现代化国际化的教育模式。

在构建人类命运共同体的进程中，应有中国智慧、中国方案、中国模式的立志为全人类谋福祉的中国教育。这是世界发展的需求，也是中国教育的使命与担当。新时代的文化传承与创新，国学、国医、国艺在中国聚合、重整、转换、创新，走向世界，是民心所向、大势所趋。

仰望中西圣贤，携手四方同仁，共创光明未来。河南作为中华文明的重要发祥地，在全国有独特的优势，是民办教育可开发利用的重要资源。

进入新时代，河南民办教育在打造具有中国特色的现代化的、有世界影响力的基础教育模式与品牌，培养担当中华民族伟大复兴大任的时代新人上大有可为。

参考文献

2018 全国教育大会精神。

《进入新时代的民办教育》，载《河南民办教育发展报告（2018）》，社会科学文献出版社，2018。

河南省教育厅：《2018 年河南省教育事业发展统计公报》。

汤保梅：《河南民办小学师资队伍建设研究》，载《河南民办教育发展报告（2018）》，社会科学文献出版社，2018。

刘桂梅、郑明礼：《义务教育背景下河南民办小学发展研究》，载《河南民办教育发展报告（2017）》，社会科学文献出版社，2017。

B.5
河南民办学前教育发展报告

孙 敏*

摘 要： 2018～2019年，河南民办学前教育面临着小区配建园整治，严控新建园所普惠园比例的各项政策，民办园生存空间、发展速度和营利前景都遇到了明显的瓶颈。但是，河南民办学前教育有20年的良好发展基础，形成了一批具有园本特色的、在河南区域有影响力的示范园所。民办园“规模大”“作用大”“影响大”趋势还将长期存在并持续发力。

关键词： 学前教育 民办教育 河南

河南民办学前教育的2018年，注定在历史上成为关键性的一年。

一方面，自2017年9月1日起《中华人民共和国民办教育促进法》实施，营利与非营利放开，资本蜂拥而至，在整个2018年11月之前，河南民办学前教育市场呈现出过度亢奋和过度逐利的状态。

另一方面，2018年11月15日，党中央、国务院印发《关于学前教育深化改革规范发展的若干意见》（以下简称《意见》），彻底杜绝了幼儿园的过度逐利行为，“社会资本不得通过兼并收购、受托经营、加盟连锁、利用可变利益实体、协议控制等方式控制国有资产或集体举办的幼儿园、非营利性幼儿园；民办园一律不准单独或作为一部分资产打包上市；上市公司不得

---

* 孙敏，传媒学硕士，学前微主编，河南省民办教育协会学前教育工作委员会第三届秘书长，河南民办教育研究院研究员，河南新学前教育研究院执行院长。

通过股票市场融资投资营利性幼儿园，不得通过发行股份或支付现金等方式购买营利性幼儿园资产”。这是新中国成立以来，党中央、国务院首次专门印发关于学前教育改革发展的文件，是党中央、国务院立足新时代、心系发展大局、情牵民生福祉做出的重大战略决策，具有重要意义。

紧接着，2019 年 1 月 22 日，国务院办公厅又印发《关于开展城镇小区配套幼儿园治理工作的通知》（以下简称《通知》）明确提出：“城镇小区配套建设幼儿园是城镇公共服务设施建设的重要内容，是扩大普惠性学前教育资源的重要途径，是保障和改善民生的重要举措。”这是贯彻落实《意见》的重要举措。

一 回顾：1999 ~2019年，民办学前教育的黄金廿年

2019 年 4 月 28 日，21 世纪教育研究院与社会科学文献出版社共同发布了《教育蓝皮书：中国教育发展报告（2019）》。蓝皮书指出，随着新政颁布，中国学前教育总供求关系的逆转可能会提前来临，中国民办幼儿园的黄金时期即将结束。

（一）市场导向，民办幼儿园的快速发展

经过两期行动计划的实施，河南省学前教育取得长足发展。对比 2010 年的数据，我们可以知道，2010 年全省有幼儿园 7698 所，在园幼儿 196.67 万人，学前教育毛入园率 52.8%。4 月 9 日，河南省教育厅印发《2018 年河南省教育事业发展统计公报》，以官方人数据形式，正式发布 2018 年全省教育事业发展有关情况。“截至 2018 年 8 月 31 日，全省共有幼儿园 2.21 万所，在园幼儿 437.99 万人，学前教育毛入园率 88.13%，比 2010 年提高 35.33 个百分点，‘入园难’进一步缓解，学前教育迈上新的台阶。其中民办幼儿园 17293 所，占幼儿园总数的 78.2%，在园幼儿 300.46 万人，在园幼儿占总数的 68.6%。”

从 1999 年到 2019 年，这 20 年的时间，被称为民办幼儿园的黄金 20

年，一大批高质量、有特色的品牌园涌现在河南民办学前教育的市场上，不仅补充了公办园的不足，而且以其先进的理念与管理得到了社会的认可。比如20年来持之以恒地推广蒙特梭利教育理念的跨世纪教育集团，已经有近1000家的民办加盟幼儿园，在面临竞争日益加剧的情况下，帮扶起一大批有品质、有影响的优秀特色园。比如小哈佛教育集团，以建业地产为依托，在稳扎稳打、步步为营、以品质赢未来的战略下，立足全省，坚持直营，20年间也已发展近百家中高端品质园所，更是提出一园一品的概念，田园课程、IB课程等进行园本课程的探索。比如在2007年创办的开封七彩阳光教育集团，通过10年的时间，迅速成为河南省内知名教育品牌，并于2018年被雅居乐教育集团收购，成为资本变现的受益者。比如小米尔顿教育集团，在总督学王国平校长的引领下，以生活课程化为依托，以联盟的方式服务民办幼儿园，课程共享、培训共享、品牌共享，形成有效合力。比如希雅图教育集团，近10年来经过品牌升级内涵提升，已经成为9家直营园所的教育集团，并提出“遇见希雅图，就是遇见幸福”的服务理念，把幸福传递给每一个孩子，每一个家庭。

除了大型幼教集团的兴起，民办幼儿园园本课程也是百花齐放。如以跨世纪幼儿园为代表的蒙特梭利课程，以洛阳贝贝幼儿园为代表的瑞吉欧课程，以培杰红枫林幼儿园为代表的华德福课程，以索易幼儿园为代表的高瞻课程，以西亚斯幼儿园为代表的IB课程，以乐璞兴华幼儿园为代表的自然教育课程，以高新科学幼儿园为代表的科学园本课程，以栾川伊禾幼儿园为代表的三生课程，以济源龙儿雪儿为代表的花妞妞自然园艺课程，以小米尔顿为代表的生活化课程，以培杰教育集团为代表的学习力课程，等等，都已经在河南落地生根，并形成园本特色，成为河南区域有特色有影响力的示范园所。

正如霍金花副省长2018年8月6日在郑州举办的全省民办教育研修班上讲话所说，民办教育与公办教育在教育事业发展中如同“车之两轮、鸟之两翼”，在过去的20年里，民办幼儿园是整个学前教育体系的重要组成部分，民办教育的快速发展提供了多元化的优质教育供给，有效缓解了公办教育供给不足的问题。2018年河南省学前三年毛入园率达到88.13%，较

2010 年提高了 36 个百分点，“入园难”的问题得到有效解决，这一成绩的取得很大程度上得益于河南省民办幼儿园的快速发展（2017 年，河南省共有民办幼儿园 16183 所，占全省幼儿园总数的 78.51%）。但是，霍金花副省长同样表示，由于河南省是人口大省，基础差、欠账多，学前教育仍是全省教育体系中最薄弱的环节，比如普惠性资源不足，“入公办园难、入优质民办园贵”，教师数量短缺、待遇偏低，可持续发展的体制机制建设滞后，管理水平和保教质量参差不齐等问题还普遍存在，全省学前教育仍处于爬坡过坎的关键期。

（二）新政出台，民办幼儿园面临新挑战

随着党中央、国务院印发《关于学前教育深化改革规范发展的若干意见》的出台，民办园的 20 年发展黄金时期已经宣告结束，面临重新选择定位。中国民办园发展有特殊的历史机遇：1998 年政府机构单位改革，学前教育被推向市场，给市场留下了一个巨大的空间。非营利机制的长期模糊缺位，家长的日益重视助推了民办幼儿园从 1998 年至 2018 年的 20 年黄金发展。

一方面，民办园面临着小区配建园整治，将告别非营利机制的长期缺位；另一方面，这几年民办园生存扩张速度和营利前景也面临特别明显的瓶颈，如公办园的待遇改善之后，教师加速从民办园流向公办园，一线城市的幼儿园租金已经与商业地产地租基本持平，这对民办园来说是很沉重的运营压力。压力叠加、拐点同至，民办园将面临数量萎缩、资本退潮，并将或主动或被动地承担普惠性公共服务职能。

二　现状：惯性之下，河南民办园数量持续增长

（一）“规模大”“作用大”“影响大”，民办园数量持续上升

2018 年 8 月 6 日，河南省教育厅在郑州举办的全省民办教育研修班上，霍金花副省长在报告中对民办教育特别是民办学前教育做出重要讲话。报告

中说，河南民办教育伴随着改革开放，从无到有，从小到大，历经了恢复发展、规模扩张、内涵建设等几个阶段，为河南省经济社会发展和教育事业改革发展做出了重要贡献，已经发展成为河南省教育事业的重要组成部分，民办教育与公办教育协调发展的格局基本形成。

总的来看，河南省的民办教育呈现三个“大”。一是规模大。2019 年 4 月 9 日，河南省教育厅印发《2018 年河南省教育事业发展统计公报》，以官方大数据形式，正式发布 2018 年全省教育事业发展有关情况，截至 2018 年 8 月 31 日，全省共有幼儿园 2.21 万所，在园幼儿 437.99 万人，学前教育毛入园率 88.13%。其中民办幼儿园 17293 所，占幼儿园总数的 78.2%，在园幼儿 300.46 万人，占幼儿在园总数的 68.6%。二是作用大。民办教育的快速发展提供了多元化的优质教育供给，有效缓解了公办教育供给不足的问题。2018 年河南省学前三年毛入园率达到 88.13%，较 2010 年提高了 36 个百分点，“入园难”的问题得到有效解决，这一成绩的取得很大程度上得益于河南省民办幼儿园的快速发展。三是影响大。民办教育打破了原有的教育体制和格局，改变了经费靠政府划拨、国家包揽的单一模式，充分调动了社会力量投资兴办教育的积极性，建立和完善了适应市场经济、充满生机活力的多元办学体制，基本形成了以政府办学为主体、全社会积极参与、公办民办共同发展的格局。此外，民办学校的快速发展在给公办学校带来压力的同时，也在特色办学、管理机制、国际合作交流、人才流动等方面给公办学校提供了有益的借鉴，有效提升了公办学校教学管理水平。

与诸多专家学者预料的新政之下民办园纷纷离场、办园数量大幅萎缩不同，2019 年 4 月 9 日，河南省教育厅印发《2018 年河南省教育事业发展统计公报》，以官方大数据形式，正式发布 2018 年全省教育事业发展有关情况，截至 2018 年 8 月 31 日，全省共有幼儿园 2.21 万所，其中民办幼儿园 17293 所，较 2017 年数据 16183 所民办园相比，9 个月的时间增加 1110 所，而且新增 1110 所民办园，90% 为普惠非营利幼儿园。

新政之下，民办园数量的持续增长，一方面与市场惯性有关，幼教市场的火热要降温需要一定时间的冷却，这部分新增民办园多是前两年已经建好投入使用的园所，目前的增量更多体现的是市场的余温，但是从另一方面来说，这部分幼儿园的投入使用，一方面大部分为小区配套幼儿园，硬件设施条件较好，在目前的新政影响下，多选择普惠非营利性质，在很大程度上缓解了“入园贵”的压力。

（二）河南省教育厅出台小区配套幼儿园政策

教育部基础教育一司司长吕玉刚称，解决好小区配套幼儿园的建设、移交、使用，包括这次专项治理工作，对于我们到2020年实现学前三年普及率达到85%的目标和普惠性学前资源达到80%的目标，具有重大意义。可以讲，小区配套幼儿园是我们普惠性学前教育资源的重要资源渠道，所以必须把它作为一项重大工程实施好。

正是在此背景下，2019年3月19日，河南省教育厅出台《河南省城镇小区配套幼儿园和无证幼儿园专项治理工作方案》，在省教育厅官网显示，“为深入贯彻落实《中共中央 国务院关于学前教育深化改革规范发展的若干意见》，保障我省学前教育事业健康有序发展，根据《国务院办公厅关于开展城镇小区配套幼儿园治理工作的通知》（国办发〔2019〕3号）、《河南省幼儿园管理暂行办法（试行）》和《河南省城镇小区配套幼儿园建设管理办法》要求，制定本方案”。

关于城镇小区配套幼儿园治理工作，方案给出了具体的时间和步骤。

摸底排查。2019年4月底前，以县（市、区）为单位对城镇小区配套幼儿园情况进行全面摸底排查，针对规划、配建、移交、使用不到位等情况，分别列出清单、建立台账。

全面整改。针对摸底排查出的问题，从实际出发，研究制定有针对性的整改措施，逐一进行整改。对已经建成、需要办理移交手续的，原则上于2019年6月底前完成；对需要回收、置换、购置的，原则上于2019年9月底前完成；对需要补建、改建、新建的，原则上于2019年12月底前完成相关建设规划，2020年12月底前完成项目竣工验收。

督促落实。加强对自查、摸排、整改等工作的监督、指导和评估，并适时进行抽查，对落实不力、整改不到位的地方进行通报。

三 未来：民办学前教育进入2.0时代

《中共中央 国务院关于学前教育深化改革规范发展的若干意见》以下简称《意见》的出台，明确了学前教育是社会公益事业，明确了公益、普惠的学前教育性质。《国务院办公厅关于开展城镇小区配套幼儿园治理工作的通知》的颁布，进一步明确了离家庭最近的小区配套幼儿园，必须办成公办幼儿园或者委托办成普惠幼儿园，如果没有小区配套幼儿园的普惠，就不会有整个学前教育事业普及、普惠的发展，这是民心所向，大势所趋。学前教育在未来一到两年的规范调整中，将逐步从自由发展、市场为主的1.0时代，进入政府主导、公办普惠为主的2.0时代。

（一）从“入园难”到“入园贵”，天价幼儿园或成历史名词

在很长一段时间，新办幼儿园一个比一个收费高。以郑州为例，自2009年，郑州第一家“天价”幼儿园在水映唐庄打出一年100001元的收费后，郑州民办幼儿园的收费就开始水涨船高，纷纷进入“10万俱乐部”，比如加拿大枫叶小熊幼儿园、伯利恒国际幼儿园、新加坡伊顿幼儿园、木子幼儿园、威思德国际幼儿学校、西亚斯国际幼儿园等，纷纷成为郑州高端收费幼儿园的代表。

这些幼儿园有一些是小区配套，有一些是政府划拨的教育用地，也有一些是其他性质。但是涉及小区配套幼儿园这块，我们经常看到这样的新闻，房地产开发商在卖房的时候，承诺配套幼儿园以及各种教育资源，等业主入住之后才发现，家门口的幼儿园收费太高，完全上不起，配套幼儿园起不到配套的作用。

以河南为例，建业地产配套的小哈佛幼儿园，在很长一段时间，是高端幼儿园的代表。2018年，地市小哈佛幼儿园的收费基本会在1900～

2500 元/月这个区间，郑州的小哈佛幼儿园年收费近 4 万元。小哈佛教育集团的成功，吸引了众多地产商纷纷投身于学前教育，比如康桥、国瑞、永威等。除此之外，全国性地产品牌如万科、雅居乐，也都在纷纷布局学前教育市场，以求在这一领域分一杯羹。2018 年 7 月 7 日，在郑州永和伯爵酒店，万科召开春天里幼儿园招生说明会，同时启动了郑州万科旗下 4 所社区幼儿园的开园招生。

可以预见，小区配套幼儿园在解决移交问题之后，必须办成公办园或者委托办成普惠性民办园，并且明确规定不得办成营利性幼儿园，这也在一定程度上将普惠幼儿园与非营利性幼儿园画了等号。

（二）从“二八”到“八二”，学前教育格局将发生逆转

按照《意见》规定，国家将着力构建以普惠性资源为主体的办园体系，坚决扭转高收费民办园占比偏高的局面。未来，在学前教育领域，公办性质幼儿园 50%，普惠性幼儿园 80%，民办普惠性幼儿园占比在 30% 左右，营利性幼儿园占比 20% 左右。这就意味着，之前以 80% 民办幼儿园为主的市场格局，即将转变成以 80% 的公办园及准公办（普惠）幼儿园为主的服务格局。

按照《意见》规定，2020 年学前三年毛入园率要达到 85%、普惠性幼儿园覆盖率达到 80%。基本建成广覆盖、保基本、有质量的学前教育公共服务体系，让绝大多数孩子能享受到普惠性的学前教育。到 2035 年，全面普及学前三年教育，为幼儿提供更加充裕、更加普惠、更加优质的学前教育。

（三）幼师的培养与输入，将成为未来的行业重点

针对学前教育，中共中央、国务院表示，要全面提高幼儿园教师质量，建设一支高素质善保教的教师队伍。

以河南为例，以张传霞老师为引领的河南师范大学新联教育学院在学前教育专业培养上走在前列。新联教育学院现有学前教育专业、心理学专业、小学教育专业全科方向、早教专业四个专业，其中学前教育专业被河南省教

育厅评定为品牌专业，就业率高达100%。

新联教育学院与实践基地（幼儿园、小学、企业）采取双向交流、互相指导的方式，建立教师教育的“师资共同体”，与幼儿园园长、小学校长、省级名师、骨干教师、企业老总签约“职业导师”，与学院专业教师共同培养学生，真正实现“双师共育”，把具有系统理论知识的高校教师和具备丰富实践经验的基础教育教师结合起来，将“理论引领实践，实践反哺理论”落到实处，取长补短，互惠互利，形成一种融合性的人才培养。

（四）从“资源稀缺”到“资源过剩”，优质成为民办园唯一出路

国家统计局数据显示，2018年全国新生人口数为1523万人，比上年减少200万人。人口出生率由上一年的12.43‰降至10.94‰，创数十年来新低。人口自然增长率为3.81‰。相应地，幼儿园人数也出现了历史上首次下降。学前教育会比预期更早迎来总供需逆转的拐点。而人口也将会持续向大城市流动。人口出生和流动，需要学前教育的发展和布局具有前瞻性。

据教育部2019年2月26日公布的“2018年全国教育事业统计汇总情况”数字来看，2015年入园人数2008.85万人，是截至目前的最高值，同比增长21.07万人，2016年入园人数就同比减少了86.76万人，2017年，首批“单独二孩”儿童入园，全国入园人数再次增长，同比增加15.87万人，但2018年，全国共有入园儿童1863.91万人，同比减少74.04万人，下降3.97%。即使未来所有婴儿都进入幼儿园，2021年幼儿园人数也不过4500万，比2017年下降100万人左右。

学前教育市场即将首次出现资源过剩，但是对于优质普惠的幼儿园需求依然非常强烈。以河南为例，2018年新增的1110所民办幼儿园，除了市场的存量与惯性外，更多都是普惠幼儿园的增长，政府也会在普惠园的优质上投入更多的经费和精力。目前来看，公办幼儿园的教育质量，依然是幼儿园中最高的，无论是师资的稳定性上，还是教学教研上，无论是家长的口碑上，还是园长的专业素养上，这都是政府长期投入和扶持的结果，也是学前

教育多年来不断实践积累的结果。以河南为例，如河南省实验幼儿园食育课程，在全省乃至全国都具有引领作用。

因此，如何发展有质量的普惠性幼儿园，会是接下来学前教育的重点，这需要政府、专家、园所、老师各个层面的共同努力，毕竟，老百姓除了要解决“入园贵”，更要解决“入好园难”！

现代学校制度建设篇

Modern School

B.6 民办高校现代大学制度建设的河南实践

田　菊*

摘　要： 建设现代大学制度是高等教育体制改革的重要任务。当前，民办高校的发展面临着向内涵式发展的重要节点，建设具有中国特色的、适应民办高校特质的现代大学制度，是有效推进民办高校改革创新的“助推器”，也是促进民办高校转型发展的“制度红利”。在剖析民办高校建设现代大学制度意义的基础上，选取河南三所民办高校的章程这一现代大学制度的重要载体为蓝本，对比河南民办高校现代大学制度建设的特点，提出河南民办高校现代大学制度建设的途径。

关键词： 民办高校　现代大学制度　大学章程　河南

* 田菊，硕士，黄河科技学院助理研究员。主要研究方向为高等教育管理与社会发展。

习近平同志指出："国家治理体系和治理能力是一个国家制度和制度执行能力的集中体现。"这为中国高等教育改革，特别是政府和大学推动现代大学制度的建设提供了新的目标和活力。民办高校建设现代大学制度，是我国高等教育体制改革的重要内容，是民办高校内涵式发展的内在要求，也是破解民办高校发展难题的重要途径。

一　现代大学制度建设之意义

关于现代大学制度的概念，一般来说是指高校在政府的宏观调控下依法办学，实行民主管理。在这一制度框架下，需要明确界定高校的举办者、管理者和办学者之间的关系和义务，并且大学作为法人实体和学校主体所具备的权力和责任也要有明确的划分。概言之，大学制度是大学的基石，决定了大学的未来发展方向。

（一）现代大学制度是推进高校治理体系和治理能力现代化的内在要求

现代大学主要有四个功能，即人才培养、科学研究、社会服务和文化传承创新。建设现代大学制度，对于提高大学的办学水平、完善大学的功能、引领先进思想文化、培养适应创新型国家建设的各类人才具有重要意义。17世纪捷克大教育家夸美纽斯指出："哪里制度稳定，那里便一切稳定；哪里制度动摇，那里便一切动摇；哪里制度松垮，那里便一切松垮和混乱"①。大学经久不衰的发展只有通过强有力的制度才能得到保证。现代大学制度是构建中国特色现代大学治理体系的内在要求和重要力量。对于民办高校来说，在促进民办高校转型发展，实现内涵式发展的道路上，毋庸置疑，需要一个完整的制度来保障学校的健康发展。

---

① 任钟印选编《夸美纽斯教育论著选》，任宝祥、熊礼贵等译，人民教育出版社，1990，第243页。

（二）现代大学制度建设是民办高校规范管理、提升办学水平的重要保证

随着我国高等教育大众化阶段的来临，民办高校面临着一系列复杂、多变的社会环境，不仅要接受来自社会各界对教育的不同需求，同时也要接受来自公办高校以及其他民办高校之间的竞争。这些内外部多变因素给民办高校的管理与发展带来极大的挑战。“发展需要管理，管理为了发展。”为了应对多变复杂的社会环境，民办高校必须改革与创新管理体制，促进管理制度规范化。民办高校建设一套适应自身发展特色的现代大学制度，不仅能够保证民办高校发展目标的统一性，也能够充分调动学校各级学术机构、管理机构等的积极性、创造性，从而有效推动民办高校内涵式发展。归根结底，新时代下民办高校的有效管理有赖于富有民办高校特色的现代大学制度支撑。

（三）建立现代大学制度是民办高校持续健康发展的现实选择

改革开放以来，我国民办高等教育发展迅速，已成为我国高等教育发展的重要增长点，也是推动教育改革的重要力量。但是我国民办高校在发展过程中依旧存在许多突出问题，比如民办高校存在的办学水平与办学质量不高、社会竞争力与公信力不强、内涵式发展动力不足等问题。综观世界一流大学，制度的完善是其成为一流大学的根本条件。作为我国高等教育的重要组成部分，民办高校必须进行制度创新，建立具有特色的民办高校现代大学制度，打破原有制度性藩篱，才能实现可持续健康发展。

（四）民办高校建立现代大学制度有自身优势

《国家中长期教育改革和发展规划纲要》（以下简称《纲要》）指出要完善中国特色现代大学制度，并明确指出改革的主要方向：“完善学校目标管理和绩效管理机制”；“完善学校治理结构，完善大学校长选拔任用办法”，“探索建立高等学校理事会或董事会”；“加快全面实行聘任制度和岗

位管理制度”……对照这些改革措施，我们不难发现，针对其中的一些改革措施，民办高校有着先天优势，比如《纲要》中提出要建立学校理事会或董事会，民办高校因其办学性质，在管理体制上一般实行董事会或理事会下的校长负责制，这就明确了董事会及校长的责任，与《纲要》的要求不谋而合。而在这一方面，公办高校实行党委领导下的校长负责制，要在此基础上建立董事会或理事会，必须打破原有的“路径依赖”，冲破原有体制的束缚，这将是一个长期的过程。

二　现代大学制度建设之河南实践

从总体上来看，现代大学制度主要包含两个方面的内容，一个是从宏观层面来看，现代大学制度主要是大学与政府、大学与社会、大学与大学之间建立起来的关系及联系；另一个是从微观层面来看，也就是从大学自身层面来看，现代大学制度主要是大学的内部治理结构问题，在这一框架下，行政权力与学术权力的关系是重中之重。[①] 大学章程主要是在国家法律法规的规定下，根据大学的组织特性，依从行政法规制定程序，制定学校的各项规章制度，它是大学的最高纲领。[②] 它代表着特定的历史传统、精神理想和办学特色，它从法律的角度规定了高校的管理方式、治理结构、维护教育教学秩序和各利益相关体的权利和义务，使相关利害人在责、权、利上相互制衡，赋予大学自治的权力，是保证学校自主管理，促进高校完善治理结构、科学发展，建设现代大学制度的重要载体。研究从大学章程这一微观层面入手，选取黄河科技学院、郑州科技学院、黄河交通学院三所民办高校为案例，梳理与分析河南民办高校现代大学制度建设的过程与经验。

① 张应强：《关于中国特色现代大学制度的理论认识》，《教育研究》2013 年第 11 期，第 35～43 页。

② 周光礼：《完善中国现代大学制度——以大学章程为载体，以治理变革为突破口》，《大学（学术版）》2012 年第 1 期，第 50～51 页。

（一）框架结构比较

在具体的文本结构上，郑州科技学院、黄河科技学院、黄河交通学院三所大学的章程结构都较为完整，都涉及如校长、董事会等学校管理体制与组织机构、教师与学生权益、财务资产等内容，并且篇幅重点都放在内部管理机构及相关内容上（见表1）。

表1　三所大学章程的文本结构比较分析

学校	篇幅	文本结构及所占比例
郑州科技学院	12章53条	1. 总则(3.7%)；2. 学院的名称、地址(0.8%)；3. 办学宗旨(5.8%)；4. 办学规模、层次(2.1%)；5. 学科门类与教育形式(1.7%)；6. 资产数额、来源、性质(12.4%)；7. 决策机构与管理体制(34.7%)；8. 学院的举办者和法定代表人(11.7%)；9. 教师与学生(10.1%)；10. 变更、终止程序及终止后资产处理(12.7%)；11. 章程修改程序(1.6%)；12. 附则(2.6%)
黄河科技学院	13章72条（不包括序言、附则）	1. 序言(5.5%)；2. 总则(16.4%)；3. 学生(6.9%)；4. 教职工(6.8%)；5. 董事会(10.9%)；6. 校长(6.9%)；7. 党组织(5.8%)；8. 学术委员会(7.1%)；9. 群团组织(11.0%)；10. 教学科研单位(9.1%)；11. 资产与财务资产(4.2%)；12. 学校与社会(4.3%)；13. 终止程序(1.8%)；14. 章程修改程序(1.9%)；15. 附则(1.2%)
黄河交通学院	11章46条	1. 总则(2.8%)；2. 校名、校址和办学性质(1.2%)；3. 办学方向、办学定位和培养目标(5.7%)；4. 办学规模和教育形式(1.5%)；5. 学科门类和专业设置(6.1%)；6. 内部管理体制(36.7%)；7. 经费来源、资产和财务制度(12.4%)；8. 相关权利和义务(19.9%)；9. 变更与终止(10.7%)；10. 章程修改程序(1.1%)；11. 附则(1.9%)

各个学校在结构上都有相较于其他学校的不同之处，郑州科技学院对资产的数额、来源和性质进行了规定，对变更、终止程序及终止后资产处理办法也有相关规定；黄河科技学院则专门对学校的办学理念、党组织、群团组织、教学科研单位以及学术委员会进行了详细的规定；黄河交通学院则对学校的办学方向、办学定位、培养目标以及学科门类和专业设置进行了专门的说明。

（二）具体内容比较

在章程的文本内容上，研究主要从大学的办学理念、办学自主权、内部管理体制、董事会的产生与职责、行政权力与学术权力、学校民主管理、教师与学生的权益、大学与外部关系等几个方面进行比较。

1. 大学办学使命与目标

三所大学章程对于大学使命与目标的规定如表 2 所示。

表 2　大学使命与目标比较

学校	使命与目标
郑州科技学院	第五条　以育人为本，坚持规模、结构、质量、效益协调发展……不以营利为目的，致力于培养德、智、体等方面全面发展的社会主义建设事业的各类人才。 第六条　……以人才培养为中心，努力把学院建设成特色鲜明并适应社会发展需要的本科院校
黄河科技学院	第六条　学校坚持社会主义办学方向，坚持教育公益性和非营利性原则……培养德、智、体、美全面发展的社会主义合格建设者和可靠接班人。 第十条　学校坚持如下办学理念： 办学宗旨：为国分忧，为民解愁，为社会主义现代化建设服务； 办学愿景：办一所对学生最负责任的大学； 办学方针：以提高教育教学质量为中心，以提高管理水平为手段，以加强思想政治工作为保证； 学校精神：开拓、拼搏、实干、奉献； 校训：厚德博学、砺志图强
黄河交通学院	第五条　办学方向：以邓小平理论、“三个代表”重要思想、科学发展观为指导……贯彻党和国家的教育方针，坚持教育公益性原则，努力为地方经济社会发展服务。 第六条　发展定位：立足河南，面向现代机械制造和现代综合交通行业，服务地方经济社会发展，构建以工科为主干，经济学、管理学和艺术学协调发展的学科框架结构；努力把学院建设成具有鲜明现代机械制造和现代综合交通行业特色的应用型普通本科院校。 第七条　培养目标：培养面向生产服务一线，具有良好道德品质、勇于创新精神和高度社会责任感，理论功底扎实、实践能力突出、拥有就业创业能力、具备继续学习能力的应用型高级专门人才

三所学校对学校的办学理念、办学使命、办学目标等方面都有比较明确的规定，并且都根据学校的实际情况，各具侧重，各有特色。在培养目标和

定位上，郑州科技学院提出要建设特色鲜明并适应社会发展需要的本科院校；黄河科技学院则是建成培养创新型、复合型人才的世界一流的应用科技大学；黄河交通学院则更加侧重交通行业特色，提出把学院建设成具有鲜明现代机械制造和现代综合交通行业特色的应用型普通本科院校。从总体上看，河南民办高校的办学定位都强调应用型、特色化、创新型，培养适应河南经济发展需要的高技能人才。

2. 办学自主权

国务院印发的《关于鼓励社会力量兴办教育　促进民办教育健康发展的若干意见》提出要切实落实学校的办学自主权，推进民办学校建立现代大学制度。从三所学校所规定的办学自主权来看，民办高校的办学自主权主要是在政策规定的前提下，自主招生；设立、变更和撤销学校内部组织机构；聘任学校教职员工，保障教职工薪资等福利待遇；根据需求合理调整学科专业及人才培养目标；自主积极进行科学研究和社会服务，加强合作交流；自主管理学校依法获得的资产；依法接受上级教育行政部门的业务指导和检查评估等方面（见表3）。

表3　学校办学自主权比较

学校	办学自主权
郑州科技学院	第三十二条　按照教育的公益性原则和学院的办学宗旨,学院办学不以营利为目的,出资人不要求取得合理回报。 第三十三条　……自主确定学院内部组织机构的设置和人员配备,按照国家有关规定,评聘教师和其他专业技术人员的职务。 第三十四条　……积极开展人才培养、科学研究和社会服务,保证教育质量达到国家规定的标准,努力为国家和地方经济发展提供人才保证和智力支撑。 第三十五条　……及时调整专业设置。根据人才培养目标,制订教学计划,选编教材,组织实施教学活动。 第三十六条　……进行科学研究和社会服务;自主开展同企事业单位、社会团体及其他社会组织在人才培养、科学研究和社会服务等方面的合作。 第三十七条　学院按照国家有关规定,依法开展与境外高等学校、科研机构之间的教育与科学技术文化的交流和合作。 第三十八条　学院主动接受上级教育行政部门的监督和评估

续表

学校	办学自主权
黄河科技学院	第八条　学校依法享有以下办学自主权： (一)根据社会需求、办学条件和国家核定的办学规模，依据国家政策招生。 (二)根据学科发展趋势和经济社会发展需求，调整学科门类和专业设置。 (三)根据人才培养需要，制订人才培养方案和教学计划，组织实施教育教学活动；依法依规制定学生考试考核标准和学位授予办法，并对学生进行管理、奖惩、颁发学历证书、授予学位。 (四)……开展科学研究、技术开发和产学研合作，争取社会支持。 (五)开展与国内外高等教育机构、研究机构和其他社会组织的交流和合作。 (六)根据学校科学发展的需要，设立、变更和撤销教学科研单位、行政职能部门等内部组织机构；明确职能部门的职责、权限与分工；评聘教师和职工，决定教职工的薪酬标准和福利待遇，对教职工实施考核、奖惩。 (七)管理和使用国家及地方政府提供的财产、财政性资助、受赠财产以及其他由学校合法取得的资产。 (八)根据学校建设发展目标，建立健全学校办学质量监控管理体系。 (九)坚持依法治校，建立健全内部监督制度，创造自由、平等、公正的育人环境，不受任何组织和个人非法干涉。 (十)依法享有的其他办学自主权
黄河交通学院	第三十二条　学院的权利和义务： (一)依法行使办学自主权。 (二)依法保障学院教职工和学生的合法权益。 (三)全面贯彻国家的教育方针，保证教育质量达到国家规定标准。 (四)根据实际需要和精简高效原则，自主确定教学、科研、行政职能部门等内部组织机构的设置和人员配备。 (五)按照国家有关规定，评聘教师和其他专业技术人员的职务；依法保障教职工的工资、福利待遇，按国家有关规定为教职工办理社会保险和补充保险。 (六)接受上级教育行政部门的业务指导和检查评估。 (七)对举办者投入的资产依法自主管理和使用。 (八)学院在民事活动中依法享有民事权利，承担民事责任

3. 大学内部治理结构及董事会（理事会）职责

在内部管理体制上，三所学校都实行董事会领导下的院长（校长）负责制，并在董事会的职责、成员组成、会议议程、表决权等方面做出了比较详细的规定。

在董事会成员的组成上，一般都由学校的举办者、院长、教职工代表等成员组成，如郑州科技学院规定董事会成员由学院的举办者、学院院长、党委书记和教职工代表共7人组成。黄河交通学院理事会由举办者或其代表、院长、教职工代表等人员组成，其中1/3以上的理事应具有五年以上教育教学经验。理事会由5~7人组成，理事会成员任期一届四年，可以连任。

在人员遴选上，一般都由提名或选举产生。郑州科技学院首届董事、董事长由举办者推选产生，以后的董事按照董事会章程推选。黄河科技学院首届董事会由举办者依照法律法规及相关规定提名产生。之后的董事会换届，由上一届董事会选举产生。

董事会会议由2/3以上的董事出席，在表决权上实行一人一票制和少数服从多数的原则，董事会的决议需要经全体董事过半数以上方可有效。但是对于董事长的表决权，不同学校有不同的规定，比如黄河科技学院提出，如董事长对任何一项决议投反对票，则此项决议必须取得3/4以上董事同意方可生效。

4. 行政权力与学术权力

在行政权力上，主要集中在校长及管理者的职责方面，通过比较发现，校长的职责主要体现在：执行董事会的决议；拟定和执行学校发展计划；组织开展教育教学、科学研究、社会服务等方面的工作；聘任和解聘学校工作人员；拟订学校组织机构的设置方案；推荐副校长人选；对学生进行学籍管理；拟订和执行年度经费预算方案，保护和管理学校资产等。黄河科技学院和黄河交通学院还专门提出了校长办公会议是校长行使职权的基本形式，并对其相关职责进行了规定，这就使得校长的职责规定更具有可操作性。此外，在管理体制上，都规定实行院、系（部）两级管理体制，这就有利于进一步加强院系的管理职能，调动院系工作的积极性。

在学术权力上，三所民办高校都提出设立学术委员会，负责审议学科专业设置和教学、科研计划，评定教学、科研成果，组织学术活动。郑州科技学院和黄河交通学院对学术委员会的规定相对简单，黄河科技学院除规定了学术委员会的职责外，还对委员会成员组成、职责等提出具体规定，并提出二级学院设立学术分委员会，行使学院相关学术事务的决策、审议、评定和咨询等职权。

表4　校长职责比较

学校	职责
郑州科技学院	第二十三条　院长负责学院的教育教学和行政管理工作……行使下列职权：(一)执行董事会的决定；(二)实施发展规划，拟定年度工作计划、财务预算和学院规章制度；(三)聘任和解聘学院工作人员，实施奖惩；(四)组织教育教学、科学研究活动，保证教育教学质量；(五)负责学院日常管理工作……
黄河科技学院	第三十一条　校长……在董事会的领导下，全面负责学校工作，其主要职责是：(一)执行董事会决议……(二)拟订年度工作计划、财务预决算和学校规章制度，组织教育教学、科学研究、思想品德教育、社会服务、国际交流与合作、基础设施建设，在学校日常管理工作中坚持和培育学校办学理念，保证教育教学质量；(三)……拟订学校行政机构的设置方案，确定各职能部门的职责、权限与分工，健全监督与制约机制；(四)……提出设立、变更或者调整教学科研单位的方案；(五)推荐副校长人选，任免学校行政管理机构和教学科研单位负责人；(六)制订教职工的编制定额、工资标准及调整方案……(七)聘任与解聘教职员工，对教职员工和学生进行管理，实施奖励或者处分；(八)执行董事会批准的年度工作计划、财务预决算方案……(九)尊重和维护学术委员会的地位……(十)主持校长办公会议，协调、处理、决定学校行政工作中的重要事项……
黄河交通学院	第十六条　……(一)执行理事会的决定；(二)实施发展规划，拟订年度工作计划、财务预算和学院规章制度；(三)聘任和解聘学院工作人员，实施奖惩；(四)组织教育教学、科研活动，保证教育教学质量；(五)负责学院日常管理工作……

5. 学校民主管理

在学校民主管理方面，各学校相关规定有所不同，郑州科技学院仅用一句话规定教师对学校的参与权。黄河交通学院对教职工代表大会制度有简单的说明。黄河科技学院则有专门的章节对民主管理进行了规定，包括对教职工代表大会的职责进行了明确的规定，提出校工会是教职工代表大会的工作机构，还对学生参与管理的学生代表大会的职权进行了详细的规定，同时还提出“学校支持各民主党派、无党派人士参与学校民主管理和监督”（见表5）。

表5　民主管理比较

学校	民主管理
郑州科技学院	第二十八条　学院按照民主集中制的原则，集体讨论决定学院的重大事项，依法通过教职工代表大会等形式，保障教职工参与民主管理和监督的权利

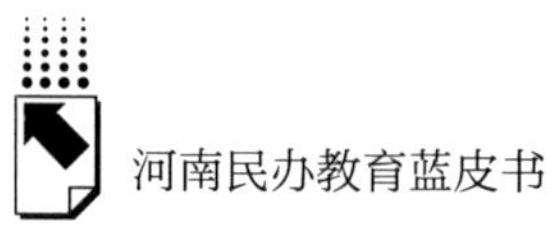

续表

学校	民主管理
黄河科技学院	第四十一条　学校教职工代表大会(简称学校教代会)是教职工依法参与学校民主管理和监督的基本形式。学校教代会行使下列职权: (一)听取学校章程草案的制定和修订报告,提出修改意见和建议; (二)听取学校发展规划、教职工队伍建设、教育教学改革、校园建设以及其他重大问题解决方案的报告,提出意见和建议; (三)听取学校年度工作、财务工作、工会工作报告以及其他专项工作报告,提出意见和建议; (四)审议学校教职工岗位责任制方案、聘用聘任制实施方案、考核与奖惩办法等与教职工有关的基本规章制度以及其他涉及教职工切身利益的重要事项; (五)审议学校教职工代表大会提案的办理情况报告; (六)按照有关工作规定和安排评议学校领导干部; (七)讨论法律、法规、规章规定的以及学校与学校工会商定的其他事项。 第四十二条　学校依法建立工会组织…… 第四十四条　学校妇女工作委员会……以维护妇女合法权益为基本职能,团结教育女教职工、女学生,在学校改革发展中发挥积极作用。 第四十五条　学生会是学生群众自治组织,代表和维护学生的正当权益和要求…… 第四十六条　校卫队……在校党委的领导下,依照相关章程开展活动,在安全稳定、学风建设和校园文化建设等方面发挥骨干作用。 第四十七条　学校支持各民主党派人士、无党派人士参与学校民主管理和监督
黄河交通学院	第十八条　……工会、工青团、学生会组织在院党委领导下积极开展工作。 学院依法建立教职工代表大会制度,按照民主集中制原则,集体讨论决定学院的重大事项,依法通过教职工代表大会形式,保障教职工参与民主管理和监督的权利

6. 师生职责

从三所学校章程中对于教师的相关规定来看，三所学校对于教师和学生的权利和义务都有明确的规定，教师的权利可以归结为两大方面，一是教学与评价方面，主要包含公平使用学校各类教育教学资源；获得劳动报酬、各类奖励及荣誉；对个人的职务评聘、待遇、评优评价、处分等事项提出异议和申诉等。二是参与学校管理方面，主要是对学校重大事项的知悉权，参与学校民主管理和民主监督的权利。教师的义务主要集中在承担教育教学义务方面，主要包括遵守学校法律法规和规章制度；为人师表，认真履职；对学生进行教育，开展教育教学活动；恪守职业道德，遵守学术规范；维护学校权益和声誉以及法律法规规定的其他义务。在教师的制度管理上，郑州科技学院实行教师资格制度和教师职务制度，黄河科技学院则实行教职工岗位职责考核制度。

学生的权利集中在接受教育和参与学校管理方面：参与教育教学活动；自主选择专业课程；自主参与社会实践活动；获得学历、学位证书；获得奖助学金；知悉学校重大事项；参与民主监督与管理；对处分等提出异议和申诉、诉讼；以及法律法规规定的其他权利等。学生义务主要集中在：完成学业；爱国守法；维护学校名誉和利益；遵守学校规定；交纳学费及其他费用；以及法律法规规定的其他义务等。黄河科技学院除了有上述规定外，还对学生的品行进行了规定，即“爱国爱校，尊师重道，团结友善，诚实守信”，还规定在学校接受培训、成人教育、在职学习等其他人员，依据相应的法律法规，形成相关的权利和义务。黄河交通学院提出学生可针对其合法权益的侵犯提出申诉。

7. 大学与外部关系

大学与外部的关系主要集中在两个方面，即大学与政府、社会的关系。

首先，在大学与政府的关系上。作为民办高校，其举办者为个人或企业，在与政府的关系方面则主要集中在全面贯彻党和国家的教育方针，坚持社会主义办学方向，同时政府对地方高校也有一定的经费支持，另外要接受国家和政府的监督。但是需要提出的是，虽然我国对于提高大学办学自主权给予了很高的重视，但这并不是要排除政府参与大学管理的权限，而所列举的三所学校对于政府参与学校民主管理并没有相关的规定，只是涉及依据政府相关规定办学、接受政府拨款等单方面的规定。

其次，在大学与社会的关系上。民办高校都比较注重大学与社会的关系，主要体现在接受社会捐赠与开展社会服务与合作交流方面。郑州科技学院提出积极进行科研和社会服务，并依法开展与境外高校、科研机构之间的交流与合作；黄河科技学院则专门设立了合作发展联盟，作为对外合作交流的平台，这也是黄河科技学院章程中社会关系的一大特色。

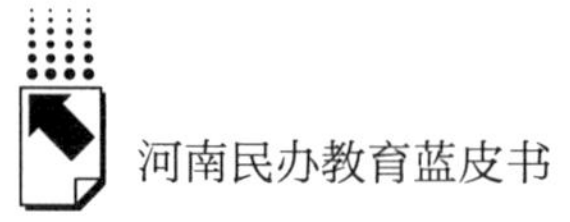

（三）结论

通过对河南三所民办高校章程文本特点的梳理与分析，本研究认为，一个完善的大学章程应该包含以下几点内容：一是大学的办学宗旨或办学理念以及培养目标，二是建立校内管理体制，三是阐明董事会（党委）的功能，四是阐明大学校长的权限与责任，五是规定教师和学生的权利义务及学科专业设置要求，六是大学与外部的关系，七是学校资金的来源，八是制定大学章程修订的程序等。这是大学章程制定的必要条件，同时要根据学校自身实际设立相应的章程内容和组织，避免千校一面。

从章程来看，河南民办高校已经建立较为完善的制度体系，但是从实际落实来看，却出现“文本”与“实践”的“两张皮”状态，致使民办高校的现代大学制度落实并不到位。在具体落实过程中，河南民办高校主要面临以下几个障碍。

一是观念障碍。民办高校现代大学制度的建设首先要克服的就是改革演进中所面临的思想观念上的保守与僵化。民办高校在建设现代大学制度的过程中还存在没有认清学术权力与行政权力之间的关系，政府、高校与社会三者对民办高校的影响认识不深入；对民办高校办学自主性的重要性认识不足等问题。只有从理念上对现代大学制度有一个清晰的认识，才能在实践上真正落实相关制度。

二是制度障碍。现代大学制度建设是一项十分复杂的工程，不仅涉及高校内部的各种机制体制问题，也涉及与外部的关系问题。民办高校在建设现代大学制度过程中依旧存在许多制度性藩篱，首先是民办高校严重的“行政化”倾向，造成学校内部管理唯行政是从，学术活动也成为行政体制的依附，造成本应教授治学的学术活动带有明显的行政化色彩，学术组织特性难以彰显。其次是民办高校的办学自主权难以落实。虽然《高等教育法》规定高校拥有七项办学自主权，但从法律上来看，对政府管理的权力范围并未予以明确界定。只有真正落实民办高校的招生、专业设置、人才培养等自主权，释放办学者的办学活力，形成办学的品牌和特色，才是民办高校的价值之内涵。最后是民办高校的内外治理机制还不够完善。社会参与大学的内外治理已经是高等教育界的共识，这就需要在现代大学制度中不断完善相关的社会治理机制，如第三方评估机制、合作办学机制、社会中介组织制度等，但目前这些制度建设还不够完善，并没有能够发挥好积极作用。

三是管理障碍。一般来说，高校行政人员一直处在职业舒适区的状态，高校行政人员的这种职业优越感造成其抗风险能力的不足，这就使得“虽然他们对高校由来已久的行政化和官僚化深恶痛绝，但是在实际的权力博弈中，被异化和阉割过的学术权力因为缺乏足够的自理能力，更缺乏足够的勇气与自觉去维护自身的权益，在强大的行政权力面前往往束手无策”①。此外，虽然许多民办高校的章程制度等都已经具备，但制度彼此之间的制度性联结结构还不完善，而建立完善的管理监督体系既是对大学权力的约束，也是联结现代大学制度鸿沟的桥梁。

三　现代大学制度建设之发展路径

（一）认识层面：转变观念，提升对现代大学制度的认识程度

首先，民办高校现代大学制度的建设需要政府部门的积极引导和宏观调控，因此，地方政府部门要从观念上对现代大学制度有明确和清晰的理解，要明晰民办高校的权责范围，对于民办高校既要“管少”又要“管好”，政府角色要从“管理者”向“服务者”转变，确保民办高校自治。其次，从学校层面来看，学校的举办者和管理者要对现代大学制度的目的、内容、精神等方面有明确认识，这是现代大学制度能否在高校发挥应用价值和作用的关键。因此，学校的举办者和管理者要认识到，现代大学制度是学校规范运行的重要纲领，也是学校举办者规范、监督和管理学校的重要保障，是保障

① 郑石桥、郑卓如：《中国科层组织内部控制异化——基于民族文化价值观的理论架构》，《制度经济学研究》2013 年第 6 期，第 27 页。

学校办学自主权得以发挥的重要依据。最后，学校全体师生要将现代大学制度建设纳入学习范围，深入了解现代大学制度的内涵、作用及机制，在思想意识上要对现代大学制度的重要性及实施办学自主权的重要性有清晰的认识，从而使全体师生的行为朝着学校的预期方向发展，将现代大学制度所规定的目标理念内化为师生员工的内在信念。

（二）体系层面：健全制度体系，完善内部治理结构

一般来说，现代大学制度包括学校发展目标、内部管理体制、师生权利、民主管理等各方面，在发展目标上，需要明确学校的发展目标，在此基础上明确学校的办学定位和学校特色；进一步完善学校内部治理结构，随着学术权力从“潜隐”趋向于“显现”、从依附行政权力到逐步独立，学术权力的地位和作用随着历史的发展得到完善。[①] 因此，就需要进一步处理好行政权力与学术权力之间的关系，行政权力、学术权力与其他权力能够在自己职责范围内行事，不越位不错位；进一步落实民办高校办学自主权，充分发挥好政策规定的民办高校办学的各项权利；健全和完善民主管理制度，建立教代会、学代会等制度，充分发挥教师和学生参与学校民主管理的权利；加快章程建设，并以大学章程为规范，加快其他各类规章制度的制定和实施，细化章程的操作层面，建立完备的制度体系，保证章程等相关规定落到实处。

（三）监督层面：加强内外监督，健全审核监管机制

在高校内部治理过程中，无论是行政权力还是学术权力，没有监督就会导致腐败。一种制度的实施，必须受到其他权力机构的制约，才能达到相对平衡状态。因此，民办高校现代大学制度的建设要强调内外部权力的制衡和监督。一方面，要加强高校内部权力的监督，充分发挥高校董事会、教代

---

① 包万平、薛南：《我国大学学术权力运行的历史变迁研究》，《重庆大学学报（社会科学版）》2019 年第 5 期。

会、学代会等机构的作用，加强对现代大学制度建设的过程、执行情况等进行全面的监督，保障学校运行有序；另一方面，要加强高校外部权力的监督，与高校联系紧密的地方政府及社会机构等，要在保障民办高校办学自主权的基础上，加强对民办高校现代大学制度建设的指导、监督和管理，保障建立具有特色民办高校现代大学制度的顺利进行。

参考文献

任钟印选编《夸美纽斯教育论著选》，任宝祥、熊礼贵等译，人民教育出版社，1990。

张应强：《关于中国特色现代大学制度的理论认识》，《教育研究》2013 年第 11 期。

周光礼：《完善中国现代大学制度——以大学章程为载体，以治理变革为突破口》，《大学（学术版)》2012 年第 1 期。

郑石桥、郑卓如：《中国科层组织内部控制异化——基于民族文化价值观的理论架构》，《制度经济学研究》2013 年第 6 期。

包万平、薛南：《我国大学学术权力运行的历史变迁研究》，《重庆大学学报（社会科学版)》2019 年第 5 期。

B.7
河南民办高校大学章程建设的路径研究

樊继轩*

摘　要： 大学章程是大学治理的“宪章”，是建立民办高校现代大学制度的重要基础。本研究以大学章程制订的框架为主轴：一是以文本分析法分析中外大学章程，河南及其他地区的民办高校章程，构建了民办高校章程文本观测指标体系；二是通过对民办高校章程文本表达的要素现状分析，从构建完善“五位一体”法人治理结构、民办高校组织结构转型入手，从完善民主管理决策制度、保障民办高校利益相关者的权利、协调解决好民办高校与政府的关系、民办高校行政组织与学术组织之间的关系等方面探寻具有中国特色民办高校章程的建设路径。

关键词： 大学制度　民办高校　大学章程建设　河南

章程是组织的规程或办事条例，也指各种制度。大学章程是大学制度治理的“宪章”①，也是规范大学内部管理的文本契约。大学章程是对大学基本的、重大的事项的规定。对民办高校而言，大学章程是制定高校内部管理制度及规范性文件、实施办学活动、建立民办高校现代大学制度的重要

---

* 樊继轩，黄河科技学院民办教育研究院研究员，教授，主要研究方向为高等教育、民办教育。

① 唐万宏、薛传会、姜晓云：《论大学章程制定对完善高校内部治理结构的影响》，《国家教育行政学院学报》2013 年第 9 期，第 8 ~ 11 页。

基础。[①] 本文拟在我国建设现代大学制度的背景下，以大学章程制订的框架为主轴，通过对民办高校章程文本表达的要素现状分析，从民办高校大学制度建设过程中形成的“五位一体”的法人治理结构，对民办高校大学章程的建设进行深入探讨和研究。

一　河南民办高校概况及章程建设的意义

（一）河南民办高校发展概况

改革开放40多年以来，特别是20世纪90年代后期开始，我国民办高等教育事业获得了快速的发展，民办高校不仅在数量和规模方面得到了很大的扩张，而且在内涵与质量方面也有着显著的提升，业已成为我国高等教育事业的一支生力军。据有关数据统计，2018年，我国高等教育毛入学率已达到48.10%，我国已有民办普通高校749所（含独立学院265所），比上年增加3所，占全国比例28.13%。普通本专科在校生649.60万人，比上年增长3.36%，占全国比例22.95%。硕士研究生在学1490人。[②] 具体到河南省，2018年，高等教育毛入学率已达到45.60%，略低于全国高等教育毛入学率的水平。如表1所示，2018年，河南省已有民办普通高等学校39所，占全省高校总数的27.9%，其中，本科院校19所，高职（专科）20所；普通本专科在校生51.05万人（其中，本科31.12万人），占全省普通本专科在校生总数的23.8%。[③] 民办高校虽然从高校数量上三分天下有其一，但至今为止，部分民办高校没有制定章程，其内部治理基本处于无章可循的状态。与此同时，已制定章程的现有民办高校大学章程千篇一律、流于形

① 李延成：《大学“章程”考：正名、正源、正义》，《黄河科技大学学报》2012年第1期，第81~84页。

② 教育部发展规划司：《2018年全国教育事业发展基本情况年度发布》，https：//www.eol.cn/yidong/ydsjxx/201902/t20190226_1646186.shtml?source=yidong。

③ 《2018年河南省教育事业发展统计公报》，http：//www.htu.cn/pgy/2019/0516/c10717a144811/page.htm。

式、缺乏执行力，章程内容既缺乏个性，又常常忽略现代大学制度的核心要素。

表1 2012～2018年河南省高校、民办高校高校数和在校生数概况

年份	高校数			在校生数		
	全省高校数（所）	民办高校数（所）	民办高校数占比（%）	全省高校在校生数（万人）	民办高校在校生数（万人）	民办高校在校生数占比（%）
2012	120	34	28.3	155.90	28.96	18.6
2013	127	35	27.6	161.83	33.04	20.4
2014	129	37	27.7	167.97	35.51	21.1
2015	129	37	28.7	176.69	38.65	21.9
2016	129	37	28.7	187.47	41.72	22.3
2017	134	37	27.6	200.47	45.66	22.8
2018	140	39	27.9	214.08	51.05	23.8

注：根据2012～2018年各年度河南省教育事业发展统计公报整理。

民办高校已经完成了初创时期的建设，今后如何进一步发展，已作为一个重要问题提到议事日程。2012年，教育部发布《高等学校章程制定暂行办法》，要求在2020年之前，全国所有高校全面启动章程的制定或修订工作①。建设现代大学制度是党和国家确立的重大战略任务，也是国务院《关于开展国家教育体制改革试点的通知》专项改革试点十大任务之一。国家教育规划的战略要求与民办高校大学章程建设现实的反差，足以证明章程建设和相关研究对于民办高校未来发展的重要性。

（二）民办高校大学章程建设的意义

从现代大学制度治理的背景研究民办高校的章程建设，对民办高校的教育改革和发展具有重要的理论和实际应用价值。

一是认真研究民办高校章程各项规定和提法的理论依据及其在高校建设

① 张春丽：《教育部加大章程建设 推进高校依法治校民主管理》，《光明日报》2012年1月10日，第6版。

中的重要作用，把对章程的研究和对大学组织建设的理论研究结合起来，有助于科学、准确地指导民办高校的建设和发展。

二是民办高校章程建设的状况都是一定发展阶段自身建设的经验教训的总结。民办高校章程是民办高校自身建设的基础，反过来指导和加强民办高校自身的组织建设和发展；研究某一地区或某一高校章程的发展变化，可以系统地了解该地区、该民办高校整个发展过程和大学组织建设的发展过程，总结其建设的经验教训，探讨其发展的普遍规律和特殊性。

三是有利于处理好民办高校内部各组群之间的相互关系。经过近 40 年的发展，民办高校内部不断分化，形成了不同组群，既有能培养硕士、科研水平较高的综合性大学，又有一般的教学型大学，还有高职高专院校。本研究深化了民办高校对大学章程作为大学发展纲领的本质理解，可以指导民办高校从顶层设计入手搞好组群间的有序流动和科学发展。

四是有助于加强和推进民办高校的现代大学制度建设。通过对民办高校章程的研究，认真梳理和分析章程条文，并结合实际适时修改完善，才能增强章程的权威性和严肃性。另外，由于章程只能对大学组织内的基本的原则性问题做出规定，有关教育教学活动的许多具体操作层面的问题，还要通过其他规定、条例、细则等加以规定。章程和其他规章制度构成了大学的制度体系。只有具备一部完善的章程，才能有利于民办高校在新的历史条件下进一步完善校内领导制度、组织制度和工作制度，推进现代大学制度建设。

五是有助于确立大学章程在民办高校内的最高权威性。章程是大学的宪法，在大学校内应该具有至高无上的权威。因此，加强对民办高校章程的研究，分析其内容是否适合时代和民办高校自身发展的现实，挖掘、分析章程不能得到贯彻落实的原因，从而进一步修改和完善章程本身以及章程制度中的各项制度性、程序性条款，使之更具有现实的可操作性，完善章程运行机制，增强章程的执行力，保证章程真正具有高度的严肃性和权威性，可真正发挥大学章程的作用。

二　民办高校大学章程建设的现状分析

民办高校是一种创业者组织结构。与公办学校不同，民办高校均是利用国家非财政经费举办的学校。由于组织结构、办学主体及办学经费的来源不同，民办高校大学章程与公办高校的大学章程也不同。回顾河南省民办高校章程建设的历程，分析民办高校大学章程建设的现状，将有利于处理好民办高校内部各组群之间的相互关系，有助于总结民办高校建设的经验教训和发展规律，有助于加强和推进民办高校的现代大学制度建设。

（一）民办高校大学章程建设的历程回顾

大学章程是伴随着欧洲中世纪私立大学的诞生而产生的，其最初形式是当时的国王或教皇颁给教会大学的特许状。中世纪大学通过比较完善的制度逐步建构成为一种定型化的、专门的、独立的学术与教育机构，形成了一种“行会型”大学制度。[①] 经过 800 多年的发展，欧美的大学已形成了较为健全的大学制度体系，大学章程的建设也较为完备。

我国民办高校大学章程的渊源最早可追溯到中国古代的书院学规。中国古代南宋时期，朱熹的《白鹿洞书院揭示》和吕祖谦的《丽泽书院学规》都是中国教育史上集教育目的、教育形式、教育法则于一身，揭示教育方针的学规。此外，其他典型的还有《象山书院章程》《临津书院章程》，清代道光十八年制定的《诗山书院章程》等，在部分内容上与现代意义上的大学章程相似。中国古代的书院学规可看作我国大学章程的渊源。[②]

中国近代高等教育是伴随着大学章程一同起步的，清朝末年“西学东渐”引进了近代教育，各学堂普遍立有章程。具有现代大学意义上的章程

---

① 张应强、蒋华林：《关于中国特色现代大学制度的理论认识》，《教育研究》2013 年第 11 期，第 35 ~43 页。

② 孙兆杨：《我国大学章程的发展历程及特点分析》，《山东理工大学学报（社会科学版）》2014 年第 5 期，第 91 ~95 页。

则是清末民初时期的教会大学、私立大学章程，它经历了清末民初和新中国成立之后100多年的历程。

《南洋公学章程》（1897年）、《南洋公学章程》（1898年）曾是我国近现代大学章程制定的典范。1898年，梁启超起草《奏拟京师大学堂章程》，则提出京师大学堂“各省之表率，万国所瞻仰”的世界一流大学的目标。1902年，张百熙起草《钦定大学堂章程》：一是提出了德智体全面发展的教育思想；二是提出了“全学”和“通才”的概念；三是建立中国高等教育体制。①

1904年，张之洞等人起草《奏定大学堂章程》，首次提出了在大学堂内设通儒院即研究生院的主张，并对各分科大学和通儒院的学习年限做了规定，其标志着涵盖由学前教育到研究生层次的中国现代大学制度正式确立和延续千年的科举制度被最终废除。民国时期的私立复旦大学、厦门大学、南开大学、焦作工学院、朝阳大学等均制定了大学章程。新中国成立后，私有制的消除，使私立高校失去了生存的土壤，国家通过改造、转办、转接和调整取消了私立学校，私立高校大学章程也无存在必要。

改革开放以后，民办高校复苏并迅猛起步发展，民办高校章程建设也经历了从无到有，并步入了规范化发展的新阶段。由于此时，民办高等教育还处于起步的萌芽状态，租赁校舍、外聘教师，仅以培训班、助学考试机构存在，因此不需要制定章程。20世纪90年代，随着民办高等教育助学机构规模的快速发展，黄河科技学院等大型的民办教育高考助学机构进入普通高等教育的行列。1993年8月17日，原国家教委发布的《民办高等学校设置暂行规定》首次提出了审批办校需报送章程的要求。20世纪末21世纪初，我国高等教育进入大众化阶段，民办高校如雨后春笋，引来了规模发展的大好机遇，民办高校大学章程的制定也被提到党和国家的议事日程上来。2002年12月，国家颁布的《中华人民共和国民办教育促进法》和2004年的

① 《大学章程》，https：//baike. baidu. com/item/高等学校章程/2633310。

《中华人民共和国民办教育促进法实施条例》，对报批民办学校提交章程问题做了更细致的阐释，列举了民办学校章程应当规定的八类主要事项。2011年的《高等学校章程制定暂行办法》对大学章程的制定提出了更为全面完备的条文细则，也同样适用于民办高校。①

20世纪80年代的民办高校初创期以自学高考为主，办学规模较小，此阶段属于高等教育助学机构，学校章程没有生根发芽的土壤，没必要设置章程。20世纪90年代，随着具有普通学历教育的黄河科技学院等一批民办高等专科学校的审批，章程成为政府审批民办学校设立的必要条件之一。② 进入21世纪后，随着国家对公办高校章程制定活动的要求和民办教育立法工作的开展，人们对民办学校章程的认识进一步深化，民办高校章程建设工作也步入规范化阶段。

（二）我国民办高校大学章程的实证分析

本课题选取了河南及其他民办本科高校的已有章程文本为研究对象，进行统计分析。为了科学规范地构建民办高校章程文本观测指标，本课题采用了文本分析法，文本分析是指对文本的表示及其特征项的选取。由于民办高校的章程建设还处于初级阶段，章程文本不完善。因此，在选取章程文本时，参考了国外私立大学和河南及国内地方高校的章程文本：一是整理和选取了国外典型的私立大学章程文本；二是选取了部分地方本科高校的章程文本；三是注重上述选取文本的框架结构。在此基础上，根据国家对民办高校制定章程的相关具体要求，结合民办高校的体制和特色，通过把文本的表层深入文本的实质，提出了民办高校章程文本表达的观测指标体系（见表2）。③

---

① 刘熙：《民办普通高校章程建设研究》，《黄河科技大学学报》2014年第5期，第39～44页。

② 马陆亭、范文曜：《大学章程要素的国际比较》，教育科学出版社，2010，第22～26页。

③ 王维坤、张德祥：《我国民办高校章程文本表达现状研究》，《中国高教研究》2017年第7期，第43～48页。

表 2　我国民办高校章程文本表达的观测指标体系

一级指标(6 个维度)	二级指标(20 项章程内容要素)
A. 个性化内容	A1. 学校登记名称、简称、英文译名、办学地点、住所地; A2. 办学宗旨、规模、层次、形式、主要学科门类; A3. 校徽、校旗、校歌等学校标识
B. 章程修改程序	B1. 章程制定与修改程序
C. 财务资产	C1. 学校资产的数额、来源、性质; C2. 出资人是否要求取得合理回报; C3. 学校变更与终止的事由、程序
D. 内部权力结构	D1. 学校的创办者,以及创办者与学校之间的权利、义务; D2. 董(理)事会等决策机构的产生办法、人员构成和职权; D3. 学校的法定代表人; D4. 校长任职条件及职权; D5. 学校党委的地位、作用及职权; D6. 学校学术委员会(或学位评定委员会)的组成原则、负责人产生机制及职权; D7. 学校内设机构
E. 内部权力运行	E1. 董(理)事会议事规则; E2. 校长办公会议事规则; E3. 学术委员会(或学位评定委员会)议事规则
F. 民主与监督	F1. 教职工代表大学地位、作用及职权; F2. 学生代表大学地位、作用及职权; F3. 教师、学生权益的救济机制

注：本观测指标体系主要侧重于民办高校办学的内部关系，即上述观测指标体系反映的内容。

课题选取了 105 所民办本科高校章程作为研究对象，按照表 2 中的 20 项章程内容要素进行章程文本分析。研究只判定民办高校章程中是否包含各项内容要素，准确与否不作为判定标准。每一项章程内容要素分值定为“1”，若章程中不含其中一项内容要素记为“0”。当所有高校章程中都包含这项内容要素时，每项章程内容要素的满分值为 105 分。① 通过对 105 所民

① 王维坤、张德祥:《我国民办高校章程文本表达现状研究》,《中国高教研究》2017 年第 7 期，第 43 ~48 页。

办本科高校章程的文本分析，形成每项章程内容要素的得分情况雷达图（见图1）。由表2和图1的实证分析可以看出如下几点。

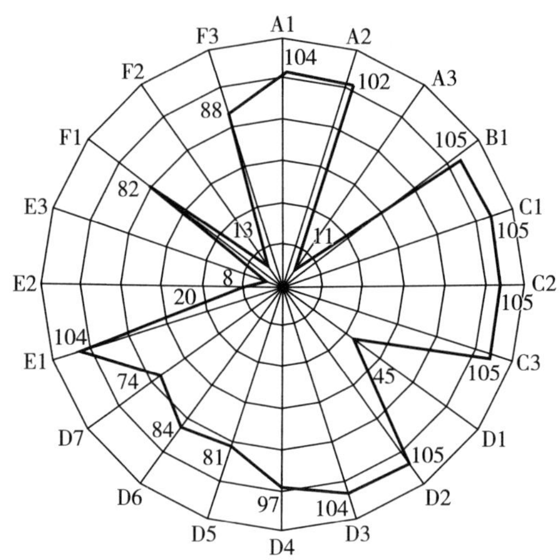

图1　每项章程内容要素的得分情况雷达图

一是民办高校章程内容要素不齐全。图1中各章程内容要素之间得分差距明显，对于二级指标中章程应包含的20项内容要素（见表2），只有8项章程内容要素得分在104分以上。这是因为我国民办高校大多数为投资办学，民办高校财产权的归属并不清晰，图1中得分较低的章程内容要素，大多为举办者不重视或有意忽视的条款。①

二是民办高校章程个性特色不突出。一级指标民办高校个性化内容共包含3项章程内容要素。在这个维度中，得分最低的内容要素是“A3”，仅有11所民办高校进行了表述。体现学校自身特色的个性化内容普遍较少，多数民办高校章程不仅章节相似、内容趋同，甚至能体现大学特色的民办高校办学理念、目标定位等方面的内容也趋于雷同。②

① 王维坤、张德祥：《我国民办高校章程文本表达现状研究》，《中国高教研究》2017年第7期，第43~48页。

② 周雪光：《组织社会学十讲》，社会科学文献出版社，2009，第71~77页。

三是民办高校内部权力结构不均衡。一级指标“D”可细化为7项二级指标章程内容要素，体现了民办高校中的行政权力、党委权力和学术权力。“D2”“D3”“D4”得分较高，可见代表民办高校出资者利益的行政权力较强。“D1”“D5”“D6”“D7”得分较低，其中，要素“D1”仅得了45分，要素“D5”得81分，要素“D6”得84分，要素“D7”得74分。得分较低的4项要素体现了代表教师利益的学术权力和党委权力偏弱，这是由于大部分民办高校更加注重教育教学的运行，而忽略学校党委在民办高校政治思想工作和引领社会主义办学方向等方面的地位、作用及职权，由于教授和教师队伍的流动性、不稳定因素，科研学术工作常处于被忽视的地位。①

四是民办高校内部权力运行不规范。一级指标“E”体现了我国民办高校的内部权力运行，可细化为3项内容要素，其中得分较高的是“E1”，得分较低的是“E2”和“E3”。要素“E2”仅有20所，说明大多数民办高校对校长办公会议事规则不重视。要素“E3”仅得8分，可看出近百所民办高校没有学术委员会议事规则，学术委员会的权力处于一种尴尬的地位，②这一情况若不改变，民办高校的教学科研将一直在低水平的状态下运行。

五是民办高校民主监督机制不健全。“F. 民主与监督”体现了民办高校大学制度建设中的民主权利，并细分为3项章程内容要素，分别是“F1”（得分82分）、“F2”（得分13分）、“F3”（得分88分）。其中“F3”的得分情况说明有17所民办本科高校在章程中对“教师、学生权益的救济机制”未予以表述。民主权利体现了民办高校重要利益相关者教师和学生应有的权利，因此，在民办高校章程中应进一步对这一要素加以细化明确。

（三）民办高校大学章程建设存在的问题分析

综上所述，在大学章程建设中，民办高校还存在五大尚需重视和解决的

① 王维坤、张德祥：《我国民办高校章程文本表达现状研究》，《中国高教研究》2017年第7期，第43~48页。

② 王维坤、张德祥：《我国民办高校章程文本表达现状研究》，《中国高教研究》2017年第7期，第43~48页。

问题。

一是民办高校章程内容要素不齐全，主要表现在章程所必需的要素有遗漏。105 所民办高校中，97 所院校的章程都处于缺项状态。如有的民办高校章程没有明确法定代表人的产生和罢免程序；缺乏办学规模和教育形式的规定，缺乏学校变更和终止程序的规定；有的民办高校章程则缺乏设置学术委员会和民主监督机制的重要环节；多数民办高校则忽略了“主要学科门类”设置这一《高等教育法》的重要规定条文。[①] 此外，内容要素不齐全与审批部门及登记机关核准把关不严也存在一定的关系。

二是民办高校章程建设的个性特色不突出。94 所民办高校章程中普遍缺乏个性化内容的描述，内容条文千篇一律，其章程不仅内容空洞抽象，还存在相互抄袭、相互模仿的现象，章程高度同一化。这些民办高校章程缺乏对本校“办学宗旨、规模、层次、形式、主要学科门类”等显示办学特色内容要素的提炼和描述。章程的个性化特色往往具有大学理念、大学精神及办学宗旨的特征，而大学理念、大学精神文化需要在长时间办学过程中的积淀和凝练。大部分民办高校由于办学时间短，缺乏大学理念、大学精神文化的积淀和凝练。

三是民办高校内部权力结构不均衡，“内部权力结构”是大学章程中最重要的核心要素。民办高校是一种创业者组织结构，这是一种简单高效的直线型组织结构，创业者事无巨细，都是其自身说了算。创业者的威信和理念决定着学校的生存和发展，因此，民办高校自创立以来，代表创办者、出资者利益的行政权力处于强势地位。民办院校代表党委权力的党委书记由省教育厅外派，代表学术权力的教授大部分由公办高校退休而来，新进青年教师学术资历不够，一旦有所成果或晋级副教授、教授又“远走”公办高校，所以，代表党委权力和学术权力的群体始终处于不稳定状态。

四是民办高校内部权力运行尚不规范，民办高校内部权力结构不均衡必

① 董圣足、李蔚：《论民办高校章程的制定与完善》，《民办教育研究》2008 年第 2 期，第 57～63 页。

然造成其内部权力运行尚不规范的连锁反应。民办高校的创业者组织结构决定了其“铁打的营盘流水的兵”的结构特征。谁是铁打的营盘?创业者组织结构决定了代表创业者和出资者利益的董事会是铁打的营盘。在民办高校的组织结构中，由创业者和出资者担任董事长、副董事长及董事，一般是多届连任，而以省教育厅任命的党委书记、聘任校长，以教授为代表的学术群体以及进入董事会机构的成员，由于任期和年龄的原因，是不断流动变换的。所以，校长办公会议事规则和学术委员会议事规则处于弱势，其直接后果就是内部权力运行尚不规范。

五是民办高校民主监督机制尚需健全。教师和学生是民办高校办学和生存的两大主体，然而，从现有民办高校章程建设中可看出其民主监督机制还不健全。在党委权力和学术权力处于薄弱状态的情况下，“民主监督机制”的主体——教师和学生应有的权利更难以得到充分的保障。由于人事体制的原因，尤其是退休之后，他们享受不到公办高校教师的待遇，处于教学一线的教师，甚至具有博士学历、教授职称的高端人才缺乏对学校的忠诚度，常常把自己定位在打工者的角色，遇到合适的机遇就会跳槽。在校学生由于缴纳高价学费，和学校的关系更多体现的是一种商品交易的关系。双方这种微妙的组织结构体系也是民办高校民主监督机制不健全的重要原因。在现代大学制度治理背景下，要进行中国特色社会主义的民办高校章程建设，就必须在民办高校内部治理制度中构建和改善现有民办高校高度集权的组织结构。

三　大学制度治理背景下民办高校大学章程的建设

在现代大学制度治理背景下，要进行中国特色社会主义的民办高校章程建设，要解决的基本问题就是规范民办高校内部权力配置问题，但更重要的是协调决策者与执行者之间的关系，处理行政人员、教师和学生三者之间的关系问题。因此，构建完善“五位一体”法人治理结构，完善民主管理决策制度，保障民办高校利益相关者的权利，协调解决好民办高校与政府的关

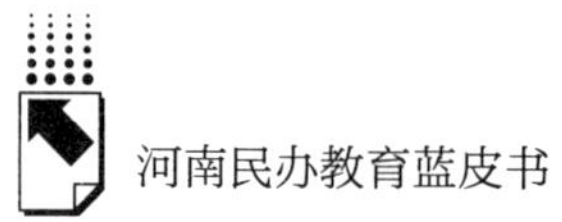

系、民办高校行政组织与学术组织之间的关系，将是探寻中国特色民办高校章程的有效路径。

（一）以现代大学制度为框架，构建“五位一体”法人治理结构

建设现代大学制度的核心问题就是构建法人治理结构。以现代大学制度为框架，认真研究法人治理结构在民办高校章程建设中的重要作用，有助于科学、准确地指导民办高校现代大学制度的建设和发展。

创建于1984年的黄河科技学院在三次大学章程制定和多年的办学实践中，不断地总结经验教训，以现代大学制度为框架，构建了“五位一体”的法人治理结构（见图2）。在此法人治理结构中，董事会制度建设是“五位一体”法人治理结构的核心，是民办高校的最高决策机构，其主要工作是确定学校发展方向、发展战略和重大政策；董事会领导下的校长负责制是民办高校的办学主体；党委是学校的政治核心，依法监督和把握办学方向并参与民办高校的改革发展研究和重大决策；学术委员会统领民办高校的学术事务并行使对学术事务的咨询、审议、评定和决策等职权；由学校教师和教职管理人员组成的教职工代表大会讨论决定事关教职工切身利益的改革方案和事项，参与学校的民主管理治理结构，从而保证学校的依法治教。①

其一，“五位一体”法人治理结构，改善了民办高校的创业者组织结构，改变了民办高校内部权力结构不均衡和内部权力运行尚不规范的现状，保障了广大教职员工充分享有参与民办高校管理的权利，理顺了内部职责部门相互之间的职权范围。

其二，“五位一体”法人治理结构，明确了党委、学术委员会和教职工代表大会的职责范围，满足了民办高校加强民主管理的需要。

其三，“五位一体”法人治理结构，改变了党委权力处于弱势的地位，充分发挥了党组织在民办高校中的政治核心作用、监督保障作用。坚持社会

① 胡大白：《民办高校法人治理结构初探》，《黄河科技大学学报》2015年第4期，第1~5页。

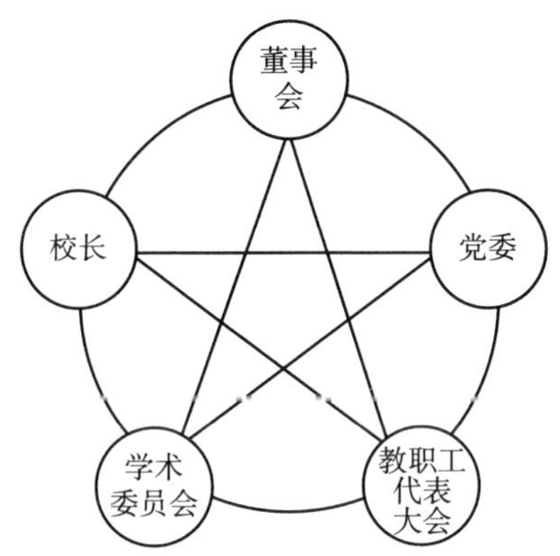

图 2　民办高校“五位一体”的法人治理结构

主义办学方向、全面履行大学职能，才能保障民办高校办学的公益性，赢得党和政府、社会各界的信任与支持。①

“五位一体”法人治理结构是对民办高校创业者组织结构的一次重大变革，进一步理顺了民办高校的内部管理体制和各部门之间的关系，是民办高校一项根本性的制度创新。

（二）完善民主管理决策制度，建立民办高校权力制衡和监督机制

实施民办高校的民主管理改革，完善民主管理决策制度是办学指导思想的重要内容，是现代大学制度建设和民办高校章程建设的基本要求。高校民主管理思想在推进高校依法治校、依法办学、依法管理等方面具有重要的意义。民办高校民主管理，是指在“民主、公平、公正、公开”的原则下，依照《教育法》、《教师法》和大学章程等法律法规规定，通过民办高校教职工组织、学生组织等组织形式，高校教师、学生等直接或间接地参与学校民主决策、民主管理和民主监督的过程。在民办高校实施民主管理是教育改革的大势所趋。

① 胡大白：《民办高校在我国现代大学制度建设中的地位和作用》，《中国成人教育》2016 年第 2 期，第 41 ~ 44 页。

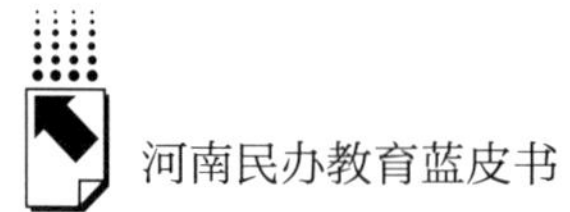

其一，民主管理是高校践行党的群众路线的长效机制，是现代大学制度建设的重要组成部分。“群众路线是实现民主决策和民主监督的有效途径。”[①] 谁是民办高校的群众？教师、学生、行政人员均是民办高校的群众，他们也是民办高校利益相关者的最大群体。民办高校举办者、学生及其家长、教职工等，都是民办高校健康发展中关系密切的利益相关者。[②] 民主管理是民办高校践行党的群众路线的长效机制，是现代大学制度建设的重要组成部分。因此，在民办高校大学章程制定的程序上，要赋予师生员工充分的民主权利和监督权利。凸显民办高校学术委员会对行政权力的制衡权，扩大教职工代表大会对学校行政的监督权。

其二，完善民主管理决策制度，应该考虑到民办高校利益相关者教师和学生所处的地位和角色。在民办高校中教师更多的是扮演一种打工者的角色，代表行政权力的领导层随意处理辞退教师的现象屡见不鲜。民办高校教师与学生的关系也是大学治理制度的重要内容。民办高校因既有公办高校的一般特征，又有自身的独特性，导致其师生间法律关系的特征较公办高校更加复杂。[③] 无论公办大学章程，还是民办高校章程都找不到学生参与决策的条文，章程中显示更多的是如何管理学生学籍、考试、处分、申诉等行政规定。行政权力“一枝独秀”是我国民办高校法人治理结构中的常见形式。

其三，建立权力制衡和监督机制，实现民办高校学术权力对行政权力的制衡。权力制衡理论是法国18世纪的启蒙思想家、社会学家查理·路易·孟德斯鸠所创始的理论。追求大学学术权力和行政权力的平衡和谐是现代大学制度的主要特征。民办高校组织结构和公办高校不同，是一种创业者组织，创业者组织的特征是创业者一言九鼎，是一种典型的首长负责制。民办院校在完善民主管理决策制度、建立民办高校权力制衡和监督机制过程中，

① 胡锦涛：《坚定不移沿着中国特色社会主义道路前进 为全面建成小康社会而奋斗——在中国共产党第十八次全国代表大会上的报告》，人民出版社，2012。

② 杨炜长：《基于利益相关者视角的民办高校管理问题探讨》，《黄河科技大学学报》2012年第3期，第1~4页。

③ 杜丽君、占飞：《民办高校师生法律关系特征及性质探讨》，《法治与社会》2015年第8期（上），第67~68页。

常常体现的是董事长或校长个人决策的首长负责制。只有民办高校学术权力和行政权力的主体互不兼任，才能真正实现学术权力对行政权力的制衡。①

其四，建立权力制衡和监督机制，扩大广大教职工和学生对大学工作的监督权利。民主监督机构也是民办高校大学治理制度不可分割的部分。加强民主参与和民主监督是国家法治化、民主化的必然要求。在民办高校的管理中同样要扩大广大教职工和学生对大学工作的监督权利。在民办高校中建立权力制衡和监督机制的同时，还要完善大学的信息公开制度。信息公开是有关保障公民了解权和对了解权加以必要限制而组成的法律制度。民办高校可成立信息公开领导小组，负责指导、协调、监督学校信息公开工作，定期向社会和师生公开学校的人事、财务、资产、教师、学生等各个方面的信息，接受师生质询和社会监督。② 此外，在民办高校的现代大学制度和大学章程的设计中，应给予学生更大的自主选择权，更多的参与决策和管理的机会，特别是涉及学生日常学习、生活的管理活动。

（三）优化民办高校发展的外部环境，构建与政府和社会的和谐关系

现代大学制度首要解决的是高校和外部环境的关系，外部环境主要是民办高校与政府和社会的关系。这既是现代大学服务社会职能的重要特征，也是现代大学章程中的重要内容。依照政府法规政策办学和向政府争取更多的资源是民办高校与政府关系的两个基点。如何充分利用社会资源，为社会经济发展服务是民办高校与社会形成互利关系的重要环节。③

一是从政府与民办高校既有的“控制—服从”关系模式转向服务型互动关系模式。政府与民办高校既有的“控制—服从”关系模式已成为政府

① 胡大白：《民办高校现代大学制度建设》，社会科学文献出版社，2017，第25~26页。

② 钟秉林、赵应生、洪煜：《中国特色现代大学制度建设》，《北京师范大学学报（社会科学版）》2011年第4期，第5~12页。

③ 姚天金：《我国民办高校建立现代大学制度设想》，《新教育时代》2015年第4期，第69~70页。

高等教育管理和民办高等教育事业持续发展的桎梏，这种关系模式所固有的单向性、封闭性使政府与民办高校在互动的过程中难以形成合力。以人为本，为人民服务是中国社会主义特色公共服务型政府的基本理念基础。这一理念要求我国所有法律、规则和行为都必须贯彻服务精神，而不是单纯的统治和管理。[①] 在这种背景和理念下，需要通过政府的政策引导、引领服务，实现民办高校在促进高等教育方面的可持续发展。

二是引导民办高校的分类管理，加大财政资助力度，保障民办高校的公益性特征。按照新修订的《中华人民共和国民办教育促进法》的规定，民办高校实施分类管理后，政府如何保障非营利性民办高校的公益性特征及利益相关者的利益？这是各级政府必须面对的问题。

通过分类管理，应真正实现民办高校与公办高校在性质上的公平。只有对非营利性民办高校加大财政资助力度，才能引导好民办高校的分类管理，保障民办高校的公益性特征。经济支持不是简单地投入资金，而是应该合理规划、明确资助重点，最大限度地发挥政府财政资助在民办高等教育发展中的作用。[②]

（四）厘清行政组织与学术组织的关系，体现学术本位的现代大学理念

教授治校、学术至上的办学理念是现代大学制度的核心内容之一。教学、科研第一线的老师、教授代表着民办高校学术发展方向，形成崇尚知识和作为的大学文化，而不是崇尚行政权力和地位，这是民办高校提高办学质量和科研水平、创办高水平民办高校的制度保证。民办高校行政人员与教师的关系关键在于处理管理自主权和教学自主权之间的关系。保障学术管理制度的规范运行，使学术逐步成为民办高校的中心，是民办高校在章程修改制

① 焦艳灵、罗煜：《民办高校实施内涵式发展的政策环境优化建议》，《黄河科技大学学报》2010 年第 5 期，第 9 ~ 14 页。

② 焦艳灵、罗煜：《民办高校实施内涵式发展的政策环境优化建议》，《黄河科技大学学报》2010 年第 5 期，第 9 ~ 14 页。

定时必须解决的问题。

改革开放以来，我国民办高校得到了快速发展，在办学环境、规模和办学层次上都取得了巨大进展。但由于种种原因，制度建设并没有得到同步发展，尤其是学术委员会和学术管理制度的建设，一直是薄弱环节，亟须进一步健全和完善。

一是在制订民办高校大学章程的同时，要进一步构建科学完善的学术委员会章程。2014 年 2 月，教育部发布的《高等学校学术委员会规程》规定：学术委员会是校内最高学术机构，在学科建设、学术评价、学术发展、教师评聘和学风建设等事项上统筹行使决策、审议、评定、咨询和学术纠纷裁定处理等职权。与此同时，还具体规定了学术委员会委员的权利。[①] 所以，实施创业者组织结构转型，筑巢引凤，厘清行政组织与学术组织的关系，改变强行政、弱学术的不平衡状态，以体现学术本位的现代大学精神，还应在民办高校大学章程的建设中，进一步构建科学完善的学术委员会章程，保障民办高校学术管理制度的规范运行，以体现学术本位的现代大学精神。

二是提升民办高校校级学术委员会的地位，构建以专业分类的基层教授委员会、学术委员分会。民办高校管理的对象可分为学术事务和行政事务两大类。在民办高校章程建设的过程中，随着从创业者组织转型为大众化组织，一批高学历、高水平人才的加盟，高校逐渐构筑培育施展他（她）们才华的学术平台，如不同专业的研究所、研究中心或跨学科的研究院。而提升民办高校学术委员会的地位，把学术委员会定位在校一级，有利于确保教授群体在大学中的学术地位。此外，构建以专业分类的基层教授委员会、学术委员分会，并发挥其在学科建设、教学、科研上的专家作用，有利于形成自上而下的学术组织和学术管理体系，改变强行政、弱学术的不平衡状态，保障民办高校在现代大学制度的框架下学术管理制度的规范运行。

① 胡大白：《民办高校现代大学制度建设》，社会科学文献出版社，2017，第 123 页。

四 结论与建议

（一）研究结论

综上所述，大学章程是治理大学的“宪章”。研究民办高校的章程建设有助于科学、准确地指导民办高校的建设和发展；有助于总结民办高校建设的经验教训和发展规律；有助于处理好民办高校内部各组群之间的相互关系；有助于加强和推进民办高校的现代大学制度建设；有助于确立大学章程在民办高校内的最高权威性。

一是本文回顾了民办高校从古代到当代大学章程的发展历程。大学章程源于欧洲中世纪私立大学。我国民办高校大学章程的渊源可追溯到宋代的书院学规。具有现代大学意义上的章程则是清末民初教会大学、私立大学的章程，民国时期名冠中外的厦门大学、南开大学等均制定了完备的大学章程。新中国成立后，私有制的消除，使私立高校失去了生存的土壤，国家通过改造、转办、转接和调整取消了私立学校，私立高校大学章程也无存在的必要。改革开放以后，民办高校复苏，由小到大、迅猛发展，章程的制订已成为政府审批新建高校的必备条件，民办高校章程建设也经历了从无到有的过程，并步入了规范化发展的新阶段。

二是本文从大学章程文本统计分析了民办高校章程建设中存在的问题。课题组根据大学章程文本统计的编码表，通过对选取一定量的民办高校章程文本进行分析，提出了我国民办高校章程文本表达的观测指标体系，以此为分析框架探讨了我国民办高校章程建设中存在的问题。其一，民办高校章程内容要素不齐全，大多数民办高校章程都处于缺项状态；其二，民办高校章程建设个性特色不突出，内容空洞抽象，条文千篇一律；其三，民办高校内部权力结构不均衡，导致创业者组织结构内部权力强行政、弱学术的现象产生；其四，民办高校“铁打的营盘流水的兵”的组织结构特征使内部权力运行不规范；其五，民办高校民主监督机制尚需健全，强行政、弱学术使教师和学生应有的权利更难以得到充分的保障。

三是本文研究探讨了大学制度治理背景下民办高校章程建设路径。首先，以现代大学制度为框架，构建以董事会、党委、校长、学术委员会和教职工代表大会“五位一体”的法人治理结构；其次，以现代大学制度为框架，进一步建立了民办高校权力制衡和监督机制；再次，政府从“控制—服从”关系模式转向服务型互动关系模式，引导民办高校的分类管理，优化外部环境，构建了民办高校与政府和社会的和谐关系；最后，从大学组织结构理论的视角，厘清行政组织与学术组织的关系，构建科学完善的学术委员会章程，以体现学术本位的现代大学理念。

（二）研究建议

建议一：在现代大学制度治理背景下实施民办高校大学的章程建设，应在民办高校内部治理制度中，构建和改善现有民办高校高度集权的组织结构，从规范大学内部权力配置问题着手，协调决策者与执行者之间的关系，平衡好行政权力和处理好行政人员、教师和学生三者之间的关系。

建议二：以现代大学制度为框架，构建民办高校“五位一体”的法人治理结构，明确董事会、党委、校长、学术委员会和教职工代表大会等不同组织机构的职责范围。明确党委在治理结构中的核心作用，改变民办高校内部权力结构不均衡和内部权力运行尚不规范的现状，保障广大教职员工参与民办高校管理的权利，进一步理顺内部职责部门相互之间的职权范围。

建议三：在现代大学制度治理背景下，实施民办高校的民主管理改革应依据《国家中长期教育改革和发展规划纲要（2010—2020 年）》，完善民主管理决策制度；应充分考虑到普通教师和学生所处的地位和角色，建立权力制衡和监督机制，实现民办高校学术权力对行政权力的制衡。建立权力制衡和监督机制，扩大广大教职工和学生对大学工作的监督权利。

建议四：在现代大学制度治理背景下实施民办高校大学的章程建设，还应优化民办高校发展的外部环境，构建与政府和社会的互利关系，一是从政府与民办高校既有的“控制—服从”关系模式转向服务型互动关系模式；

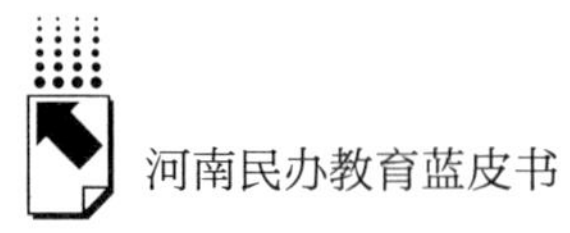

二是引导民办高校的分类管理，加大财政资助力度，保障民办高校的公益性特征。通过分类管理，政府和社会应分担一定比例的教育成本，真正实现民办高校与公办高校在性质上的公平。

建议五：教授治校、学术至上的办学理念是现代大学制度的核心内容之一。在现代大学制度治理背景下实施民办高校大学的章程建设，还应厘清行政组织与学术组织的关系。民办高校的管理体系是一种以创业者为核心的强行政、弱学术的组织结构。因此，实施创业者组织结构转型，是厘清民办高校行政组织与学术组织关系的重大举措。一是在制订民办高校大学章程的同时，要进一步构建科学完善的学术委员会章程；二是应提升民办高校校级学术委员会的地位，构建以专业分类的基层教授委员会、学术委员分会。

总而言之，在现代大学制度治理背景下实施民办高校大学的章程建设，不是制定章程之后，就一劳永逸，就可以束之高阁，而是随着新时代中国特色社会主义的发展，不断修改、不断完善的过程。一个完善的、具有特色的高水平、高质量的民办高校章程也必将在民办高校现代大学制度建设中发挥越来越重要的作用。

参考文献

唐万宏、薛传会、姜晓云：《论大学章程制定对完善高校内部治理结构的影响》，《国家教育行政学院学报》2013 年第 9 期。

李延成：《大学“章程”考：正名、正源、正义》，《黄河科技大学学报》2012 年第 1 期。

教育部发展规划司：《2018 年全国教育事业发展基本情况年度发布》，https：//www. eol. cn/yidong/ydsjxx/201902/t20190226_ 1646186. shtml？ source = yidong。

《2018 年河南省教育事业发展统计公报》，http：//www. htu. cn/pgy/2019/0516/c10717a144811/page. htm。

张春丽：《教育部加大章程建设　推进高校依法治校民主管理》，《光明日报》2012 年 1 月 10 日，第 6 版。

张应强、蒋华林：《关于中国特色现代大学制度的理论认识》，《教育研究》2013 年第 11 期。

孙兆杨：《我国大学章程的发展历程及特点分析》，《山东理工大学学报（社会科学版）》2014 年第 5 期。

《大学章程》，https：//baike. baidu. com/item/高等学校章程/2633310。

刘熙：《民办普通高校章程建设研究》，《黄河科技大学学报》2014 年第 5 期。

马陆亭、范文曜：《大学章程要素的国际比较》，教育科学出版社，2010。

王维坤、张德祥：《我国民办高校章程文本表达现状研究》，《中国高教研究》2017 年第 7 期。

周雪光：《组织社会学十讲》，社会科学文献出版社，2009。

董圣足、李蔚：《论民办高校章程的制定与完善》，《民办教育研究》2008 年第 2 期。

胡大白：《民办高校法人治理结构初探》，《黄河科技大学学报》2015 年第 4 期。

胡大白：《民办高校在我国现代大学制度建设中的地位和作用》，《中国成人教育》2016 年第 2 期。

胡锦涛：《坚定不移沿着中国特色社会主义道路前进　为全面建成小康社会而奋斗——在中国共产党第十八次全国代表大会上的报告》，人民出版社，2012。

Freeman, *Strategic Management*: *A Stakeholder Approach*, Boston: Boston Pitman Press, 1984: 46.

杨炜长：《基于利益相关者视角的民办高校管理问题探讨》，《黄河科技大学学报》2012 年第 3 期。

杜丽君、占飞：《民办高校师生法律关系特征及性质探讨》，《法治与社会》2015 年第 8 期（上）。

胡大白：《民办高校现代大学制度建设》，社会科学文献出版社，2017。

钟秉林、赵应生、洪煜：《中国特色现代大学制度建设》，《北京师范大学学报（社会科学版）》2011 年第 4 期。

姚天金：《我国民办高校建立现代大学制度设想》，《新教育时代》2015 年第 4 期。

焦艳灵、罗煜：《民办高校实施内涵式发展的政策环境优化建议》，《黄河科技大学学报》2010 年第 5 期。

B.8
民办高中董事会管理机制的作用研究

梁顺意*

摘　要：　党的十八大以来，河南省委、省政府把民办教育作为河南省教育发展新的增长点和推动教育改革的重要力量，大力扶持和引导民办教育发展。河南省民办高中教育呈现快速发展态势。在发展过程中，民办高中内部治理结构不断优化，民办高中董事会在加快现代学校制度建设、规范民办高中的内涵建设与管理、提升民办高中的办学质量和效率方面发挥了重要作用。

关键词：　民办教育　民办高中　董事会　河南

党的十八大以来，河南省民办教育呈现快速发展态势，基本形成了以政府办学为主体，全社会积极参与和公办民办学校共同发展的教育发展新格局。民办教育提供了优质教育资源供给，为社会提供了多元化的选择，有效缓解了公办教育供给不足的问题。在河南省民办教育快速发展这一大背景下，河南民办高中也获得了迅速发展，在2015年河南省民办普通高中219所、在校生29.25万人的基础上，到2018年12月，河南省民办高中教育无论是学校数还是在校生人数，每年都以10%左右的速度在增长。但是，河南省民办高中教育目前仍处于发展的初级阶段，其办学质量尚待提高的问题已经引发了河南省社会各界的广泛关注。面临新形势、新任

* 梁顺意，信阳学院讲师，硕士，主要研究方向为教育学原理、教师教育。

务、新要求，河南如何办好民办高中教育？2018 年 2 月 23 日，河南省人民政府《关于鼓励社会力量兴办教育进一步促进民办教育健康发展的实施意见》指出，民办学校要建立和健全学校董事会制度和监事制度，学校董事会和监事成员要依据学校章程规定的权限和程序参与学校的办学和管理。结合国内外学校管理经验，建立健全民办高中董事会制度是一种有效的制度保障。

一 学校董事会简介

董事会制度作为一种重要的内生性资源，是为解决现代企业所有权与经营权分离背景下产生的委托代理问题演化出来的一种公司的内部治理机制，它伴随着现代公司的产生与发展而不断完善。

将董事会制度引入学校的治理，最早主要应用在高等教育学校管理中。高等教育学校董事会制度起源于英国，又称为校监委员会、监事会、管理委员会等。随着学校董事会制度的不断完善，大学董事会制度已经成为现代大学制度的重要组成部分。进入 21 世纪，在西方学校管理中，学校董事会制度不仅在高校广泛盛行，而且还被广泛推行到中小学校的治理之中，甚至作为一项基本的学校治理制度实施。学校董事会制度的有效性在西方中小学校治理中再次得到证实。改革开放之后，随着经济体制改革的深入，学校董事会制度进入我国大学制度视野，特别是我国在办学权向社会敞开之后，私立学校广泛设立，探索新形势、新情况、新背景下民办学校的有效治理问题尤为重要，作为一种比较成熟的学校治理机制，学校董事会制度开始在私立学校广泛推行。

学校董事会或理事会是学校的一个重要治理机构，学校要从传统的管制走向治理，学校董事会或理事会治理是学校最有效的治理。由于学校董事会（理事会）成员不参与大学或学校的日常管理工作，学校董事会制度能有效防止学校行政管理人员违背道德的行为，从而提高学校的运行效率。学校董事会制度有明确的职与责的划分，学校董事会是学校的最高决策机构，其职

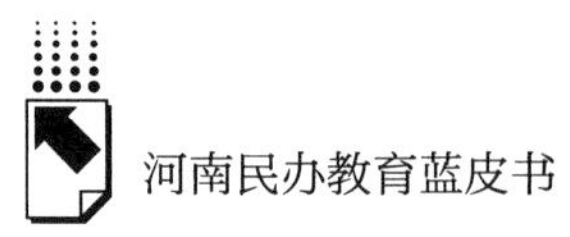

责主要表现为筹措教育经费、创设办学条件、聘任校长等；校长是学校的最高行政负责人，对学校董事会负责，其主要职责仍是管理教学。学校董事会制度还可以吸纳社会人士的参与，以提高学校董事会的社会影响力。在美国，不仅私立学校设立董事会，公立学校也广泛设立董事会，积极吸收社区、教育管理部门、学生家长和教职工等进入学校董事会，共同参与学校管理，对学校实施集体领导和广泛监督。

学校董事会制度是现代学校管理制度的重要组成部分，建立和健全学校董事会制度是建立中国特色现代学校管理制度必不可少的组成部分。民办高中作为我国现代学制的有机组成部分，建立规范的学校董事会制度，构建现代学校治理方式，可以为我国基础教育学校构建现代化学校治理模式提供尝试与有效经验。

二　民办高中建设学校董事会管理机制的必要性

近年来，在国家政策的支持下，在河南省各级人民政府的积极推动下，民办高中获得了长足发展。但是快速发展的同时，民办高中的管理也暴露出若干问题，究其根源，民办高中存在管理粗糙、管理体制和机制混乱等问题。因此，引进现代化的教育管理制度——学校董事会制度，已经成为民办高中发展过程中非常急迫的问题。

（一）民办高中构建学校董事会制度是实现高中多元化办学的需要

《国家中长期教育改革和发展规划纲要（2010—2020 年）》提出了“促进办学体制多样化”的办学策略；国务院于 2016 年 12 月 29 日发布并实施的《国务院关于鼓励社会力量兴办教育　促进民办教育健康发展的若干意见》也指出：“鼓励社会力量兴办教育，促进民办教育健康发展，是一项事关当前、又利长远的重要任务”；2018 年 2 月 2 日，河南省人民政府发布并实施了《河南省人民政府关于鼓励社会力量兴办教育进一步促进民办教育健康发展的实施意见》。在政策支持和政府的积极鼓励下，社会力量投身于民办教育事业已经蔚然成风，河南省民办高中的发展也迎来了重要的发展机遇期。截至 2018 年 12 月，河南省共建设民办高中有 299 所、在校生 41.84 万人，民办高中正成为河南省基础教育的重要部分，为河南 2020 年普及高中教育提供了重要支撑。但是原有的行政化、科层制的上下级学校管理体制无法满足民办高中的办学体制和机制的需要，建立与民办高中相适应的新型管理体制迫在眉睫，而学校董事会制度可以有效厘清投资者与管理者之间的关系，维护投资者的所有者权益。

（二）民办高中构建学校董事会制度可以间接保障高中教育健康发展所需的办学经费

《国家中长期教育改革和发展规划纲要（2010—2020 年）》指出：“到 2020 年，普及高中阶段教育。”普及高中教育是我国在 21 世纪的重要人才发展战略，提升全民素质的重要手段、方式和抓手。随着我国经济整体水平的不断提高，居民收入水平的不断提升，初中生家长在孩子升学，接受更高水平教育方面的意愿在增强。在关于初中生升学愿望的相关调查中，河南省初中生希望自己进入高中学习与家长希望自己的孩子能读高中的比例均超过 90%；而且初中生家长普遍表示有能力负担孩子在高中阶段的学习费用和生活负担。但是 2016 年以来，我国经济进入新常态，转型发展中下行压力增大，仅靠传统的政府投入，普及高中教育面临困难。我国经济经过 40 多年的高速发展，民间已经积累了大量的财富。为了圆满完成“到 2020 年，普及高中阶段教育”的目标，引导社会资本有序进入高中教育既可以缓解政府的教育投资压力，加快现代学校制度建设，又可以引入民营资本的管理理念和资源，提高教育教学质量。大力兴办民办高中教育，是一件利国利民的大事。但是，如何确保投入民办高中的社会资本的保值增值，是促使更多的社会资本进入民办高中学校以促进高中教育快速发展的重要保证。学校董事会制度将所有权与管理权分离，可以有效维护投资者的所有者权益和资本保值增值，从而极大地提高办学者投资民办高中教育的积极性。

（三）民办高中构建学校董事会制度可以完善民办高中的管理体制和机制

管理是影响民办高中办学质量提升的因素之一。河南民办高中的管理还是一个薄弱环节，建设科学、规范的现代化学校管理制度需要引起重视。在建立现代学校董事会制度的过程中，河南民办高中还存在一些尚待规范的问题，诸如，首先，学校董事会制度的设置非常态化。河南部分民办高中还没有建立起学校董事会制度，部分民办高中无规范地例行学校董事会、监事会等会议。民办高中办学者来源的社会性与多源性限制了民办高中建立现代化学校管理制度的积极性。受个人的成功经验限制，河南部分民办高中的办学者排斥现代学校管理制度，将学校等同于自己的家族制企业，无视民办高中学校管理的特殊性和专业性。其次，领导机制混乱。主要表现在：投资人跨越校长行使人事权、管理权；投资人任人唯亲；投资人重视经济效益，期望较快收回投资，争夺学校财政的绝对控制权等。投资者对学校管理者的不信任、不尊重，对现代化管理制度的不熟悉，限制了民办高中在建设现代化学校管理制度上的想象力。最后，投资人与校长在培养人的方向上存在一定的偏差。投资人看重在校生人数，关注投资的经济效益，校长看重“成人”，关注教育的本质；投资人对学校董事会的影响，导致在重大决策上学校的管理者只能被动接受。由于话语权的弱势，学校校长在办学方向的选择上比较被动，其在责任的担当上也被动接受。这种现象造成学校校长在日常的管理过程中不得不谨小慎微，罕有创造性地开展工作。

三　民办高中董事会对民办高中发展的影响

学校董事会的领导能力在学校治理的过程中发挥着举足轻重的作用，学校董事会的性质决定了学校董事会行使学校的重大决策和监督权。结合现代企业建设董事会制度的成熟经验和国内外的大学建设学校董事会制度的有效经验，河南民办高中在建设现代化的学校管理制度的过程中，应重视民办高中董事会在民办高中发展过程中的权力行使。

（一）民办高中学校董事会主导民办高中的办学定位

民办高中的性质和定位，关系到民办高中教育的发展方向和未来。在民办高中学校进行办学定位的选择过程中，民办高中学校董事会要根据特定社会的政治、经济、文化的发展需要，从民办高中学校自身的办学条件和现状出发，确定民办高中学校的发展方向、奋斗目标、建设重点以及办学特色。但是在河南民办高中办学定位过程中，民办高中学校董事会普遍不重视学校办学定位的选择问题，学校的投资者认为“我投资，你管理”，将学校的办学定位直接让渡给校长或学校管理层。这给民办高中的办学失败的归责问题带来混乱，也给学校的投资带来困扰，给学校的发展带来阻碍，甚至会造成投资方与管理者的推诿扯皮等问题。学校董事会确立民办高中正确的办学定位，坚持特色化建设与品牌意识，可以避免与广大公立学校的同质化竞争问题。在高中资源渐趋饱和之际，唯有坚持正确的定位，才可以度过生存危机，进入良好的发展空间，迎接高中教育普及化。

（二）民办高中学校董事会对民办高中学校人事权力系统拥有绝对权力

校长是民办高中学校组织的核心，校长的个人魅力和专业能力会对民办高中的健康发展起到重要和积极的影响。然而，民办高中学校的校长虽然是最高行政长官，但是民办高中校长的法律身份是学校董事会的一名特殊雇员，民办高中学校的校长需要在民办高中学校董事会的委托授权之下负责学校的日常管理和运营，并定期向学校董事会报告学校的工作。在民办高中学校组织内部，学校董事会的决策权力与学校官僚的行政权力并非平等，学校董事会与学校校长之间存在委托代理关系和监管关系，但是在实践中，学校董事会一般会赋予校长充分的自由来管理学校，选聘校长之后学校董事会便退出学校的管理活动，当选聘的校长办事不力时，学校董事会重新挑选合适的校长来管理学校。同时，学校董事会通过学校规章还会将有关教师和管理人员的聘任权力让渡给校长，在学校董事会的授权下，民办高中校长具有选择、聘用管理者和教师的权力。学校董事会的决策权力与官僚的行政权力之间只有建立互不干预的权力行使机制，才可以保障民办高中运转良好。

（三）民办高中学校董事会对民办高中财务管理权力系统的原始权力

学校董事会负责维持、获取民办高中的办学资源、监管学校的预算和学校基金的使用与运作，这是从法人财产权衍生出来的原始权力。在我国民办学校管理中，普遍存在直接行使财务管理权力的现象。这会带来如下一些管理上的问题：其一，校长作为学校的代表，获取外部资源职责的积极性不足；其二，造成决策权与行政权的交织。基于美国等西方国家学校董事会运作的有效管理经验，学校董事会的财务职责可以通过虚拟的方式转移到校长和其他学校组织内部机构，还可以赋权给第三方组织进行独立与专门运作。在现代化转型和委托代理关系的双重影响下，民办高中的校长正转变为职业经理人，承担更多的职业责任。

（四）民办高中学校董事会利用自身资源，推进校企合作

校企合作在高校的学校建设与人才培养改革中作用突出，我国高校正积极探索多渠道、多方式“共赢”的校企合作模式。在基础教育改革中，虽然河南省出台了促进社会资本进入基础教育进行办学的政策，社会资本以高涨的热情进入，可是中小学校在日常进行管理中却有意将社会资本拒之门外。由此导致企业对校企合作需求不足、校企合作质量有待提升、校企合作主要形式单一、校企合作动力不足等问题。这一现象阻碍了基础教育改革对新领域、新途径、新方式的尝试。建设由各方利益代表组成的民办高中董事会，把合作企业代表纳入理事会范围，可以激发合作双方的合作热情，促进校企合作的深入开展，推动民办高中教育改革，转变基础教育培养人才的模式和方式，促进民办高中的特色化发展，提升民办高中的办学质量。

参考文献

中共中央、国务院:《国家中长期教育改革和发展规划纲要（2010—2020 年）》，教育部网站，http://www.moe.gov.cn/srcsite/A01/s7048/201007/t20100729_171904.html。

河南省教育厅:《关于鼓励社会力量兴办教育进一步促进民办教育健康发展的实施意见》，河南省人民政府网站，https://www.henan.gov.cn/2018/02-23/239873.html。

河南省教育厅:《2018 年河南省教育事业发展统计公报》，河南省教育厅网站，http://www.haedu.gov.cn/2019/04/15/1555295281651.html。

冉春芳、冯政、冉光圭:《董事会构成研究——基于联立方程模型的分析》，《财经科学》2015 年第 6 期。

周详:《大学董事会的功能及其对中国的启示——大学制度的现代性反思》，《中国高校科技》2014 年第 3 期。

李朝阳:《美国城市公立中小学董事会的管理政策》，《外国中小学教育》2018 年第 2 期。

刘慧珍、张熙:《哈佛大学董事会组织机构与治理改革——基于资源依赖的理论视角》，《现代教育管理》2016 年第 3 期。

政策与法规篇

Policy and Law

B.9
规范管理背景下河南省民办教育走向调研报告

宋国华*

摘　要： 2018年河南民办教育发展仍然趋于平稳，2016年《民办教育促进法》修改后，2018年从国家到地方均出台系列管理和规范民办教育的文件。在河南民办教育界，“办与不办”和“办什么”，成为讨论热点。河南省作为教育大省，面对规范管理的大背景应该采取有所为和有所不为的方式加以应对。分析形势，研判适路发展策略，尽快补齐教育短板，是河南民办教育当务之急。

* 宋国华，郑州科技学院发展规划与政策研究处处长，主要研究方向为民办教育、高等教育、职业教育。

关键词： 河南 民办教育 调适走向

河南省是人口大省、经济欠发达省、教育大省、优质教育资源弱省。把巨大的人口负担转化为人力资源优势，进而把人力资源优势转化为创新创效活力，这是加快发展教育事业进程和提高人口素质的关键。党的十九大从坚持和发展新时代中国特色社会主义的战略高度，做出了优先发展教育事业、加快教育现代化、建设教育强国的重大部署。习近平总书记在全国教育大会上指出，要推进教育改革，加快补齐教育短板。改革开放40多年来，民办教育在河南省从恢复发展、积极探索、迅速崛起到现在的规范发展，不仅成为教育事业的重要组成部分，而且已成为河南教育事业发展的重要增长点和促进教育改革的重要力量。正是民办教育提供了公办教育未能提供的个性化教育需求，缓解了教育发展不充分、不平衡的矛盾，一定程度上补齐了教育短板。但是近一段时间以来，“营非选择”（非营利性民办学校举办者不得取得办学收益）、校外培训机构整改、学前教育规范发展、义务教育学校不得选择营利性、中职优化布局、高等教育发展困难等系列问题影响和制约了民办教育发展，引起了社会各界，特别是民办教育界的波动甚至恐慌。因此，有必要对河南省民办教育进行认真梳理，查疑补缺，采取应对措施，贯彻落实好《河南省人民政府关于鼓励社会力量兴办教育进一步促进民办教育健康发展的实施意见》，为人才强省、中原出彩夯实基础。

一 河南省民办教育总体状况

（一）规模与区域态势

一是办学规模明显扩大。2018年，全省各级各类民办学校20539所，在校生674.90万人，教职工54.42万人。其中，民办幼儿园17293所，在园幼儿300.46万人；民办小学1865所，在校生162.35万人；民办普通初

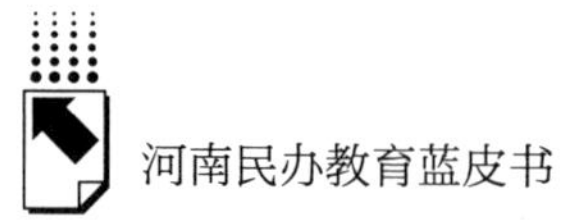

中 819 所，在校生 90.73 万人；民办普通高中 299 所，在校生 41.84 万人；民办中等职业学校 170 所，在校生 26.54 万人；民办普通高等学校 39 所，其中，本科院校 19 所，高职（专科）20 所，普通本专科在校生 51.05 万人（其中，本科 31.12 万人），占全省普通本专科在校生总数的 23.85%。

二是办学实力明显增强。一方面，全省民办学校占地面积、资产总值、图书仪器设备等基础性办学条件大幅改善。全省民办教育总资产已达 6522698.64 万元，仅 2017 年，新增投资 828463.09 万元。例如民办普通高校 2017 年净增 24948.4 万元的教学仪器设备、42.75 万平方米的建筑面积。办学条件的改善对于人才培养起到了基础性保障作用。另一方面，民办学校教学质量工程建设突飞猛进。黄河科技学院进入全国首批高校创新创业 50 强，郑州升达经贸管理学院入选教育部“科学工作能力提升计划（百千万工程）首批示范校”，郑州枫杨外国语中学、河南省实验中学文博学校等成为全省中学教育优质资源学校。

三是办学类型更加多样化。河南省民办教育从层次来看，从学前教育到高等教育，从学历教育到非学历教育，从全日制教育到各种短期培训等，已涉及除研究生教育外的各个层次。黄河科技学院、郑州科技学院正在探索申报专业硕士研究生教育。从投资主体来看，有政府投资的公办民助，有民间投资公办参与的民办公助，有民间资本投资的纯民办学校。从发展模式来看，有一次性投资的高起点学校模式、有滚动式发展的以校养校模式。

四是区域化特色凸显。郑州市通过用地、建设等相关政策支持，吸引投资人高起点建校，且当年征地建校、当年招生，创造了民办教育快速发展的“郑州速度”；周口市通过创造优良的投资环境等措施，积极引进江浙一带的资金发展民办职业教育和基础教育，倍增优质教育资源，创造了多元化办学的“周口招商”模式；驻马店市根据本地外出务工农民较多的实际情况，积极扶持和发展民办寄宿制中小学和幼儿园，解决农村留守儿童上学问题，呈现出学前和基础教育遍地开花的“峄城蝶变”现象；开封市通过大力支持个人办学，依靠滚动积累发展自创了民办教育的“开封模式”；商丘市利用本地个人资金投资兴校模式，使民办教育从基础教育到高等教育异军突起，涌现了商丘学院、商丘工学院、商东外国语学校等超万人学校的“集群现象”。长垣依据“厨师之乡”大力培育烹饪人才，带动第三产业，登封、新密依据“少林功夫效应”大办武术培训等，出现“群体效应”。全省各地因地制宜发展民办教育，为河南省教育事业的改革与发展探索出了别具一格的发展路径。

（二）政策配套情况

从省政府层面，在2015年和2018年，分别出台了《关于加快推进民办教育发展的意见》（豫政〔2015〕76号）、《关于鼓励社会力量兴办教育进一步促进民办教育健康发展的实施意见》（豫政〔2018〕6号）。2017年，河南省教育厅印发了《关于进一步规范民办学校办学行为促进民办教育健康发展的通知》。这些政策在完善扶持制度、加快现代学校制度建设、提高教育教学质量、提高教学管理服务水平等方面均做出了具体规定。各市县也出台相关政策。截至目前，已有17个省辖市、10个直管县（市）政府出台了促进民办教育发展的意见。政策内容涵盖了民办教育各个方面。例如，在财政支持方面，部分地方设立民办教育发展专项资金，并且每年不断增加，其中省级财政每年8000万元，郑州市、洛阳市每年5000万元，开封市每年1000万元，商丘市、周口市、驻马店市每年500万元，邓州市每年100万元。从省到各地充分发挥财政资金杠杆作用，一方面支持民办学校发展，另一方面吸引民间资本投资教育。“十三五”以来，全省民间资本投资教育累计近320亿元。文件还要求民办学校坚持社会主义办学方向，坚持立德树人，加强党的建设等。全省各地市教育行政部门一手抓扶持，一手抓规范，引导民办学校规范办学，促进民办教育事业可持续发展。

（三）不可替代的作用

激发教育活力，创新教育体制改革。民办教育打破了原有教育体制和教育格局，改变了经费来源单靠政府拨款、办学由国家包办的单一模式。调动了社会力量投资兴办教育的积极性，建立和完善了适应市场经济体制、充满

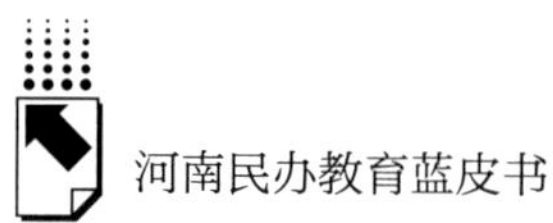

生机活力的多元办学体制，形成了以政府办学为主体、全社会积极参与、公办教育与民办教育共同发展的新局面。而且出现了公办民助、民办公助、股份制、混合所有制、境外资金办学等多种投资形式的学校，为公办学校的改革、为教育去行政化等起到了推动作用。

增加了教育供给，缓解了教育难题。2017 年，河南省参加高考考生人数 86.3 万人，居全国之首，升学压力也居全国前列。全省 37 所民办高校（3 所未招生）2017 年招生 144575 人，占全省普通高校招生数的 22.74%，极大地解决了高考学生数量增长与高等教育学位不足的矛盾，使河南省高等教育毛入学率从 2016 年的 38.80% 提升到 41.78%，为全省高等教育大众化做出了贡献。各民办中小学、幼儿园提供了大量的学位和优质教育资源，涌现出了群体优质教育学校，在解决“入园难”“大班额”“择校热”等问题方面做出了卓有成效的贡献。

减轻了财政供给压力，促进了教育公平。教育公平是社会公平的起点和重要基础，民办教育离不开社会各界的关心、支持和参与。民办高校充分吸纳社会资金投入教育事业，减轻了国家的压力和公办学校压力，为众多适龄人口创造了接受教育的机会。同时为国家节约了大量的教育经费，以 2017 年全省教育经费执行情况（幼儿园按照省政府《关于完善学前教育经费投入机制通知》市级幼儿园生均财政拨款基准 5000 元和县级 3000 元，折算为 4000 元计算）为例，全省民办教育在校生为省财政减少支出 559.57 亿元。节约的经费高出河南省级财政教育经费投入 90.33 亿元。同时，高等教育起到了释放和缓解就业压力的作用，维系了社会大局稳定。

提升了教育消费，推进教育服务供给侧改革。民办教育是公益性事业，同时又是第三产业的范畴，它具有公益性和产业性的双重属性。民办教育对经济的拉动作用首先体现在吸引社会力量投入教育事业，而且投入力度逐年递增，拉动资金进入流通，而且形成了固定的教育资产。其次，民办学校形成的同时聚集了大量的学生，学生成为主要消费群体，对交通、通信、商业、饮食、旅游等起到极大的推动作用，对学校驻地的经济建设和社会发展的拉动作用尤其明显，为学校驻地物质文明和精神文明建设带来显著变化①。

发挥了教育的本职功能，培养了大批人才。河南省人口居全国前列，又是农业大省，农产品加工、电子等行业和第三产业需大量应用型人才，民办高校在人才培养、科学研究、社会服务、文化传承方面做出了显著贡献，仅2017年河南省民办高校本专科毕业生104066名，其社会效益无从计算。

二 河南省民办教育面临的主要问题

改革开放以来，虽然河南民办教育发挥了重要作用，取得显著成绩。但是通过调研发现，民办教育还存在一些亟须解决的问题。同时，随着系列民办教育新政出台，特别是《民办教育促进法》修订以来，在民办教育内部产生了不小波动，造成了一定影响。

（一）影响民办教育发展的制约因素

1. 对民办教育的认知不清晰

政府部门、社会公众对民办教育认识态度的狭隘性、局限性是民办教育地位不高的主要原因。一提到民办教育，有些部门和民众就认为民办学校是企业，是为赚钱而办的。认识的偏见影响了政府对民办教育政策支持方面的决策。通过调研，政府部门除了教育主管部门以外，多数部门基本上不关注民办教育，更谈不上研究民办教育、支持民办教育。社会公众中除非有亲朋好友子女报读民办学校的，对民办学校略知一二，其他对民办教育知之甚少。

2. 民办学校自身管理不规范

通过调研发现，民办教育从高等教育到校外培训都存在一定的不符合国家相关规定的办学标准或管理模式。一些非学历教育机构设施不全、过度逐利、管理混乱现象较为严重；民办学前教育违规办学，场地、设备及师资不

① 民办学校对当地经济、社会发展的推动作用在民办高校和中职学校体现明显。

符合规定现象严重，特别是农村地区无证幼儿园较多，自律性差；民办中小学违规招生，重视考试成绩，淡化素质教育；民办中等职业教育生源参差不齐，管理粗糙，就业质量低下；民办高校均存在教师数量不足、学科专业带头人缺乏，筹措办学经费渠道单一，发展后劲动力不足等。民办学校普遍存在党的力量弱化、重效益轻管理、重规模轻质量等现象。

3. 主管部门管理不力

因全省民办教育发展不平衡、不充分，区域之间和校际差距较大，针对全省 20000 多所民办学校，全省各地虽然采取了按照“谁审批，谁管理”的管理模式，但是民办学校情况的复杂性、发生事端的匿藏性，使得管理机关的管理难度加大，加之各地管理机关人手有限、经费有限，不少市县没有专设民办教育的管理部门，有的挂靠基教处（科），有的挂靠职成处（科）等。特别是隐藏于居民楼内的无证培训机构和偏远农村地区无证幼儿园采取游击战术，造成了管理盲区，损童、伤童等安全事故时有发生。

4. 民办教育扶持政策实用性不强

当前河南省出台的支持民办教育政策宏观性太强，只是具有指导性原则，而缺乏细化和可操作性举措。例如，河南省人民政府《关于加快推进民办教育发展的意见》（豫政〔2015〕76 号）在提到财政支持民办教育时指出：“各级政府要进一步加大对民办教育的财政扶持力度，年度教育经费安排要统筹考虑公办和民办教育发展需要”。从国家到地方支持民办教育的政策都存在“提倡”“鼓励”“支持”“引导”“探索”等一些既可以执行，也可以不执行的模糊用词，而非以强制性的“必须”的方式做出刚性规定，加之缺乏实施细则与配套法规，缺乏可操作性。

5. 行业组织形同虚设

目前，河南省经批准设立的各级民办教育类协会、学会、研究会等行业组织遍及全省各地，但行业组织没有起到加强民办教育行业自律和与政府沟通桥梁作用，缺乏行业调查、行业研究，也不能够为政府决策提供基本依据，行业组织的作用缺失。

（二）民办教育发展空间问题

1. 校外培训

2018 年 2 月，教育部、民政部、人力资源和社会保障部与工商总局联合下发《关于切实减轻中小学课外负担，开展校外培训机构专项整治行动的通知》。2018 年 8 月，河南省教育厅发布了《关于全省建立校外培训机构黑白名单情况的通报》，通报白名单 2517 个，黑名单 7674 个。11 月，河南省教育厅召开了全省校外培训机构整改工作推进会，目前各市县均在进行整顿治理。可以说，随着市场的整治、行业的规范，校外培训机构数量和规模必将缩紧。

2. 学前教育

2018 年 11 月 7 日，中共中央、国务院发布并实施的《关于学前教育深化改革规范发展的若干意见》（以下简称《意见》）第六项完善监管体系中提到，要遏制过度逐利行为。其中要求民办园一律不准单独或作为一部分资产打包上市。上市公司不得通过股票市场融资投资营利性幼儿园，不得通过发行股份或支付现金等方式购买营利性幼儿园资产。《意见》提出，按照实现普惠目标的要求，公办园在园幼儿占比偏低的省份，逐步提高公办园在园幼儿占比，到 2020 年全国原则上达到 50%。《意见》给河南民办学前教育带来一定影响。按照现有幼教规模，河南省民办幼儿园将由 78.59% 的占比退至 50%，必将有将近 6000 所民办幼儿园退出，随着“二孩”政策实施，退出数量将更大。另外《河南省人民政府关于大力发展学前教育意见》（豫政〔2011〕48 号）指出，学前教育遵循公益性和普惠性原则，以公办幼儿园和普惠性民办幼儿园为主体的发展目标。这些政策使得民间资金很难再向学前教育投入。

3. 中小学教育

新《民办教育促进法》明确规定不得设立实施义务教育的营利性民办学校。举办小学、初中的出路不通，高中教育尚在“禁区”之外。本次调研中，举办十二年一贯制的民办学校都不同程度地想把高中从学校剥离出去，有的学校开始进行，还有的碍于距“营”“非”选择仍有 3 年时间，处于观望状态。新《民办教育促进法》实施后，开封市教育局近两年审批民办中小学仅 1 所。郑州、商丘等地市审批中小学数量也明显减少。

4. 中职教育

2015 年 12 月，河南省人民政府印发了《关于进一步优化中等职业学校布局提升办学水平的意见》（豫政〔2015〕74 号，以下简称《意见》），《意见》指出，从 2015 年起，用 3 年时间，采取撤销、合并、兼并、划转、转型、共建等形式，把全省 875 所中职学校调减至 420 所左右。整合工作之前全省不再审批设立新的中职学校。虽然河南省一直重视职业教育，持续实施职教攻坚计划，但一直以来职业教育相对普通教育而言，在公众中先天就有“低人一等”的观念，民办中职教育原本就举步维艰，民间资本不愿涉足其中。加之《意见》对中职收紧政策，2017 年全国民办中职学校比上年减少 2.17%。据 2018 年 12 月 28 日河南省教育厅、人社厅《关于公布优化中等职业学校布局结果名单的通知》（教职成〔2018〕1112 号），全省中职学校调减至 414 所，减幅 52%，保留民办中职学校 105 所，占 25.36%。因此大规模民间资本进入中等职业教育可能性不大。

5. 高等教育

一是从供给与需求看，目前河南省高校 134 所，居全国第 4 位，从高校数量上看，已近饱和，基本上解决了上大学难的问题。目前，全国高等教育面临的是质量而不是数量问题，稳定规模、内涵发展、提升质量是高等教育当前的主要任务。二是从投资效益上看，高等教育相对其他教育，投入大，周期长，在经济效益很难把控的情况下，民间资本投入高等教育将慎之又慎。

三　河南民办教育面临的机遇与挑战

虽然民办教育新政出台给民办教育带来一定波动，但是长远来看，民办教育的发展是大势所趋，可谓机遇与挑战并存。

河南民办教育面临的机遇。一是习近平关于新时代中国特色社会主义教育的重要论述为民办教育的发展指明了方向和目标；二是随着人民生活水平的提高，对个性化的教育需求逐步增大，为民办教育发展提供了空间；三是随着国家经济实力的增强，财政对民办教育扶持的力度逐步加大，有助于民办学校的发展；四是民办教育进入内涵式发展的黄金时期，特色化、优质化教育资源已经形成并为民众所青睐；五是不断出台的民办教育新政为民办学校发展保驾护航。

河南民办教育面临的挑战。一是人民群众对教育的多样化、个性化、精细化、优质化需求的增大，要求民办学校足量提供；二是教育的基础性、先导性、全局性地位要求民办学校提供普惠性教育，势必使民办学校投入加大；三是新《民办教育促进法》及相关法规政策对民办学校提出了更高的标准和要求，迫使民办学校加大人力物力财力投入；四是随着国家财政支持公办教育力度加大，民办学校竞争激烈；五是国际教育的发展对民办学校提出了一系列挑战，与国际接轨，培养具有国际视野和前瞻性人才是民办学校立足之长计。

河南省常住人口 10722 万人，占全国人口总数 7.8%，教育人口 2820.93 万人，教育人口占总人口的 26.31%。加之河南教育底子薄，在某些教育层次方面还有潜力可挖，例如学前教育仍是河南教育体系中的薄弱环节，普惠性资源依然短缺。又例如河南省高等教育“本专学校倒挂”，重点高校缺乏。2018 年在全国参加高考总人数持续递减的情况下河南省依然走高，总人数达到 98.8 万，居全国第一。在受教育人口总量仍居全国首位的情况下，河南省民办教育虽然受前述制约，但还是有着其他省份无可比拟的优势，这是一种绝好的发展机遇。

四　河南民办教育发展调适走向

习近平新时代中国特色社会主义思想为民办教育事业发展指明了发展方

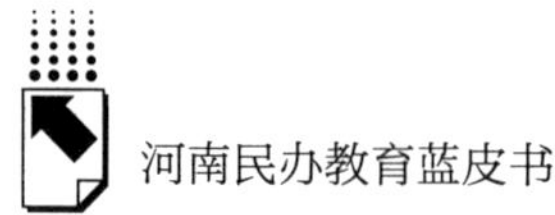

向，因此，河南省民办教育要转变观念，围绕为谁培养人、怎样培养人做文章。要在结构、质量、效益、环境等方面统筹考虑，扬长避短，适应新常态。

（一）克服“营”“非”选择困扰，坚持社会主义办学方向，坚定民办教育发展信心

习近平总书记在全国教育发展大会上强调，在党的坚强领导下，全面贯彻党的教育方针，坚持马克思主义指导地位，坚持中国特色社会主义发展道路，坚持社会主义办学方向，立足基本国情，遵循教育规律，坚持改革创新，加快教育现代化、建设教育强国，办人民满意的教育。河南省民办学校应该首先摒弃逐利思想，加强党的建设，端端正正办学，立德树人，做好学校应该做好的事情。针对“营”“非”选择，要按照教育规律，让其自然回归教育的公益性。选择营利性学校还是非营利性学校不是学校是否生存的尺度，而是学校育人的质量和特色决定的，是由人民满意不满意来决定的。因此，全省民办教育要加大宣传力度，争取更多的支持。

（二）转变发展方式，更加注重内涵建设和质量提升

发挥民办教育风险意识强、机制灵活、快速反映市场需求的特殊优势，更多地引导民办学校根据市场和社会的需求来办学，建立基于需求驱动的内在发展机制，要从过去注重拼规模、争生源、校升格，转到更加注重特色发展，合理定位，错位发展，从而在激烈的学校竞争中找到适合自身的发展道路，赢得更广阔的发展空间。从河南省情况看，民办教育各个领域还有很大发展空间。例如品牌民办初中一位难求，民办高中总量不多，高质量民办大学特色不明显，特色幼儿教育更是稀缺。因此，各级民办学校要把工作重心进一步聚集到人才培养的“品牌、总量、高质、特色”上来。加大教育教学投入，加强教师队伍建设，遵循教育教学规律和人才成长规律，全面提高教育质量。发挥已经形成示范的民办校的引领作用，带动全省民办教育总量和质量双提升。

（三）深化“放管服”改革，推动民办教育高质量发展

政府和有关部门要转变政府职能，加强对民办教育的理论研究，厘清民办教育的实质，不可只盯紧民办学校挣了多少钱，而是要客观分析民办教育所创造的社会效益和经济价值，权衡国家、学校、学生关系，引导民办学校逐步提供普惠性服务，赢得民众满意。在加强监管的同时，建议各级政府持续加大对民办教育财政投入力度，发挥财政资金“四两拨千斤”的杠杆作用，汇聚多方财力助推民办教育高质量发展。

参考文献

《2018年河南省教育厅教育统计年鉴》。

《中国民办教育》2018年第5期。

《河南民办教育发展报告（2018）》，社会科学文献出版社，2018。

2018年河南省教育厅政法处民办教育改革发展情况的汇报提纲。

B.10
分类管理对民办学校的影响研究

杨刚要*

摘　要： 新《民办教育促进法》及配套政策文件的出台构成了我国民办教育的基本政策体系，确定了分类管理是今后我国民办教育改革和发展的基本方向。从新法新政策来看，分类管理对所有民办学校包括义务教育和非义务教育的学历教育集团而言，均有一定的影响。分类管理将加快推进民办学校做出“营利性”“非营利性”选择，加强对民办学校的监督与管理，义务教育禁止办“营利性”学校，将制约民办教育集团外延式扩张。民办学校将获得更多扶持政策，不同类型学校都能够健康发展。

关键词： 分类管理　民办学校　“营”“非”选择

2016年11月，全国人大常委会通过了《民办教育促进法》的修改。同年12月，国家相关部门陆续颁布了《关于加强民办学校党的建设工作的意见（试行）》（中办发〔2016〕78号）、《关于鼓励社会力量兴办教育　促进民办教育健康发展的若干意见》（国发〔2016〕81号）、《关于印发〈民办学校分类登记实施细则〉的通知》（教发〔2016〕19号）、《关于〈营利性民办学校监督管理实施细则〉的通知》（教发〔2016〕20号）；2018年

* 杨刚要，硕士，黄河科技学院助理研究员，河南民办教育研究院研究员，主要研究方向为高等教育、民办教育。

8 月，《中华人民共和国民办教育促进法实施条例（修订草案）（送审稿）》（以下简称“送审稿”）以司法部的名义颁布，国家出台这一系列政策文件，确定了分类管理是今后我国民办教育改革和发展的基本方向。截至 2019 年 6 月 14 日，除了新疆之外，其他省份都根据各地民办教育发展的实际情况相继出台了《关于鼓励社会力量兴办教育促进民办教育健康发展的实施意见》等政策，落实推进民办教育分类管理。分类管理将加快推进民办学校做出“营利性”“非营利性”选择，政府将加强对民办学校的监督与管理，义务教育禁止办“营利性”学校，将制约民办教育集团外延式扩张。民办学校将获得更多扶持政策，不同类型学校健康发展。

一　明确分类管理是民办教育发展的基本方向，加快推进民办学校做出“营”“非”选择

民办教育实施分类管理是国家政策体系的顶层设计和战略决策，是民办教育领域一项重大的制度创新。根据规定，国家鼓励和支持“非营利性”民办学校的宏观导向是明确的。在国家规定时间内，民办学校必须尽快做出“营利性”“非营利性”的法人类型选择，新《民办教育促进法》实施前的存量民办学校必须根据学校的发展目标、办学定位及可承受的税负成本等自愿理性做出“营利性”或“非营利性”选择，确保民办学校能够在不同发展道路上健康发展。义务阶段的民办学校必须登记为“非营利性”民办学校。2017 年 9 月 1 日新《民办教育促进法》实施以后，新设立的民办学校必须根据新法规定，登记成为“营利性”或“非营利性”学校。

从现有各省级政府出台的政策来看，每个省份对现有民办学校必须做出“营利性”“非营利性”的法人类型选择的过渡期限不一样，原则上，在过渡期内各级各类民办学校必须完成“营利性”或“非营利性”分类登记。例如，黑龙江省规定，2022 年 9 月 1 日前，2016 年 11 月 7 日前设立的民办学校必须完成分类登记。但是有些省份出台的文件没有明确的过渡期，不利

于推进民办教育分类管理的落实，例如天津市、甘肃省、辽宁省、广东省、青海省等。①

二　加强对民办学校的管理与监督，切实发挥法治的规范和保障作用

国家将健全完善对民办学校的监督管理机制，加强对民办学校的监督与规范管理，这是民办教育分类管理顺利实施和正常运行的重要制度。实现民办教育健康发展，必须依法、依规进行规范管理，规范管理也是一种促进。一方面有利于依法保护和鼓励民办学校做出“营利性”或“非营利性”选择，加强对民办学校合法办学行为的有效保护；另一方面能依法依规制裁和惩罚不利于民办学校健康发展的办学行为。从出台政策来看，国家将加强对民办学校的监督与管理，主要体现在：加强党对民办学校的领导，健全完善民办学校内部治理结构，加强对民办学校财务的监督与管理等方面。②

（一）加强党对民办学校的领导，完善党组织参与民办学校的决策和监督机制

在民办学校中加强党的建设，将充分发挥民办学校党组织的政治核心作用，能够确保民办学校坚持社会主义办学方向和全面贯彻党的教育方针，有利于引导民办学校师生树立正确的世界观、人生观、价值观。目前，我国民办学校党建工作存在党组织覆盖率比较低、党组织书记队伍不强、党员教育管理比较松散、党组织保证监督作用发挥不到位等新情况新问题。解决这些问题就必须加强党对各级各类民办学校的领导，建立健全党组织参与决策和监督机制，加强监督和管理。《关于加强民办学校党的建设工作的意见（试行）》（中办发〔2016〕78 号）规定“党组织参与民办学校的决策和监督机

① 王建：《分类管理对民办教育意味着什么》，《光明日报》2018 年 5 月 8 日，第 13 版。

② 《分类管理推动民办教育规范发展》，http：//finance. ifeng. com/a/20180821 /16462996_0. shtml。

制”，从不同类型民办学校发展实际出发，推进党组织书记依据法律及学校章程进入各级各类民办学校理（董）事会、决策层和管理层，参与讨论研究民办学校发展方向、发展规划、重大改革等，真正做到加强党组织参与民办学校决策，切实发挥党组织对民办学校的监督作用。

（二）尽快完善民办学校监事机构，健全民办学校内部治理结构

目前，民办学校的内部治理结构不完善，在治理结构上存在的共性问题有：理（董）事会运行机制不规范，部分民办学校理（董）事会几乎不按时召开会议，学校决策几乎是由举办人决定；理（董）事会人员组成不合理，组成人员家族化现象严重，如，很少有党组织书记、一般教职工代表进入理（董）事会；理（董）事会与学校行政管理的岗位职责不明确，监督机构不健全或缺失，监事会的监督职能发挥不到位或缺失。“送审稿”对民办学校法人治理结构和内部运营机制做出新的规定，优化了民办学校的理（董）事会的人员构成和议事原则。对“非营利性”“营利性”民办学校理（董）事会人员构成及监事会的人员组成及工作做了明确规定，如规定近亲属不得兼任、担任监督机构成员或者监事，规定民办学校监督机构成员应包括党的基层组织代表和教职工代表。鼓励“非营利性”民办学校理（董）事会或者其他形式决策机构包括社会公众代表、民办学校的党组织书记、一般教职工代表应依学校章程进入理（董）事会，民办学校根据需要设立独立理事或者董事，这就增强了民办学校决策机构组成人员的多元性、开放性和公共性，能够推进民办学校进一步完善治理结构，这为依法对民办学校的办学行为进行监督和管理提供了制度保障和法律依据。

（三）建立民办学校信息公开制度，加强对民办学校的监督

目前，民办学校的财务管理基本上是不对外公开的，政府等相关部门对民办学校财务有效监督与管理的法律依据不健全。分类管理后，政府及相关部门将加强对民办学校资产和财务的监督与管理，探索适合民办学校发展特点的新型财务管理制度，建立健全第三方财务审计制度，不断完善民办学校

的财务预决算报备制度。“非营利性”民办学校应使用在主管部门备案的账户，这就意味着民办学校财务管理预算及资金使用等情况将接受监督、审计。同时，民办学校资产中国有资产的监督、管理应按照国家有关规定执行。政府将依法对民办学校收费行为、财务收支等加强监督与管理。建立民办学校信息公示和信用档案制度，完善财务会计、内部控制、审计监督、风险风范、失信惩戒等各方面的制度，强化教育督导，扩大社会参与和监督，强化行业自律，促进不同性质和类型的民办学校规范发展。

“送审稿”规定地方各级人民政府应当建立民办教育工作联席会议制度，健全联合执法机制，健全日常监管机制。教育、人力资源和社会保障、市场监督管理等部门应根据职责会同有关部门建立民办学校年度检查和年度报告制度。政府及相关部门对民办学校进行执法监督的情况和处罚、处理结果应当予以记录，由执法、监督人员签字后归档，并依法依规公开执法监督结果。①

三　义务教育禁止办“营利性”学校，将制约民办教育集团外延式扩张

从民办学校发展现状来看，民办学校举办人或投资者最希望维持目前的发展状态，这种状况下民办学校既能够享受政府的优惠政策取得“合理回报”，又能够拥有绝对的决策权、管理权。从已出台的政策来看，分类管理对所有民办学校包括义务教育和非义务教育的学历教育集团而言，均有一定的影响，民办教育集团采取外延式并购扩张的道路基本封死。为了防止“非营利性”民办学校的政策优势被滥用，“送审稿”规定“实施集团化办学的，不得通过兼并收购、加盟连锁、协议控制等方式控制非营利性民办学校”，加强对“非营利性”民办学校并购、重组、关联交易等情况的监

① 《民促法送审稿对民办教育的影响解析》，https://baijiahao.baidu.com/s?id=1608761047048510385&wfr=spider&for=pc。

督管理，目的就在于防止集团化办学机构通过外延式扩张学校规模赚取利润。

“送审稿”明确规定对义务教育阶段的民办学校只能够选择“非营利性”的。对民办教育集团来说，如果想上市走资本运作道路的话，只能够把义务教育的民办学校转设为“非营利性”学校，并且单独独立出去。对于从事非义务教育的民办学校来说增加了选择“营利性”学校的机会。尤其是对那些举办者将学校性质注册为“非营利性”的，享受政府优惠办学政策却按照营利模式运行的民办学校的道路封住了。①

目前，民办教育集团上市后主要选择并购的方式实现规模扩张，如果民办高校想要并入高等教育集团，民办高校首先必须选择“营利性”登记之后才能够进行并购整合，这就意味着民办教育集团规模扩张的模式将受到挫折，也给民办教育上市公司带来很大的制约。其次，新法规定义务教育阶段必须是非营利性的，这类民办学校未来并购重组教育集团的道路就被切断了，而营利性民办高中可以并购重组。

对民办高等教育的独立学院来说针对性很强，这将加快推进独立学院脱钩改制，加快推进独立学院的整合及转设进程。对于 K12 阶段（从学前教育到高中教育）来说，否定了通过向公办学校缴费获得冠名等行为的合法性，避免民办学校打着公办名校的招牌招揽学生，甚至或利用公办教育资源营利，进一步提高民办教育的公平性。②

四　民办学校将获得更多扶持政策，不同类型学校都能够健康发展

“送审稿”进一步完善了对“营利性”和“非营利性”民办学校的

① 《保障民办学校办学自主权　规范集团化办学行为——透视〈民办教育促进法实施条例〉修订草案（送审稿）五大看点》，http：//www. moe. gov. cn/jyb_ xwfb/ s5147/201808/ t20180816_ 345377. html。

② 魏洪茂、翁怡：《新〈民办教育促进法〉对福州市民办高等教育发展的影响》，《文教资料》2018 年第 6 期。

“差异化”扶持政策，对两类学校依法采取不同的扶持政策和监管措施进行管理，突破了长期制约我国民办教育发展的制度困局和政策瓶颈。健全民办学校学生的资助制度，规定了“非营利性”和“营利性”民办学校在财政补贴、税收优惠、土地使用等方面的“差别化”扶持政策。特别是规定了“非营利性”民办学校与公办学校在税收、土地等方面享有同等的政策，这为民办学校与公办学校公平发展提供了新机遇。民办学校也可光明正大地选择“营利性”，民办学校“经营性”地位得到法律认可和保护。此外，进一步依法依规提高民办学校教职工的工资、福利待遇和其他的合法权益，为民办学校教师发展和权益保护提供了更加有力的法律保障。

（一）民办学校“经营性”地位得到法律认可和保护，有利于民办学校提供更加优质的教育服务

从民办教育发展现状来看，客观上存在民办学校举办者把民办教育当做“营利性”产业来经营的事实，这也是民办学校举办者的现实诉求，但由于社会认知观念和法律制度的影响，民办学校举办者想成为而又不能够光明正大地成为“营利性”产业的经营者。新法新政策实施之后，在法律层面真正为那些愿意选择“营利性”发展道路的民办学校提供了法律依据和制度保障，选择“营利性”的民办学校可以得到国家法律的认可和保护。因此，民办学校可以根据学校办学定位、办学特色自主选择“营利性”或“非营利性”学校，无论民办学校选择哪种类型的学校都是受国家法律保护和认可的，这样选择“营利性”的学校可以合法地追求最大利益，可以有更多资金全面改善学校的办学条件，进一步为学生提供更加优质的服务，提高教职工的福利待遇。

（二）民办学校与同级别同类型的公办学校享有同等的招生权，民办学校的招生自主权得到落实

招生自主权是制约民办教育发展的重要因素。“送审稿”规定，实施学期教育与学历教育的民办学校与同级别同类型的公办学校享有同等的招

生权，且县级以上政府部门不能够实行区域封锁、设置招生障碍，要为本地区以外的民办学校招生提供平等待遇、便利条件，这就为民办学校真正落实招生自主权提供了法律依据。民办学校在教育部门核定的办学规模内，根据发展需要自主确定招生标准、范围和方式，与公办学校同时期招生。义务教育阶段有寄宿条件的民办学校，跨区域招生的比例和数量在当地教育行政部门备案之后可以跨区域招生，有利于民办学校招取更加优质的生源。

依法保障民办学校自主办学。鼓励民办高校、民办中等学校根据国家战略发展需要和区域经济发展需求，根据学校办学定位与特色，依法依规自主调整专业设置，进一步提高专业设置的针对性，进一步提高民办学校自主办学。同时，政府部门将加大对民办学校的虚假宣传、违规招生、非法办学的处罚力度。

（三）教师在公办学校和民办学校之间合理流动，有利于提高民办学校的教学质量

对民办学校来讲，师资队伍是制约民办学校发展、提高教学质量的重要保障。分类管理前，公办学校教师和民办学校教师之间缺乏合理的流动机制。公办学校教师要想去民办学校任教基本是在退休之后或者办理辞职，民办学校教师进入公办学校只能够通过招教或编制考试。“送审稿”规定，教育行政部门要完善教师管理制度，为教师在公办学校和民办学校之间合理流动提供制度保障，这是重要的制度创新，破解了民办学校师资队伍水平不高的发展瓶颈，有利于提高民办学校的师资队伍水平和教学质量。同时，还规定民办学校及教职工在科学研究项目及课题申报等方面享受与公办学校同等的权利，在立项后与公办学校享受一样的经费资助。“送审稿”规定，民办学校要依法保障教职工的待遇，要为教职工足额缴纳社会保险费和住房公积金，鼓励民办学校建立职业年金制度，建立专项资金激励教师积极性，这对提高教职工待遇提供了法律依据和制度保障，能够更加有效地调动教职工的积极性、主动性。

（四）民办学校将拥有更多融资渠道，扩大办学资金来源

国家鼓励和吸引社会资金进入教育领域举办民办学校或投入民办学校的项目建设。“非营利性”民办学校可以利用基础教育设施以外的财产作为抵押办理贷款，还可以利用社会捐赠资金和办学结余设立学校发展基金。“营利性”民办学校可以利用学校取得的土地等财产，依法抵押融资办学。民办学校举办者可以依法募集资金举办“营利性”民办学校，即以依法发行股票、债券以及设立公益性基金等方式进行募资，这对民办学校来说可以拓宽资金来源渠道，有利于提高民办教育的整体办学水平。

从各省份出台的新政策来看，民办学校可以采用固定资产抵押、信用贷款，利用 BT（建设—移交）、BOT（建设—经营—移交）、企业债券、项目收益债、中期票据等方式进行融资，融资担保机构为民办学校提供融资担保服务，鼓励组建教育咨询担保公司为民办学校提供贷款担保服务等。①

① 杨刚要：《民办教育分类管理的现实困境及推进策略》，《浙江树人大学学报》2018 年第 6 期。

培训与职业教育篇

Training and Vocational Education

B.11
河南培训教育行业发展报告

朱玉峰　郑学春*

摘　要： 从20世纪80年代末90年代初开始，河南培训教育行业伴随着国家改革开放步伐不断发展壮大，并逐步走在全国前列。截至2018年，全省共有不同类别、不同层次的中小学非学历培训教育机构24858家，已成为河南民办教育事业的重要组成部分。2018年以来，国务院以及教育部等四部委、河南省教育厅相继出台规范培训教育行业发展和开展专项整治活动的意见，这标志着河南培训教育行业将步入规范化发展阶段。本报告就行业发展历程和现状、发展背景和优势，以及未来发展方向和建议等提出参考意见。

关键词： 培训教育　培训机构　河南

* 朱玉峰，郑州市人大代表，郑州晨钟教育集团党委组织部部长、总裁；郑学春，郑州晨钟教育集团党委宣传部部长。

一 发展历史和现状回顾

（一）发展历程

河南省非学历培训教育（以下简称“培训教育机构”）起步于20世纪90年代中后期，略晚于北、上、广等一线城市，经过萌芽探索期、野蛮生长期、转型变革期，才走向目前的规范发展期。

具体来说，主要经历了以下几个时期。

1990～2000年，萌芽探索期。这个时期为行业初创期，众多培训机构应运而生并不断成长，大的机构逐步完成原始资本积累，郑州大山、晨钟、联大等本土知名培训教育机构崭露头角。

2001～2010年，野蛮生长期。这个时期为高速发展期，中小机构更多涌现，市场主体竞争加剧，培训业务细分，并呈现出个性化、专业化、品牌化发展势头。一些实力机构实现了公司化、专业化、集团化发展。晨钟教育获批成立郑州首家民办教育集团（郑州市教育局批准）。

2011～2017年，转型变革期。这个时期为多元化发展、稳定增长期，培训机构开始出现分化，大机构加速发展，校区拓展加快，行业出现万人大校和超亿元实力机构；中小机构遍地开花，培训层次和内容更加细分；外来品牌抢滩中原。一些实力机构开始进入三、四线城市发展；整体市场规模持续增长。

2018年后，开始进入规范发展期。培训机构进入行业调整和规范稳定期，整体发展速度趋缓，发展质量进一步提升。一批不符合办学规定的中小机构被关停或市场份额遭受严重挤压，行业门槛提高；市场资源进一步整合聚集，专业化、规范化、集约化发展成为行业主流；实力机构办学业务进一步拓展，更多机构将进入基础教育（全日制办学）领域；社会资本进入呈稳定、审慎、减缓势头。

（二）规模现状

2002 年 12 月 28 日，《中华人民共和国民办教育促进法》颁布。随后，被国际学术界称为“影子教育”的中小学课外培训机构如雨后春笋般出现。究其原因，一方面是伴随城市居民收入的稳步增长，学生家长手中有了可支配的子女教育资金；另一方面是受应试教育政策导向的影响，学生和家长希望能在升学考试中取得更好成绩或获得优质教育资源。而培训教育机构在提高学生成绩、促进学生综合素质发展方面具有一般公办学校所不具备的个性化服务优势，因而获得快速发展。

近十年来，河南培训教育机构市场在省会城市增速平稳，二、三线城市增长迅速，行业整体年复合增长率约 20%。郑州作为河南省会、中国中部中心城市，由于人口众多、拥有足够的教育人口、基础教育氛围较好且师资招聘便利，培训教育市场空间整体较大，目前仍处于市场培育和扩张阶段，是省内外培训教育机构拓展校区的重要区域。省内其他省辖市市场空间巨大、竞争尚不充分，但也呈现出快速增长势头。

2015 年以来，随着国家大力倡导素质教育以及陆续出台的学业综合评价和考试制度改革、中小学生减负政策、分类管理办法、行业专项治理等，培训教育行业也面临着新的形势和挑战，应试教育课程进入调整优化期，素质教育课程持续发力，行业整体发展速度呈现趋缓态势。

（三）办学特色

培训教育机构普遍围绕招生、教学服务、运营管理三个环节开展办学业务，最终以教学目标完成、成绩有效提高、升入理想学校、家长满意为目标实现办学价值。这种培训模式看似操作简单，但其中的招生、教学和运营等工作，均需由专业团队、高效管理、质量管控以及综合运营来做保障，办学成本和管理难度相当大。

综观整个培训教育行业，各类机构采用的教学形式多是 10 ~ 25 人小班化教学。以往以大班教学为主的机构也有，但目前已为数不多，主要集中在新东方、晨钟教育等实力品牌机构。近年来，一对一个性化教育模式（通常包括3~5人精品班，亦称1对3、1对5小组教学）方兴未艾。现阶段，行业内既有专门的一对一培训教育机构（如学大教育、凹凸教育等），也有不少“大班教学+一对一个性化教育”的综合性培训教育机构（如晨钟教育、大山教育、联大教育等）。这种“精品小班+一对一”混搭教学模式将长期存在。随着应试培训逐渐弱化，专门的一对一培训机构未来发展也将面临转型。

无论大班教学还是一对一个性化教育，培训教育目标客户都是以7~19岁的中小学生为主。因此，培训教育机构在业内也统称“K12培训教育机构”（从小一到高三这12个年级段的校外培训教育）。在教学内容方面，培训教育机构大多采取与学校教材同步教学（目前政策已不允许提前教学、超纲教学），并加入本机构研发补充的教辅拓展内容（校本课程），以应试教育或素质教育为导向不断进行教学创新实践。

从2010年前后起，部分培训教育机构依托其师资团队和教学资源，开始涉足基础教育领域（举办民办全日制中小学，如晨钟教育集团2009年9月创办郑州陈中实验学校并开始招生），近几年渐成趋势。仅以郑州市为例，截至2018年9月，由本土培训机构创办的全日制中小学校已达10余所。目前在校生虽然还不多，但已形成良好口碑。预判未来几年还将有较快发展。

2018年，在国务院以及教育部相关文件规定中，已明确规定社会资本（当然包括培训教育机构出资）不得举办义务教育阶段的全日制学校。这一规定对已经或即将进入这一领域的民办全日制中小学校发展必将产生深远影响。

（四）监督监管

社会上的培训教育机构主体众多，主要分为幼儿园、学前教育，乐器、才艺教育，体育培训，司法、公考以及考研培训，出国语言培训（如雅思、托福），岗位技能、就业资格培训等。培训课程科目门类众多，包括小学、初中、高中阶段的语、数、英、理、化、生、史、地、政，以及书法、美术、体育、音乐等，也有一些语言类、岗位技能类、取证类培训课程等。

综观整个培训教育行业，中小学应试培训教育占主导地位，比例约占67%；语言类及艺术类分别占13%和14%；其他培训市场份额仅占6%。中小学应试培训教育仍炙手可热，但伴随义务教育的改革和对素质教育的重视，艺术类和其他素质类培训市场将迎来发展春天。

按照现有办学审批制度，教育部门（审批学历、非学历培训教育，职业教育）、体育部门（审批体育教育）、人社部门（审批技能培训、职业资格培训）、文化部门（审批乐器培训、才艺培训）、工商部门（审批教育咨询、科技教育、营利性民办教育）均可按照国家相关规定批准设立相应的培训教育机构。目前社会上的各类培训教育机构均为上述单位审批开办，但也有相当一部分中小培训机构系未经相关部门批准而擅自设立的“黑户”。目前这一问题正在清理整治中。

未来，政府监管、行业统管、机构自律将进一步强化。随着国务院以及各级教育主管部门（包括其他办学审批机关）整治措施和规范发展意见要求的实施，培训教育行业监管工作将依据“谁审批，谁管理”的原则有效开展，各地培训教育机构摸排整治“黑白名单”也已陆续公布。行业协会、基层党组织、公众媒体等也将发挥监督监管作用，共同构建行业规范管理、良性发展的长效机制。

（五）存在的问题

像全国其他省份情况一样，河南培训教育行业一直存在多头审批、多头管理问题，目前正在规范治理中。多头审批、多头管理造成一定监管难题，已引起政府相关部门关注并正在得到有效解决。

从目前发展情况看，河南培训教育市场集中度不高，龙头机构所占份额不大，数量庞大的中小机构瓜分了大部分市场份额。未来几年，随着行业整治和规范发展的不断深入，培训教育行业机构众多、竞争激烈、发展分散，专业化、集中化程度不高的现状将有望得到改善。

就行业内部情况来看，房租物业成本剧增（培训教育机构办学场地以租房为主，自购或自建校区为辅。只有实力办学机构才拥有自购或自建校舍）、人力资源和运营成本居高不下、教师团队不稳定、创新发展能力弱，以及在线教育冲击、融资困难等，已成为困扰行业发展的共性问题，业内优胜劣汰和整合购并日渐显现。行业外部资本进入热度趋减。

2018 年，新的民办教育政策出台后，按照社会资本不得举办义务教育阶段的全日制学校，以及幼儿园资产不得单独或打包上市等规定的要求，已经举办或即将筹备上市的相关培训教育机构也必须调适发展方向，依法合规发展。

二　行业背景及教育新政的影响

（一）发展背景

20 世纪后 20 年，城乡居民家庭经济收入开始增长，加上“不让子女输在起跑线”的教育需求和心理焦虑牵引，一批面向中小学生的学科辅导开始出现，中小学培训教育形态逐渐从个人家庭作坊式培训班演变为商业培训，班型由大班制演变为小班教学和“一对一”，此后开启了培训教育行业连续 20 多年快速发展的历程。

随后，伴随着互联网进入中国，第一批网校开始出现。2010 年以来，在政策、资本和技术的共同促进下，在线教育不断发力，网络化、信息化和新技术给传统培训教育行业带来了深刻影响和不断变化。目前，“互联网 +”时代下的 O2O 模式已逐渐成为机构标配和行业主流，培训教育行业发展呈现新的面貌和格局。

（二）社会贡献

河南培训教育机构的发展壮大，一方面为高一层级学校招生（包括中学、大学等）输送了大批优秀人才，实现了数以万计的学生家长对孩子受教育的梦想；另一方面这个行业也吸纳安置了大批大学毕业生就业，为政府分担了就业压力，同时，也为国家增加了税收，拉动了城市消费，为推动中原城市化进程做出了应有贡献。据统计，目前河南培训教育机构总数超过2.4 万家，吸纳就业（包括但不仅限于教师岗位）30 万人以上，有力地拉动了当地 GDP 增长。

（三）教育新政及行业影响

作为民办教育事业的一个重要组成部分，培训教育行业从诞生起，就一直受到国家有关部门的重视和支持。《中华人民共和国民办教育促进法》及其修改意见、《关于鼓励社会力量兴办教育　促进民办教育健康发展的若干意见》、《关于切实减轻中小学生课外负担开展校外培训机构专项治理行动的通知》、《关于规范校外培训机构发展的意见》等相继出台。

上述法律法规的修订和相关实施意见的发布，对引导和规范培训教育行业提供了指导意见和发展方向。目前河南各地教育部门正在就上述通知、意见的贯彻和落实做出具体部署，整改成效以及新的规范发展态势已开始显现。

（四）机构应对

面对教育新政的出台，培训教育机构也必须做出相应的办学调整。目前，培训教育机构主要从以下几方面开展工作。

办学资质完善。培训教育机构资质必须符合教育行政部门要求，证照齐全，办学场地符合消防安全和面积、楼层要求。

细化培训教育安排。培训教育机构开展语文、数学、英语及物理、化学、生物等学科培训的内容、班次、招生对象、进度、上课时间等要向所在地县级教育部门备案并向社会公布；培训内容不得超出相应的国家课程标准，培训班次必须与招生对象所处年级相匹配，培训进度不得超过所在县（区）中小学同期进度；校外培训机构培训时间不得和当地中小学校教学时

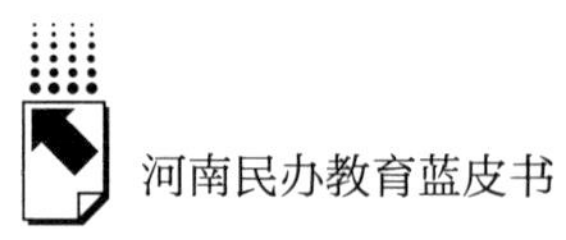

间相冲突，培训结束时间不晚于当日 20:30，不得留作业。①

践行诚实守信。培训教育机构制订招生简章、制作招生广告，应向当地审批机关备案并向社会公示，接受社会各界监督；要认真履行服务承诺，杜绝培训内容名不符实；不得以暴力、威胁等手段强迫学生接受培训；不断改进教育教学，提高培训质量，努力提升培训对象满意度。②

规范收费管理。严格执行国家关于财务与资产管理的规定，收费时段与教学安排应协调一致，不得一次性收取时间跨度超过3个月的费用；学费收入接受教育部门、金融部门监管；收费项目及标准应向社会公示；对于培训对象未完成的培训课程，有关退费事宜严格按双方合同约定及相关法律规定办理。③

三 行业发展优势和问题分析

（一）发展优势

培训教育机构能够通过精准定位，发挥专业和资源优势，在某一细分领域（或某一优势培训项目）快速发力，满足学生家长对优质教育资源的具体需求，并实现自身办学价值。其办学灵活性、定位精准性、运营高效性是很多公办学校难以企及的。

此外，培训教育机构用人（包括教师招聘）和薪酬机制灵活，合作办学和分配形式多样（国家另有规定的除外），有利于调动人的积极性；办学特色鲜明，招生运营高效，管理成本可控，有利于迅速做大规模、做强品牌，形成规模效应，积累雄厚的办学实力。

（二）管理创新

在管理创新方面，培训教育机构与其他任何行业一样，一般都历经

① 国务院办公厅：《关于规范校外培训机构发展的意见》（国办发〔2018〕80号）。

② 国务院办公厅：《关于规范校外培训机构发展的意见》（国办发〔2018〕80号）。

③ 国务院办公厅：《关于规范校外培训机构发展的意见》（国办发〔2018〕80号）。

"老板艰苦创业"（个体或家庭作坊）、"培养创始人团队"、"走向公司化治理"、"实现集团化办学"等阶段。

尤其是在创始人团队出现之后，在校区拓展、团队建设、教学管理、服务提升等方面开始引入现代企业制度和管理创新理念，并开始在招聘、教学、管理以及薪酬体系、融资发展等多个环节和领域开展探索实践，不断积累办学和管理经验，引领团队实现快速化和高质量发展，并取得了办学业务和团队建设的多重突破。河南省知名培训品牌，如晨钟、大山、联大等机构都走过了这样的发展历程。

在基层党组织建设方面，2016 年以来，中共中央、教育部等先后出台了关于加强民办学校党组织建设的指导意见，培训教育机构党组织建设已全面铺开并进入规范发展阶段。截至 2018 年底，经过规范治理整顿的培训教育机构党组织建设工作已基本覆盖到位。郑州晨钟教育集团等河南本土实力培训教育机构党建工作成为行业党建标杆，并被授予市、区两级"先进基层党组织"称号。晨钟教育集团党委还创办了全省首家由民办学校投资设立的社会组织党建学院。培训教育机构党的建设工作的加强和提升，对于推动规范办学、提升质量、实现行业可持续发展起到了指引和护航作用。

与此同时，行业协会开始关注和重视培训教育机构基层党建工作。2018 年 4 月 14 日，河南省民办教育协会党建工作委员会和党建研究中心宣布成立。这是河南民办教育领域首个由民资创办的党建工作专业分会和党建研究中心。2018 年底，晨钟教育集团在文化路街道党工委指导下开始酝酿成立由培训机构自发组织的党建联盟。

（三）存在的问题

过去十余年来，培训教育机构发展迅猛。在发展初期，也出现了诸如管理混乱、学生负担加重、个别机构违规聘用公办学校教师，以及虚假宣传、"应试化"导向严重等问题。

就行业管理而言，目前培训教育行业也存在一些不符合政府监管要求的地方。比如部分机构办学资质不全，办学场地不符合规范要求（面积、楼层，以及消防安全等），招生、教学、管理不规范等。目前，河南各地教育、民政、工商等部门正在按照国务院2018年（80号文）制定的规范发展意见开展治理整顿，整顿效果已经初显。

就培训机构内部发展而言，这个行业还存在发展定位雷同、市场竞争激烈、人力成本较高、物业房租居高不下、教师团队不稳定等问题。2018年之后，培训教育机构实行营利性和非营利性分类管理办法，加上治理整顿措施的进一步落实，上述问题将愈加突出，部分实力较弱、融资困难的中小机构生存艰难，甚至可能被淘汰出局。

此外，在行业监管继续强化、国家考试制度改革逐渐深入的大背景下，部分培训教育机构的课程设置、招生运营和管理服务工作也将面临新的挑战，能否尽快制定相应措施、调适发展方向、适应新的市场需求，将直接影响今后一个时期的可持续发展。

四　教育新政下的调适建议

（一）整治要求

2018年，河南省教育、民政、人社、工商等行政管理部门结合国务院文件精神联合出台文件，将校外培训机构治理的有关要求纳入相应条款。对校外培训机构的设置标准、审批登记、日常监管等做出规范要求；对校外培训机构培训内容、教学实施、教师管理、招生方式、招生范围等提出明确要求。①

规范面向基础教育领域开展的竞赛、挂牌、命名及表彰等活动，以教育厅名义发文，重点对校外培训机构违规开展竞赛、选拔、等级考试等行为进

① 河南省教育厅、河南省民政厅、河南省人力资源和社会保障厅、河南省工商行政管理局：《河南省校外培训机构专项治理行动方案的通知》（教基一〔2018〕327号）。

行治理，切实减轻学生负担。[①]

完善课后服务制度，鼓励各地各学校根据学生身心发展特点和家长需要，探索实施弹性离校时间，提供丰富多样的课后服务。搭建家长委员会、家长学校等平台，进一步加强家庭教育的指导。[②]

（二）调适方向

按照国务院和教育部相关文件要求，“合规”与“减负”成为培训教育行业发展的“紧箍咒”，而且，资质要求、合规成本对于中小机构的生存挑战更大；减负导向则意味着应试升学不能继续成为培训教育机构唯一的市场卖点，从课程设置到教学管理都将面临新变革。

按照国务院办公厅《关于规范校外培训机构发展的意见》要求，培训教育机构“必须有相对稳定的师资队伍，从事相关学科知识培训的教师应具有相应的教师资格”，“不得聘用中小学在职教师”；在收费管理方面，“不得一次性收取时间跨度超过 3 个月的费用”。上述规定目前已基本整改到位，并接受媒体和社会各界监督。

这次行业整治，还从规范师资、场地等方面对培训教育机构做出限制，将带来培训教育机构办学成本阶段性上升，行业门槛进一步提高。中小机构将面临被整合甚至出局，行业集中度进一步提高。而在培训内容（课程、教学）方面提出的限制，将促使培训教育机构改变以应试导向为主的学科培训思路，倒逼机构原有教育内容和模式转型升级。

五　结语

改革开放 40 多年来，河南培训教育机构得到了长足发展，基本满足了

① 河南省教育厅、河南省民政厅、河南省人力资源和社会保障厅、河南省工商行政管理局：《河南省校外培训机构专项治理行动方案的通知》（教基一〔2018〕327 号）。

② 河南省教育厅、河南省民政厅、河南省人力资源和社会保障厅、河南省工商行政管理局：《河南省校外培训机构专项治理行动方案的通知》（教基一〔2018〕327 号）。

人民群众日益增长的个性化教育需求，并成为公办教育有益的补充。近年来，应试培训、素质教育、在线教育等成为培训教育行业的主要业务。河南培训教育市场规模以每年20%的速度快速发展，曾一度出现井喷式的增长现象。近年来，整个行业已开始进入稳定发展期。

2018年8月，国务院办公厅在《关于规范校外培训机构发展的意见》中提出七条行业整治和规范发展意见。随后，河南省教育厅等四部门印发了《河南省校外培训机构设置标准（试行）的通知》，对培训教育机构提出了更加严格的规范化设置和发展要求。这一政策对河南省培训教育机构的影响已逐渐显现。但从长远来看，治理整顿工作对整个行业的规范和健康发展无疑具有积极的意义。

参考文献

马克·贝磊：《直面影子教育系统：课外辅导与政府抉择》。

2018年2月，教育部等四部委发布《关于切实减轻中小学生课外负担开展校外培训机构专项治理行动的通知》。

2018年8月，国务院办公厅《关于规范校外培训机构发展的意见》（国办发〔2018〕80号）。

2018年5月7日，河南省教育厅、河南省民政厅、河南省人力资源和社会保障厅、河南省工商行政管理局《河南省校外培训机构专项治理行动方案的通知》（教基一〔2018〕327号）。

教育部党组《关于加强民办学校党的建设工作的意见（试行）》（中办发〔2016〕78号）。

B.12
民办教育对河南当代职业教育体系构建的贡献

王公博*

摘　要： 河南职业教育经过近70年的发展，已经形成了从中等职业教育到高等职业教育的框架。中等职业教育实现了“直通车”，高等职业教育正在搭建“立交桥”，发展成就显著，在一定意义上适应了经济社会发展对初、中、高级技术技能型人才的需求。但是高等职业教育的进入门槛还比较高，虽然一些地方高校试点转型为应用型大学，但是职业教育的本科层次还没有真正建立。进入新时代以来，政府、社会和学校都在努力调适，河南当代职业教育的框架正在渐趋完善。在这个过程中，民办教育发挥了重要作用。

关键词： 河南　教育体系　职业教育　民办教育

新中国成立以来，河南职业教育经过70年的艰苦探索和实践，实现了前所未有的跨越式发展，在服务河南乃至全国经济社会发展的同时，也初步构建了自己的体系。

一　发展节点

20世纪50年代初，河南职业教育整体上规模不大、质量不高、基础不

* 王公博，郑州机电工程学校。

牢、体系不全。在第一个、第二个、第三个五年计划时期，职业教育经历了起伏发展。“三五”“四五”时期，政治形势的波动将教育推向风口浪尖，教育规模、教育体系、教育质量都失去了常态，这种状况一直持续到第五个五年计划之后。改革开放使我们看到了与世界发达国家教育的差距，特别是职业教育对社会进步的巨大作用。国家在全面复苏教育的同时，突出发展了中等职业教育。21 世纪的前 10 年，河南的高等职业教育实现了大发展，主要体现在规模扩张上。2012 年党的十八大之后，河南的职业教育在规模扩张之后逐渐走上科学发展道路，更加注重内涵提升，更加注重人才培养质量，与此同时，初步形成了职业教育体系。

（一）百废待兴，全面教育奠基时期

这一时段贯穿 20 世纪 50 年代并延伸到 60 年代中期，这一阶段的主要成就是工农业余教育和扫除文盲。

如果按照《辞海》的解释，把民办教育定位为“国家机构以外的社会组织或者个人，利用非国家财政性经费，面向社会举办的各类学校及其他教育机构的活动”的话，那么在整个工农业余教育和扫除文盲的过程中，起重要作用的是民办教育。

1949 年新中国成立时，河南全省 1 所大学，在校生 804 人。中等技术学校（含中等师范学校，下同）一共 32 所，在校生 8376 人（见表 1）。当年河南总人口 4173.60 万人，每万人中仅有 2 人接受中等职业教育。1953 年中等职业教育在校生数达到 40738 人，每万人中接受中等职业教育的超过 9 人，对于当时的经济社会状况来说，这已经是个了不起的进步。1960 年全省中等职业教育的规模实现了跨越式增长，当年全省总人口为 4818.35 万人，中等职业教育在校生已达到 129761 人，每万人中接受中职教育的人数达到 27 人。此后，1961 年出现断崖式回落，总规模骤减至 49268 人。1964 年更是跌至 19770 人。1965 年虽有复苏，也只有 47676 人，每万人中在校生仅有 9 人，仅仅相当于 1958 年的规模。

表1　1949～1965年中等职业教育规模

单位：所，人

	1949	1953	1954	1956	1958	1959	1960	1961	1962	1964	1965
学校数	32	96	51	78	107	152	359	127	43	47	140
在校生数	8376	40738	27033	34935	48872	68055	129761	49268	21986	19770	47676

注：数据是中等技术学校和中等师范学校之和。

数据来源：河南省档案馆J109。

这一时期河南教育的一个突出特色，就是大规模地进行扫盲教育。据统计，1950年参加工农教育的人数为1624641人，到1951年即达到3809458人，这一年，每万人口中就有88人接受扫盲教育或初等教育。到1953年6月，全省职工业余学校达到426所，农民业余学校达到38461所，总校数为38887所。

早在1951年8月10日，周恩来总理在政务院第97次政务会议讨论《关于改革学制的决定》时的讲话就明确表示“民办小学，要加以提倡”。民办小学的发展，为新中国成立之初河南教育的恢复和成长奠定了基础。而促进全民知识普及的，是大规模的业余教育。据统计，1950年上半年，河南全省18354个行政村中，有3821个村开办了4759所冬学，参加人数达到249930人。另外，经常性的农民补习学校（民校）已达1230处，参加总人数达到50667人。

在政权刚刚建立，经济十分落后的情况下发展教育，新中国的战略决策是依靠全民发展教育，其中的重点是发展职业教育。1958年5月1日发布的《河南省1958～1962年教育工作计划》明确“鼓励群众办学”，文件要求：要依靠群众，充分发挥群众办学的积极性和举办各种类型的民办学校，大力发展小学教育和中等教育。群众举办的中学，应以各种职业中学为主，也可以举办普通中学。

新中国成立之初，面临严峻复杂的国际国内形势，全国上下一心，勒紧腰带，咬紧牙关，奠定了这个落后大国的全面教育基础。在这一过程中，河南面临的挑战更多，压力更大，成就也更加令人瞩目。

这样的成就，也为以后河南职业教育的发展奠定了基础。

需要说明的是，人类知识的快速发展和发展不平衡导致教育阶段性失误，扫除文盲工作在20世纪80年代末90年代初又一次被提上了重要日程。1989年5月30日，河南省政府下发《关于进一步开展扫除文盲工作的通知》。1990年3月4日发布了《河南省扫除文盲工作条例》。同年6月29日，省七届人大常委会十六次会议通过了关于切实加强扫盲工作的决议，要求把扫除文盲教育作为振兴河南省的战略措施来抓。

据抽样调查，1987年河南省有文盲、半文盲1800万人，其中15~40周岁的青壮年文盲、半文盲600万人。当时，改革开放已经走过了十个年头，恢复高等学校招生考试制度也过去了十年，这样大量的文盲、半文盲的存在，既有知识水平整体上升带来的落差，也有“读书无用论”的消极影响，不利于河南经济建设。所以省政府、省人大明确要求，凡在河南居住的15~40周岁的文盲、半文盲公民，除因疾病或智力障碍不具备接受扫盲教育能力的以外，不分性别、种族，均有接受扫盲教育的权利和义务。要在5年内使青壮年人口中的非文盲人数达到95%以上。这样的工作为大规模发展中等职业教育做好了铺垫。

（二）颠覆、探索，激情与痛苦的试验时期

这一时期应该在20世纪60年代中期到70年代后期，主要特点是传统教育模式溃散和“七二一”大学、“五七”学校的兴起到衰落。

1966年以后，原来稳定僵化的教育体系被冲击得七零八落，教育在狂热的激情中进行着痛苦的探索，所有学段的教育秩序都受到严重冲击，大中小学的学生几乎不上课。复课后，虽然有了课堂教育形式，但教学内容已经面目全非。城市当然紧跟形势，就是农村也不落后。即使在乡下的崔庙公社岳冈学校也彻底实现了“教育革命”，教学中没有了数学、物理和化学的课程，取而代之的是“生产队会计常识”。1973年教育“回潮”，各学段尝试实行了“推荐+考试”的升学制度，但不久就被取消。教育就在这样的此消彼长中扭曲发展。

20世纪70年代，全国出现了大批“共产主义劳动大学”、“七二一工人大学”和“五七学校”，在校学生除了参加运动外，主要任务是学工、学农、学军。到1977年，河南的这类教育仍在继续发展。当年，上述三类学校共招生45000人，在校生达到53000人。招生人数和在校生人数均超过或接近普通高校和普通中专的总和。到1978年，这样的教育实现了更大发展，招生数达到95000人，其中“七二一工人大学”招生数比上年增加了298.20%。

（三）理性回归，中等职业教育全面发展时期

这一时期大约在20世纪80年代初到90年代末，主要特点是中等职业教育实现了规模扩张。

1977年岁末，国家恢复了高等学校招生考试制度。在中断11年后，这样的考试既仓促又庄重。当年河南省708097人参加了考试。有10231人被高等学校录取，录取率仅为1.4%，有14286人被中等专业学校录取，录取率为2.0%。

随着改革开放的不断推进，经济社会的发展对技术技能型人才的需求越来越迫切。生产力的发展使得生产关系不断调整，这种需求拉开了中等职业教育规模扩张的序幕。

河南省革命委员会教育局1979年1月28日下发的文件表明，1978年全省共有中等专业学校79所，毕业生9689人，当年招生18203人，在校生为33217人。这样的规模还没有达到1952年的水平。

1978年初开始，省教育行政机构和计划部门就紧密布局。3月28日批复建立沁阳师范学校。4月5日批准恢复河南医学院附属医院护士班。5月16日批准恢复和新建郑州水利学校等3所中等专业学校。5月23日同意改建开封地区第二师范学校。6月申请恢复郑州纺织机电学校。8月12日和10月8日又两次请示省革命委员会，要求恢复和新建郑州建筑工程学校和郑州农业机械化学校等14所中等专业学校。一年当中八次行文，恢复和新建改建19所中专学校，前所未有。

1979 年，又请示恢复和新建河南省冶金学校、河南省计划统计学校、周口水利学校等 23 所中等专业学校。

1980 年 2 月，河南省招生委员会发布教育事业计划，全省高校大专学校不再新设点，积极发展和办好中等专业教育。根据中等教育改革的精神，要积极发展职业学校和农业中学。同时明确表示，各市可以试办职业学校，各县可以试办农业中学。这标志着河南中等职业教育已经进入实质性发展阶段。

在这一精神指导下，1980 年河南继续恢复和新建中等职业学校。从 2 月 1 日省政府批复设立许昌商业学校和焦作财会学校开始，到 11 月 29 日批复建立人民警察学校止，当年全省共恢复、改建、新建了 24 所中等专业学校。

1980 年，全省中等职业学校数已达 107 所，在校生 56000 多人。之后一段时期，河南中等职业教育的规模连年实现跨越式发展，1987 年学校数达到 625 所，在校生达到 24.80 万人。以后连年增加，1994 年学校数突破 1000 所，达到 1088 所。1998 年在校生数突破 100 万人大关，达到 101.40 万人。1999 年学校数保持在 1065 所，在校生为 96.82 万人（见表 2）。之后规模不断扩张，2009 年全省中等职业教育学校数达到 1180 所，2010 年在校生数达到峰值，为 189.31 万人，是 1949 年的 225.36 倍，1965 年的 39.69 倍。

表 2　1980～1999 年河南中等职业教育规模发展情况

单位：所，万人

	1980	1987	1990	1991	1992	1993	1994	1995	1996	1997	1998	1999
学校数	107	625	751	823	885	986	1088	1113	1117	1110	1088	1065
在校生数	5.6	24.80	32.30	35.60	39.00	47.00	58.80	72.70	83.00	94.00	101.40	96.82

政府的行政作为及时适应市场发展的需要，推动了中等职业教育的规模扩张。1949 年，河南每万人口中仅有 2 人在中职就读；1965 年这个数据是 9 人；1999 年为 102 人；2010 年为 190 人，是 1949 年的 95 倍。

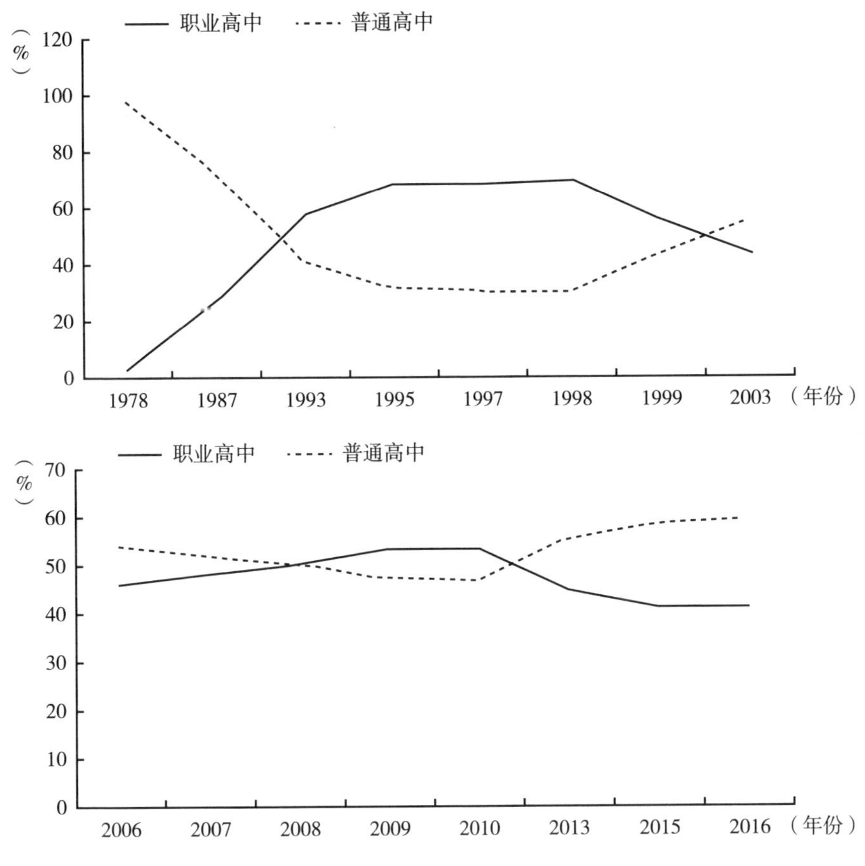

图1　1978年以来职业高中教育、普通高中教育招生情况

（四）层次提升，高等职业教育蓬勃发展时期

这一时期大约贯穿21世纪头十年。其特征是职业教育层次上移，高等职业教育得到蓬勃发展，实现了规模的扩张。

20世纪90年代末期，中国改革开放已经进行了20个年头，义务教育的普及和中等职业教育规模的扩张，为发展更高层次的职业教育提供了可能。而20年的改革开放，使得经济社会发展的步伐一再加快，产业结构调整和生产技术的飞速提升为高等职业教育的发展提供了迫切需求。21世纪前3年，中国的高等职业教育实现了高速发展。

由表3可以看出，在高等学校规模发展过程中，21世纪初高职高专的发展已经超越了本科教育。2002年以前，在高等教育专科、本科层面，本科招生数长期大于专科招生数。这个局面在2002年被反转，高职高专招生数超越了本科招生数。

表3 1997～2006年全国人口数和普通高等学校本专科学生数的变化

单位：人

年份	全国总人口数（万人）	毕业生数			招生数			在校生数		
		合计	本科	专科	合计	本科	专科	合计	本科	专科
1997	123626	829070	381674	447423	1000393	579679	420714	3174362	1986125	1188237
1998	124761	829827	404660	425167	1083627	653135	430492	3408764	2234647	1174117
1999	125786	847617	440935	406682	1548554	936690	611864	4085874	2724421	1361453
2000	126743	949767	495624	454143	2206072	1160191	1045881	5560900	3400181	2160719
2001	127627	1036323	756306	280017	2682790	1784665	898125	7190658	5212006	1978652
2002	128453	1337309	655763	681546	3204976	1587939	1617037	9033631	5270845	3762786
2003	129227	1877492	929598	947894	3821701	1825262	1996439	11085642	6292089	4793553
2004	129988	2391152	1196290	1194862	4473422	2099151	2374271	13334969	7378436	5956533
2005	130756	3067956	1465786	1602170	5044581	2363647	2680934	15977767	8848188	7129579
2006	131448	3774708	1726674	2048034	5460530	2530854	2929676	17388441	9433395	7955046

河南的高等职业教育也在这个时期实现了大发展。

1999年初，经河南省教育委员会向国家教育部申请，河南省成为按新的管理模式和新的运行机制试办高等职业教育的15个试点省份之一。当年7月，省教育委员会会同省物价局、省财政厅下发了《关于高等职业教育和五年制试验班学费标准及有关问题的通知》，标志着高等职业教育体系初步确立了“3+2”高职、“五年一贯制”高职教育形式。

2000年8月25日，教育部下文表示，县级职业学校可与有条件的乡镇成人文化技术学校联合办学，开设中等职业学历教育，这就把职业教育的触角进一步延伸到了基层农村。而且提出要采取学分制、分段制、工学交替等灵活的办学形式，最大限度地方便学生学习。这实际上是进一步放开了职业教育的办学自主权，不但强力推动了中等职业教育的发展，也为以后发展高等职业教育提供了方法借鉴。

2000 年 7 月，国务院正式授权河南省设置审批高等职业学校。河南省随即成立了高等学校设置评议委员会并形成了实施意见。审批权限放给省级政府，使得地方能根据自己的经济社会发展实际，科学地设置高等职业教育机构。这标志着河南现代职业教育在层次上移方面迈出了关键的一步。

2001 年，河南省结合本地实际，设置了河南工业职业技术学院等 8 所高职院校，同时批准了河南农业大学等 7 所高校举办二级职业学院并同意其与部门所属的中等专业学校联合办学。当年安排高职招生计划 6300 人，安排高校二级职业院校招生计划 1600 人。

2002 年，省政府、省教育厅批准设立了商丘科技职业学院、焦作工学院万方科技学院，批准筹建河南文化艺术职业学院等 3 所职业学院，其中两所为民办高等职业技术学院。还批准成立了河南科技大学林业职业学院等 4 所高校的二级职业学院。同时扩大了“3 +2”试点范围，安排省工艺美术学校等 20 所普通中专学校试办“3 +2”分段高职班。当年下达招生计划 13000 人。

2004 年，省教育厅要求原举办五年制试验班的本科院校逐渐停办或减少招生规模，同时允许所有高等职业院校均可举办五年制实验班。这实际上是在继续拓宽职业教育的“立交桥”。当年“五年一贯制”和“3 +2”分段制高职实际招生 4. 9 万人，比上年增加 1. 7 万人。

2004 年省政府审批设置的 10 所高职学校中的 7 所公办学校全部实行公办民助模式，另外 3 所则是民办性质。也就是说，当年全省设置的全部高职学院都含有民办教育的因素。

2006 年 4 月 21 日，时任省长李成玉在全省职业教育工作会议上讲话时明确要求，要在提高高等教育教学质量的同时，重点发展高等职业教育。

到 2010 年，全省高职高专院校已达 62 所，在校生达到 76. 95 万人（见表 4），其中民办高职为 15 所，在校生 6. 18 万人。河南高等职业教育专科层次的规模扩张已经达到一个新的高峰。

表 4　2000～2010 年河南中职、高职教育指标变化情况

单位：所，万人

项目	2000	2001	2002	2003	2004	2005	2006	2007	2008	2009	2010
高职校数	31	43	41	47	54	55	56	51	51	56	62
在校生数	13.68	20.69	26.05	29.76	38.22	46.25	52.42	58.82	68.44	75.27	76.95
中职校数	1255	1114	1061	988	950	963	1023	1116	1173	1180	1130
在校生数	103.46	90.20	88.96	100.50	112.36	124.96	137.09	156.34	171.75	187.91	189.31

表 5　2013～2017 年高等教育、职业教育基本指标

单位：所，万人

年份＼项目	高等教育				高中阶段教育				
	校数	在校生数	其中:高等职业教育		校数	在校生数	其中:中等职业教育		
			校数	在校生数			校数	在校生数	占比(%)
2013	120	155.90	73	72.19	1705	366.50	920	173.87	47.44
2014	127	161.83	77	70.81	1675	336.42	899	147.19	43.75
2015	129	167.97	77	72.45	1659	327.13	885	137.58	42.06
2016	129	176.69	77	77.14	1645	325.79	875	131.48	40.36
2017	129	187.48	74	84.06	1592	327.85	800	128.25	39.11

（五）科学发展，现代职业教育体系初步形成时期

这个时期大约从 2011 年开始。其主要特点是尝试提升职业教育的发展空间，将其教育层次延伸到本科教育学段。其主要标志是应用型大学的转型发展。

2002 年 7 月 29 日至 8 月 1 日，教育部高教司组织召开“应用型本科人才培养模式研讨会”。2012 年 11 月 17 日，时任教育部副部长鲁昕在谈到不断优化高等教育布局结构时强调，要“引导近年地方已设立的高等学校重新定位，向培养应用型、技术技能型人才转型”，随后，教育部发展规划司启动“应用科技大学改革战略研究试点”工作，并于 2013 年 1 月 25 日，召开应用科技大学建设研讨会。6 月 28 日，中国应用技术大学（学院）联盟和地方高校转型发展研究中心在天津成立。2014 年 2 月 26 日，国务院召开

常务会议，提出“引导一批地方新建本科高校向应用技术型高校转型”。6月，国务院在《关于加快发展现代职业教育的决定》中首次提出“采取试点推动、示范引领等方式，引导一批普通本科高等学校向应用技术类型高等学校转型，重点举办本科职业教育”。

河南为引导部分高等院校向应用型大学转型发展，于2013年1月启动了本科学校转型发展试点工作，到2014年9月，共确定15所本科院校作为试点高校，占全省地方本科院校数量的27.3%，其中黄河科技学院为民办高校。

2015年11月，河南省教育厅、财政厅联合启动示范性应用技术类型本科院校建设计划，确定黄淮学院、许昌学院、周口师范学院、黄河科技学院4所学校为第一批“示范校”。作为在国际上有着一定影响的民办高校，黄河科技学院在第一时间加入了向应用技术型大学转型的第一方阵。在这个方阵中，民办教育占到了25%。

2016年7月20日，省教育厅、省发展和改革委员会、省财政厅联合印发《关于引导部分本科高校向应用型转变的实施意见》（豫教发规〔2016〕95号），指导本科高校建设应用型大学。

2017年2月4日，中共河南省委高校工委、河南省教育厅印发《2017年工作要点》，指出工作重点为“推动一批普通本科高校向应用技术型转变”。

至此，河南的职业教育初步形成了中职、高职、应用本科的框架。

二 规模现状

2016年，河南省高职高专院校达到74所，当年毕业131906人，招生200055人，在校生达到584084人。中等职业学校达到800所，毕业423714人，招生477911人，在校生达到1282509人。中高职相加，全省职业学校共874所，毕业生555620人，招生677966人，在校生达到1866593人。同期全国中等职业学校1.09万所，招生593.34万人，占高中教育阶段招生总数的 42.49%。在校生 1599.01 万人，占高中教育阶段在校生总数的 40.28%。河南中等职业教育招生数和在校生数占高中阶段总数的 48.14% 和 42.38%，均超过了全国的平均数。

2016 年，全省每万人中中等职业教育平均在校生数 107 人，高等职业教育为 61 人。也就是说，2017 年，河南每万人中就有 168 人在职业学校就读。全省民办高职高专学校在校生达到 15.22 万人，占到全省高职高专在校生总数 58.41 万人的 26.06%；民办中等职业学校在校生 19.62 万人，占到全省中职学校在校生总数 128.25 万人的 15.30%。

三　体系框架

经过近 70 年的发展，河南职业教育已经形成了建立在普通小学、普通初中教育基础上的中等职业教育和高等职业教育体系。中等职业教育属于高中阶段的职业教育，由普通中等专业学校、职业技术学校等组成，其中含有“3+2”高职教育和“五年一贯制”的前 3 年。生源一般来自普通初中毕业生，除“3+2”和五年一贯制的形式外，一般不必考试，可以直接注册入学。上学期间政府还有奖励补助等措施。

高等职业教育主要由高等专科学校和高等职业院校承担。生源一般来自高中毕业生，也有少量中等职业学校的对口升学学生。进入高等职业教育层次学习，原则上要参加等同于国家考试的入学考试，主要形式有：全国高等学校招生考试；高职高专院校的单独招生考试和中等职业学校的对口升学考试。

2013 年 1 月，河南省启动了地方本科院校转型发展试点工作，这些学校在办学定位、人才培养模式改革、学科专业建设、课程建设、教学管理、师资队伍建设和应用型大学研究等方面都在进行有益的探索。

2014 年 10 月 27 日，河南省教育厅发布《关于做好本科学校转型发展试点工作的通知》，在学校自愿申报、专家评审的基础上，确定了 10 所学校作为第二批试点学校［整体转型试点：河南工程学院、南阳理工学院、南阳师范学院、周口师范学院、商丘师范学院、平顶山学院、河南牧业经济学院；专业（集群）转型试点：安阳师范学院、郑州轻工业学院、信阳师范学院］。

2019 年 2 月 23 日，中共中央、国务院印发《中国教育现代化 2035》，提出，持续推动地方本科高等学校转型发展，加快发展现代职业教育，不断优化职业教育结构与布局，推动职业教育与产业发展有机衔接、深度融合，集中力量建成一批中国特色高水平职业院校和专业。同一天，中共中央办公厅、国务院办公厅印发《加快推进教育现代化实施方案（2018—2022年）》，提出深化职业教育产教融合。构建产业人才培养培训新体系，完善学历教育与培训并重的现代职业教育体系，推动教育教学改革与产业转型升级衔接配套。

四　民办职业教育四十年的发展

1977 年 11 月 12 日，河南省革命委员会教育局呈报教育部的河南省 1977 学年各级各类学校综合报表显示，1977 年全省“七二一”工人大学 333 所，在校生 2824 人；“五七”大学 165 所，在校生 16884 人；“五七”学校 492 所，在校生 44251 人。实际上还有不少县、公社办的职业学校没有计入统计数字。1973 年，荥阳县崔庙公社成立了“郑州市农林技校”，直接将学校办到了公社林场。在 300 多亩的山坡上栽种了桑树，学校首先开设养蚕专业。全校 30 多个学生挤在破旧的土窑洞里，一边上课，一边采桑养蚕，将书本知识和实际操作有机结合起来。这样的学校，具有一定的民间办学性质。尽管当时还没有明确民办教育的概念。

新中国成立后的前 30 年，河南的教育和全国一样，存在“民办教师”现象，1980 年 8 月，全国民办教师达到 453 万人，占中小学教师总数的 53.60%。

1981 年 2 月 28 日，当时全国人大常委杨秀峰在第五届全国人大常委会第十七次会议上发言指出，民办教师的问题更是一个突出问题。现在全国民办教师占教师总数的 60%，农村则高达 72%。中学教师的全部、小学教师

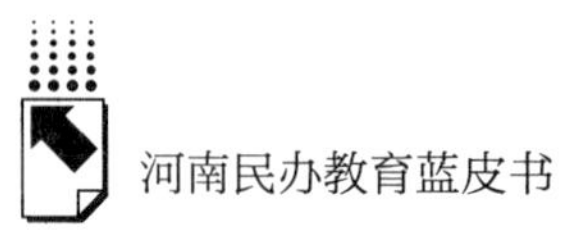

的大部分应当逐步做到是国家职工。民办教师的生活待遇，必须适当改善。

1980 年，河南省开始在师范学校招收民办教师。河南省人民政府办公厅 1980 年 6 月 3 日印发的《河南省一九八〇年中师招收小学民办教师任务分配表》显示，当年全省中等师范学校招收小学民办教师计划为 8000 人。到 1982 年 3 月，河南省还有计划内民办教师 49.90 万人。当年精简 13.04 万人。此后每年省政府都采取措施解决一部分民办教师转为公办教师。1986 年，全省直接选拔 10000 名民办教师转为公办教师，并从此形成惯例。

1990 年，民办公助教职工 288874 人，比上年减少 14818 人；民办教职工 160583 人，比上年增加 28086 人。中小学民办教师占教师总数的比重为 48.8%，比上年增加 0.5%。中学、小学民办教师在全国的比重均为第一。

1992 年，计划内民办教师总数为 264536 人，普通中学计划内民办教师所占比重为 15.6%，职业中学为 2.7%，小学为 54.0%，其中农村小学民办教师比重为 63.4%。

1993 年，计划内民办教师总数 250598 人，比上年减少 13938 人。普通中学计划内民办教师所占比重为 13.4%，职业中学为 2.0%，小学为 50.8%。其中农村小学民办教师比重为 59.9%。

1994 年，全省计划内民办教师 240959 人，比上年减少 9639 人。普通中学计划内民办教师所占比重为 11.8%，职业中学为 1.6%，小学为 48.3%，其中农村小学民办教师比重为 57.3%，当年光山县农村小学计划内民办教师占到小学教师总数的 92.0%，永城县中学计划内民办教师占中学教师总数的 92%，在全省 116 个县（市）中占比最高。

1995 年，全省 13.70 万名计划外民办教师被清退，计划内民办教师总数 219564 人。普通中学计划内民办教师所占比重为 9.50%，职业中学为 1.10%，小学为 44%，其中农村小学为 52.50%。

1996 年，普通中学计划内民办教师 22181 人，占到中学教师总数的 7.20%；职业中学 284 人，占 0.80%；小学 164726 人，占 38.20%，其中农村小学民办教师占比为 46.20%。

1997 年，计划内民办教师为 162040 人，比上年减少 28847 人。其中普通中学计划内民办教师 17032 人，占中学教师总数的 5.40%；职业中学 241 人，占 0.70%；小学 137500 人，占 31.10%，农村小学民办教师占比为 38.30%。

1998 年，全省计划内民办教师 131015 人，比上年减少 31025 人。其中普通中学民办教师 12344 人，占比 3.8%；职业中学 130 人，占比 0.3%；小学 111791 人，占 24.5%，农村小学民办教师占比为 30.7%。

1999 年年底，全省中小学计划内民办教师已减少到 4.6 万人（学年统计为 7.04 万人，尚未扣除 1999 年招、转民办教师人数），占中小学教职工总数的比率由上年的 17.3%，下降到 3.6%。其中中学民办教师由 3.9% 下降到 1.8%，小学由 24.5% 下降到 12.9%。计划内民办教师总数中，中专毕业及以上学历的占 78.8%，高中毕业及以下学历的占 21.2%，40 岁以上的占 60.4%，40 岁以下的占 39.6%。

2001 年 1 月 16 日，时任河南省教育厅厅长王日新在全省教育工作会议上讲话指出，通过招、转等政策措施，全省有 17 万名计划内民办教师陆续转为公办教师，妥善解决了“民办教师”这一历史问题。

河南省的“民办教师”这部大剧终于在 21 世纪初年落下了帷幕。

20 世纪 90 年代初，河南的民办教师比重全国最高。在职业学校的民办教师不多，因为中专、中师都是招收“转户口”“吃商品粮”的学生，里面的民办教职工很少。民办教师在职业学校的比例，占全部民办教师总量一般在 2% ~3%。

改革开放后，当代意义上的民办教育开始萌芽。一开始主要是职业培训和帮助学生准备自学考试。1982 年 12 月 4 日，五届全国人大五次会议通过的《中华人民共和国宪法》第十九条第四款规定“国家鼓励集体经济组织，国家企业事业和其他社会力量依照法律规定举办各种教育事业”，第一次以宪法的形式明确了民办教育的合法地位。名正则言顺，民办教育从此光明正大地发展起来。到 2002 年，河南省的教育统计资料里已经有了民办教育的数据。资料显示，2002 年全省 42 所专科学校中，民办的 5 所，占到

11.9%；招生 102072 人，民办学校招生 6058 人，占 5.94%；在校生 260458 人，民办 12663 人，占 4.86%。虽然整体上占比不高，但是实际上民办教育处于河南职业教育体系的构建之中了。到 2004～2005 学年，全省民办普通高校已经达到 10 所，占全省普通高校总数 82 所的 12.20%；在校生数为 63447 人，占到全省普通高校在校生总数 674528 人的 9.41%。民办中等职业学校 41 所，占全省职业高中总数 435 所的 9.43%；在校生 59448 人，占全省职业高中在校生总数 452483 人的 13.14%。民办职业教育在中职、高职层次都有了一定的规模。

五　存在的问题

当前河南职业教育体系存在的困难和问题，主要表现在两个方面。

一是硬框架的建设。当前的职业教育虽然具备了中等层次和高等层次，但仍然没有形成科学完备的系统。实际上，职业教育应该是一个和普通教育共同存在、并驾齐驱的系统，当前的体系仍然局限在专科层次上，从严格意义上讲，应用型本科高校并不完全等同于职业教育本科高校。这与发达国家 20 世纪已经形成的具有博士教育层次的职业教育体系相比，远远滞后。在招生方面，进入中等职业教育的门槛已经去除，实现了“直通”，但要进入专科层次的高等教育，还要每进必考，没有完全敞开大门。

二是软环境的建设。在观念、认识、思路等方面滞后于经济社会的发展，尚未形成适应经济社会发展需要的人才培养方案和发展远见。

六　发展建议

真正建立科学完备的职业教育体系，不是省级教育层面能够实现的工程，必须要在国家政策的许可支持下才能完成，但是在目前情况下，我们可以充分利用有利条件，逐步靠近理想的目标。

（1）加大高等职业教育开放的力度，在条件成熟的高职高专院校开展注册入学试点，待条件许可时在全省推广，同时增加中职学校对口升学的计划，逐步使中高职教育实现“无缝衔接”。

（2）赋予应用型本科高校更多的招生自主权。一是增加职业学校毕业生升入应用型本科高校的招生计划，将“专升本”计划逐步增加并向应用型本科高校倾斜。二是开展应用型本科高校的“单独招生”试点工作，使这些学校能够根据经济和社会发展需要及时调整专业设置和招生计划。

（3）加大对民办职业教育支持的力度，在政策、经费、师资队伍建设等方面给予民办学校更多的优惠，鼓励民办学校结合河南实际就职业教育的体制框架、发展走向、办学理念、培养目标、教育教学管理等方面进行卓有成效的探索。

（4）对各层次职业院校管理人员，特别是校级领导进行卓有成效的培训，使他们成为熟知职业教育规律，既能守正又能创新的职业教育专家，形成具有河南特色的职业教育专家团队。

（5）认真制订各层次职业教育标准，结合行业企业对不同层次人才的需求，做好各层次职业教育的衔接，使从中等职业教育开始到高等职业教育毕业的整个过程成为一个完整的知识和技能体系，这个体系既能与经济社会发展需要相匹配，又能在一定意义上引领行业企业的发展。

（6）建立一支适应各层次职业教育发展的师资队伍。这支队伍不同于普通的基础教育和高等教育，最基本的要求是能够承担各层次职业院校人才培养的需要。

B.13

民办职业教育服务“一带一路”建设研究

韩彩虹*

摘　要：“一带一路”倡议为民办职业教育国际化提供了战略机遇。文章以民办职业教育服务“一带一路”建设的独特性视角，通过调研河南省民办高校在服务“一带一路”建设中所彰显的外语语种教育服务及引进国际优质资源服务方面的现状，分析民办职业教育在对接“一带一路”建设方面存在的短板，便于借助外语服务机制，从国际和国内两个层面完善民办职业教育，并促进其转化为教育国际化资源，同时引进国际化优质资源，进而助力民办职业教育国际化复合应用型人才培养的服务战略。

关键词：民办职业教育　“一带一路”建设　外语服务机制

“一带一路”倡议提出和实施6年来，其建设理念已经深入人心，全国各地正围绕着“一带一路”建设精准发力。2019年河南省政府工作报告也指出，“要坚持以郑州航空港经济综合试验区为龙头，统筹‘五区’联动、‘四路’协同，深度融入‘一带一路’建设，推动全方位高水平开放”。对于民办职业教育而言，需要顺势而为，全面系统地研究“一带一路”相关

* 韩彩虹，郑州科技学院副教授，外国语学院院长，硕士，主要研究方向为语言教育学、教育社会学。

政策的推行，并结合自身的灵活管理机制，可以成为推动河南省全方位高水平开放的助力点，在服务地方文化经济发展的同时，也可以助推民办教育的国际化进程，提升自身的核心竞争力。

一 “一带一路”建设为民办职业教育带来了战略机遇

职业教育（Vocational Education）最早出现于西方，主要可以归纳为五个类型，分别是加拿大“以能力为基础的教育”CBE（Competency Based Education）、澳大利亚“以技术与继续教育为基础”的TAFE（Technical and Further Education）、英国“以商业与技术为基础的教育”BTEC（Business Technology Education Council）、德国以校企合作为驱动的双元制职业教育模式以及芬兰运行的“多科技术学院体系”。西方所运行的职业教育类型各异，然而在重视实践、重视新技术与教育的融合、重视应用能力培养等方面是不谋而合的发展思路。对于职业教育的重要性认识问题，Beck and Murphy[①] 认为：“发展中国家经济发展离不开职业教育，它们息息相关并且相互促进，地位也同等重要”。

从国内观之，学者马庆发[②]指出：“职业教育是培养和提升受教育者职业素质的教育，以培养技能型和技术型人才为目标，以实践性学习为主要特征，以传授职业岗位所需的知识、技能、态度为主要内容，以满足受教育者个人终身职业发展、满足社会经济发展为导向，由企业、学校和各类职业培训机构等共同实施”。在我国，民办职业教育的定义是以举办者的身份为参照标准，主要是由社会团体、企事业组织、公民个人及其他社会组织等社会力量举办，且办学的定位与市场紧密结合，由此彰显出社会性、生产性以及职业性特征。因此，“民办职业教育是职业教育的重要组成部分，同时也是生产社会化及现代化的重要支柱，它完善了职业教育体系，为职业教育的发

① Beck and Murphy, *The Four Imperatives of a Successful School*, California: Corwin Press INC., 1996.

② 马庆发：《当代职业教育新论》，上海教育出版社，2001，第10页。

展提供了相关经验。”①

“一带一路”建设主要想通过以古代丝绸之路为隐喻的历史符号，以维护世界和平、稳定为担当，积极发展与沿线国家的经济合作伙伴关系，共同打造政治互信、经济融合、文化包容的利益、命运和责任共同体，在全球范围内日益传递着“一带一路”合作共建的理念。尤其在 2019 年 4 月 27 日在北京举行了第二届“一带一路”国际合作高峰论坛，进一步展示了共建 5 年来所取得的丰硕成果。我们都知道，新时代背景下，在 60 多个“一带一路”共建国家中，大多数国家的经济发展处于发展阶段，需要借助大量的国际化应用型人才驱动高质量的发展。我国民办职业院校则顺势而为，在历经 30 多年的发展后，也在“一带一路”建设中迎来了如下发展机遇。

（一）输出职业教育资源的机遇

职业教育资源是民办职业高校的生命主线，紧扣市场对人才的诉求，可以在“一带一路”建设中共享。事实证明，相对于“一带一路”共建的发展中国家的职业教育而言，我国的职业教育已经形成了较为丰富的办学理念、教学内容、运行模式和双师型教师队伍，可以通过有效输出的模式将民办职业教育资源转化为教育国际化资源，向“一带一路”共建国家进行传播，可以引领诸如项目设计与管理、工程技术、小语种、智能操作等方面的应用型人才的培养。一方面，由于产业发展的社会分工越来越精细化，民办职业教育所对应的专业设置与行业、企业的发展一直保持同步，进而形成了适应性较强的行业和产业标准体系，在某些国家尚未建立产业标准体系的一些领域占领先机，从而为教学内容资源输出创造了条件；另一方面，在开展多种形式的校企合作过程中，选派师资参与海外企业项目的策划、设计与实施，尤其是在那些“走出去”的企业中，可以将我国民办职业教育的校企

① 车驰：《“一带一路”背景下中国民办高校的国际化办学实践——以西南交通大学希望学院为例》，《南方农机》2018 年第 12 期。

协同创新育人理念和经验有效传递到“一带一路”共建的发展中国家，给予其引领和帮扶，便于加快自身的经济发展速度。

（二）引进国际优质教育资源的机遇

“一带一路”建设促进高校之间的校际交流与合作，尤其是优质资源的引进方面成为热点问题。根据相关数据统计得知，截至2019年，河南省经过教育部批准通过的实施本科及以上层次的中外合作办学机构及项目共计82个，其中包含机构3个。据统计，目前河南省民办普通高等学校共计37所，开展对外合作办学项目的则寥寥无几，尤其与“一带一路”接点国家开展高校之间的联合培养模式的更是凤毛麟角。“一带一路”建设则可以激励民办职业院校拓宽视野，引进与应用型人才培养定位相关的优质资源，诸如芬兰的“多科教育”、德国的“双元制”教学模式等。

（三）搭建智慧外语服务文化高地建设的机遇

在“一带一路”建设大背景下，我国外语生活将面临全新而又广泛的语言生活。党的十八大报告指出，要“提高文化产品质量”“发展新型文化业态”。河南是主动融入“一带一路”建设的重要省份。2016年，时任河南省省委书记谢伏瞻在省第十次党代会上首次提出，未来五年河南要打造“三个高地”，其中“加快构筑全国重要的文化高地”成为其中之一。要打造文化人才高地，则需要创新文化业态，推进文化国际化趋势。智慧外语服务机制正是语言与科技融合的创新方式，也是多学科交叉融合的智慧平台，可以有效助推河南文化建设的国际化，以绝对的优势占据全国重要文化高地。因此，在新时代大数据云服务背景下，智慧外语服务机制的健全和完善将成为未来服务业的新增长点。

二　民办职业教育外语服务对接“一带一路”建设的现状调研

我们都知道，随着河南经济的快速增长和河南经济与世界的接轨，外语服务的发展必不可缺。在对接“一带一路”建设中，无论是输出国内的职业教育资源还是引进优质的外国教育资源，都离不开外语服务，由此，可以说，要抓住“一带一路”的机遇，首先应抓住外语服务问题。目前，河南省内的民办职业高校外语服务集中体现在外语语种教育服务与“一带一路”共建国家的高校开展交流合作的服务两个方面，通过调研可以获悉其运行现状。

（一）民办职业教育的外语语种教育服务情况

“外语教育随着国际交往的发展而发展，随着交往目的变化而变化。”①“一带一路”建设覆盖我国18个省、自治区、直辖市，涉及包括东亚的蒙古、东盟、西亚、南亚、中亚、独联体和中东欧等在内的近70个国家和地区，语言状况十分复杂。民办职业高校作为高等教育的重要组成部分，也同样肩负着培养服务于“一带一路”建设的外语人才。本文以调查河南省民办高校的外语语种教育基本情况为主，通过对河南省具有代表性的37所民办高校②开设语种、外语专业二外开设的语种及非外语专业开设语种情况进行调研和材料梳理，阐述全省民办职业教育的外语教育服务现状。具体情况如表1所示。

表1　河南省民办高校外语语种教育服务情况

院校名称	办学层次	外语专业开设语种	外语专业二外开设语种	非外语专业开设语种
郑州科技学院	本科	英语	日语、法语	英语
黄河科技学院	本科	英语、日语	英语、日语	英语
郑州工业应用技术学院	本科	英语	日语	英语
郑州财经学院	本科	英语	日语	英语

① 凌静：《“一带一路”背景下高职教育输出助推经济国际化的若干思考》，《职业与教育》2019年第1期。

② 《源于教育部公布的河南省民办高校名单》，http：//www. creditsailing. com/article/735055. html。

续表

院校名称	办学层次	外语专业开设语种	外语专业二外开设语种	非外语专业开设语种
黄河交通学院	本科	英语	日语	英语
商丘工学院	本科	日语、英语	英语、日语	英语
河南大学民生学院	本科	英语、日语、俄语	英语、日语、俄语	英语
河南师范大学新联学院	本科	英语、日语	英语、日语	英语
信阳学院	本科	英语、日语	英语、日语	英语
安阳学院	本科	英语	日语	英语
新乡医学院三全学院	本科	英语	日语	英语
河南科技学院新科学院	本科	英语	日语	英语
郑州工商学院	本科	英语	日语	英语
中原工学院信息商务学院	本科	英语	日语	英语
商丘学院	本科	英语	日语	英语
郑州商学院	本科	英语、日语、德语	英语、日语、德语	英语
郑州升达经贸管理学院	本科	英语、日语	英语、日语	英语
郑州澍青医学高等专科学校	专科	无	无	英语
郑州电子信息职业技术学院	专科	无	无	英语
嵩山少林武术职业学院	专科	英语	无	英语
郑州电力职业技术学院	专科	无	无	英语
周口科技职业学院	专科	无	无	英语
漯河食品职业学院	专科	无	无	英语
郑州城市职业学院	专科	英语	无	英语
焦作工贸职业学院	专科	英语	无	英语
许昌陶瓷职业学院	专科	无	无	英语
郑州理工职业学院	专科	无	无	英语
郑州信息工程职业学院	专科	无	无	英语
长垣烹饪职业技术学院	专科	无	无	英语
信阳涉外职业技术学院	专科	无	无	英语
鹤壁汽车工程职业学院	专科	无	无	英语
南阳职业学院	专科	无	无	英语
郑州商贸旅游职业学院	专科	无	无	英语
郑州黄河护理职业学院	专科	无	无	英语
洛阳科技职业学院	专科	无	无	英语
鹤壁能源化工职业学院	专科	英语	无	英语
平顶山文化艺术职业学院	专科	英语	无	英语

从以上调查表中可看出：河南省所有民办高校开设的外语专业主要是英语，仅仅是个别学校开设了日语、俄语、德语语种，总体上来说，所开设外语类专业的语种较为单一，且有15所民办专科学校根本没有设置英语专业，外语服务是空白；在外语专业二外开设的语种，集中为英语和日语这两种语言，有20所民办专科学校没有开设二外，且小语种开设非通用语专业数量整体偏低；在非外语专业开设的语种一律为英语。由此可见，民办职业教育在服务“一带一路”建设中缺失了外语教育的丰富性和多语种性，很难推进职业教育的输出战略。

（二）民办职业教育的校际交流情况

“一带一路”倡议为民办高校职业教育国际化推进营造了良好的氛围。通过调研河南省37所民办高校国际化合作交流情况，具体信息如表2所示。

表2　河南省民办高校中外合作办学情况调研

院校名称	办学层次	有无中外项目合作	校际交流(国别)	“一带一路”共建国家交流(国别)
黄河科技学院	本科	有	美国、爱尔兰	爱尔兰、泰国、波兰、俄罗斯等
郑州科技学院	本科	有	新西兰	新西兰、马来西亚、西班牙、芬兰、泰国、俄罗斯
郑州工业应用技术学院	本科	有	菲律宾	马来西亚、菲律宾
郑州财经学院	本科	无	新西兰、美国	新西兰
黄河交通学院	本科	无	韩国	无
商丘工学院	本科	无	加拿大	无
河南大学民生学院	本科	无	加拿大、美国	无
河南师范大学新联学院	本科	无	美国、加拿大、马来西亚	马来西亚
信阳学院	本科	无	韩国	韩国
安阳学院	本科	无	摩洛哥、美国	摩洛哥
新乡医学院三全学院	本科	无	无	无
河南科技学院新科学院	本科	无	无	无

续表

院校名称	办学层次	有无中外项目合作	校际交流(国别)	“一带一路”共建国家交流(国别)
郑州工商学院	本科	无	美国	澳大利亚
中原工学院信息商务学院	本科	无	无	无
商丘学院	本科	无	美国	无
郑州商学院	本科	无	英国	无
郑州升达经贸管理学院	本科	无	韩国、马来西亚、美国	马来西亚
郑州澍青医学高等专科学校	专科	无	无	无
郑州电子信息职业技术学院	专科	无	无	无
嵩山少林武术职业学院	专科	有	美国	无
郑州电力职业技术学院	专科	无	无	无
周口科技职业学院	专科	无	加拿大	无
漯河食品职业学院	专科	无	无	无
郑州城市职业学院	专科	有	马来西亚	马来西亚
焦作工贸职业学院	专科	无	美国、加拿大、澳大利亚	澳大利亚
许昌陶瓷职业学院	专科	无	无	无
郑州理工职业学院	专科	无	无	无
郑州信息工程职业学院	专科	无	加拿大	无
长垣烹饪职业技术学院	专科	无	无	无
信阳涉外职业技术学院	专科	无	韩国	无
鹤壁汽车工程职业学院	专科	无	无	无
南阳职业学院	专科	无	无	无
郑州商贸旅游职业学院	专科	无	无	无
郑州黄河护理职业学院	专科	无	无	无
洛阳科技职业学院	专科	无	无	无
鹤壁能源化工职业学院	专科	无	无	无
平顶山文化艺术职业学院	专科	无	无	无

注：表中“有无中外项目合作”主要是指在教育部涉外管理系统中可以查询到的中外合作办学项目；表中“‘一带一路’共建国家交流”主要是通过搜索37所民办学校的校园网上公布的信息为参照，对校园新闻报道的相关国际交流活动进行统计获悉。

从表2中，我们可以看出：近年来，尽管河南省民办职业教育围绕着“一带一路”倡议进行了大量积极的探索，然而总体上发展极为不平衡，在

37 所民办高校中，开展本科层面合作项目的有 3 所院校，即黄河科技学院、郑州科技学院、郑州工业应用技术学院，其他 2 所民办学校主要开展的是专科层面的项目合作，可见，只有 13.51% 的学校开展深入的项目合作，绝大多数学校只是停留在浅层次的校际交流方面，与“一带一路”共建国家建立交流的也少之又少，甚至还有 17 所民办学校没有留下任何国际交流的痕迹，处于零点状态，合作的院校也大多集中在英国、美国及加拿大等发达国家，很难推进优质资源的引进工作。

三　民办职业教育服务“一带一路”建设的短板

（一）外语语种教育服务方面的短板

1. 外语语种服务单一甚至空白化无法有效输出职业教育资源

“一带一路”建设需要“熟悉沿线国家本土国情、熟练使用不同语言、精通某一领域的相关业务和具有较强跨文化沟通能力的复合应用型人才。”① 由于市场急需大量经贸、交通、农林、工程、医药、艺术等各类专业型人才，因此这些语言行为的主体不但要掌握相应的专业技能，还要掌握一种或多种工作地的语言。然而依据上述表 1 中显示：民办高校外语专业语种单一，非外语专业开设的外语语种绝对单一，只有英语，甚至出现 0 语种设置的现象。而“一带一路”建设所应用的非通用语约有 60 多种，因此以河南省民办职业教育现有的语言服务资源，远远不能满足“一带一路”建设中的语言需求。

2. 师资队伍与民办职业教育输出需求的匹配性不足

通过访谈和调研发现，虽然近年来，民办高校在优化师资队伍建设过程中，更加注重有海外留学背景的人才引进，然而仍然有 17 家民办高校没有开设外语专业，也没有储备外语方面的资源，主要集中在一些专科高校，占

① 刘禹彤：《“一带一路”建设背景下辽宁省语言服务研究》，《辽宁师范大学》2017 年第 5 期。

比达到48%，是一个令人忧心的数字，这将会成为“走出去”战略的一大阻力。另外，这些学校也缺乏“双师型”教师队伍储备，无法向“一带一路”共建国家输出职业教育资源，也无法深入了解沿线企业的相关项目和业务工作，将成为民办职业教育国际化进程的壁垒。

3. 课程开发与海外业务相融合的匹配性不足

目前，民办高校普遍把办学定位为应用型、技能型人才培养规格，注重校企行协同创新育人模式的构建，但是与企业联合进行课程开发仅仅框定在一般业务性浅层次的项目，缺乏针对企业海外项目诸多资源的整合与实践，致使课程开发对接企业海外业务拓展相对滞后。

（二）引进国际优质资源方面的短板

1. 符合“一带一路”倡议的中外合作办学项目基本上处于空白

目前只有1所本科层次的民办高校与美国的高校合作举办了工商管理专业、计算机科学与技术专业、软件工程专业、动画专业、美术专业及会计学专业本科教育项目，然而与“一带一路”共建国家开展此类项目的民办高校还没有零的突破。其他37所民办高校中，仅有2所与国外高校建立了专科层面的教育项目。相对于公办高校而言，民办高校缺乏人才资本投资，大大降低了其内驱力，也随之失去了竞争力和发展力，无法满足“一带一路”建设中“走出去”的需求。

2. 与国外高校建立校际交流的次数少且过于形式化

通过对河南省37所民办高校进行网络调研，结果发现有17所高校没有与国外开展任何交流活动，完全处于闭关状态。其他20所高校虽然都与不同国家留下了交流的印记，然而大多数处于签订框架协议的层面，双方很随意地签署，也很随意地搁置，没有任何实质的内容和意义。

3. 学术建设与国际化交流的匹配性不足

从普遍性来说，民办高等院校在办学经验以及教育能力水平上发展不平衡，与公办院校相比较在对外交流方面处于劣势。面对国际化交流的不断深入，民办教育在学术交流方面的短板则日益凸显。

四 民办职业教育助推“一带一路”建设的协同路径

（一）政府部门对民办职业教育资源输出的可持续性保障政策引擎

面向“一带一路”共建国家推进民办职业教育输出是一项长远的系统工程，往往是经济政策多、教育政策和语言政策少。政府部门需要在引导和鼓励民办职业教育的输出实践方面做出努力。

1. 政策扶持激励民办职业教育的有效输出

政府可以专门设立民办职业教育输出的专项经费，资助双方开展项目合作过程中关于人才培养方面的投入，也可以资助“一带一路”共建国家的学生到民办职业学校进行培养，适度放宽民办高校申请中外合作办学项目的难度，以满足“一带一路”共建国家对应用型人才的需求。另外，也可以通过设立就业扶持政策，鼓励优秀的老师和学生向“一带一路”共建国家输出，并激励与民办职业高校拓展“一带一路”海外业务的企业或者行业机构能够有效“走出去”。

2. 为民办职业教育输出搭建国际化协作交流平台

政府部门为“走出去”的企业和民办职业院校搭建产教融合的国际化平台，推动民办职业高校抱团合作，形成合力，促进跨境产学合作项目的开发，并拓展项目建设，从而提升民办职业教育的学术研究能力，并引导其国际交流活动更加频繁，向“一带一路”共建国家聚焦，做好精准服务。

3. 为民办职业教育输出的小语种服务优化政策

60 多个“一带一路”共建国家，涉及 50 多个语种。但是从 37 所民办高校外语语种的调研中，可以清晰发现：大多数院校集中开设英语、日语这两种语种，远远无法满足“一带一路”建设对于多语种的需求。政府部门可以根据“一带一路”提出的具体要求与挑战，对河南省内外语语种进行规划与改革，并制定语种教育政策，适度增加设置小语种专业，彰显地方文化释义的本土化特色。

（二）民办职业学校对国际化复合应用型外语人才的培养

民办职业院校因其特殊的办学定位而成为培养应用型、技能型人才的主要战场，可以利用自身灵活运行机制的优势，主动融入并服务“一带一路”建设，不断完善和构建科学合理的人才培养体系，为我国企业提供人才和智力支持。如果从人才培养的视角观之，显然，从“一带一路”作为区域性经济合作架构的高度而言，伴随着经济的全球化，既具有国际视野又通晓国际规则的“外语+专业”复合应用型人才势必越来越受到欢迎，也会在“一带一路”倡议中掌握话语权。因为“一带一路”建设，在向共建国家输出职业教育资源的同时，也促进了共建国家学生对中国的认识和理解，进而开创国际化的交流局面。面对这样的人才诉求，需要民办职业教育利用其自身灵活的机制进行快速深化改革，与“走出去”的企业开展全面深度合作，从人才培养方案的设计、教学内容的编写、实践育人平台的搭建、项目合作等多方面协同创新育人，将校企合作由国内延伸到国外。目前，河南省内大多数民办高校与企业开展了“订单式”的培养模式，学校负责项目的理论教学部分，企业负责项目的实践培训环节，促使协同培养的人才可以与海外市场进行无缝链接。

五　小结

综上所述，外语服务机制是民办职业教育服务于“一带一路”建设的桥梁纽带，也是民办职业教育的短板。”自“一带一路”倡议启动以来，河南省各高校开始重视同“一带一路”共建国家建立校际合作关系，并在政策完备的基础上取得了一定的成果。其中，民办学校作为一股不可忽视的教育力量，也需要在“一带一路”建设中抓住战略机遇，依托政府部门的激励政策，借助外语语言服务机制，向“一带一路”共建国家有效输出职业教育资源的同时，注重引进国际优质的教育资源，锁定国际化复合应用型人才培养的目标，启动引智战略、人才战略、管理战略，从而开辟助力自身教育国际化的新路径。

参考文献

Francois Grin, "Language Planning and Economics," *Current Issues in Language Planning*, 2003 (I): 90 - 95.

Gazzola, *The Evaluation of Language Regimes: Theory and Application to Multilingual Patent Organization*, Amsterdam /Netherlands: John Benjamin Publishing Company, 2014 (3): 21 - 27.

文秋芳:《"一带一路"语言人才的培养》,《语言战略研究》2016 年第 2 期。

薛斐:《河南省语言服务研究》,辽宁师范大学 2017 年硕士学位论文。

凌镜:《"一带一路"背景下高职教育输出助推经济国际化的若干思考》,《教育与职业》2019 年第 1 期。

李佳琪:《河南省民办职业教育对策研究》,《大连海事大学》2014 年第 9 期。

王烈琴、李卓阳:《"一带一路"战略下外语教育政策发展趋势分析》,《宝鸡文理学院学报(社科科学版)》2016 年第 12 期。

陈琪:《"一带一路"背景下高职技术技能人才培养的创新研究》,《现代教育管理》2018 年第 6 期,第 87 页。

人才培养篇

Personnel Training

B.14 “新常态”下民办高校人才培养模式研究

李海霞*

摘　要： 当前，我国经济发展进入新常态，对高等教育发展提出了新要求。民办高校是中国高等教育发展的重要力量，要主动适应新常态，培养经济社会发展需要的应用型创新人才。本文以黄河科技学院为例，详细阐述了民办高校在新常态的时代背景下，创新人才培养模式的改革和实践。

关键词： “新常态”　民办高校　人才培养模式

* 李海霞，黄河科技学院副教授，河南民办教育研究院研究员，硕士，主要研究方向为高等教育管理，创新创业教育。

2014年5月，习近平总书记在亲临河南考察时，首次提出经济发展“新常态”。经济发展的新常态，要求高等教育发展也要主动适应新常态。作为中国高等教育发展的重要力量，截至2018年底，民办高校占全国高校总数的28.13%，在校生数占全国高校在校生数的22.95%①。因此，加快推动民办高校全面深化综合领域改革，不断深化人才培养模式改革创新，促使人才培养质量得到逐步提升，更好地适应经济社会发展对人才的要求就显得尤为迫切和重要。黄河科技学院作为我国改革开放大潮中诞生的全国第一所民办普通本科高校，近年来，积极适应我国经济发展进入新常态的大背景，主动融入国家实施创新驱动发展战略，不断加强应用型创新人才培养，加快推动深化创新创业教育改革，努力构建创新创业教育全链条培养孵化体系，创新人才培养机制，深化人才培养模式改革，取得了较好成效，为应用技术大学示范校建设提供了崭新动力和内生活力。

一　人才培养模式改革总体思路

（一）指导思想

以“立德树人”为根本，不断创新人才培养机制，完善创新创业教育全链条生态体系建设，强化保障措施，推动人才培养质量的不断提升，培养一大批富有创新精神、创业意识、创新创业创造能力的高素质应用型创新人才，提高学校服务区域经济社会发展和创新驱动发展的能力。

（二）基本原则

一是面向全体、分类培养。按照“面向全体、人人成才、因材施教、分类培养”的改革思路，为学生设置不同的发展路径，学生可以结合自身意愿从就业、创业、升学三种主要的发展方向中自由选择，促进学生全面发展。二是强

① 《2018年全国教育事业发展统计公报》。

调“专创融合”。努力推动专业教育与双创教育有机融合，把创新创业教育理念融入人才培养全过程，体现在教育教学各环节，通过专业学习，学生能够增强创新意识、创业精神和创新创业能力。三是将多种方式有机结合。即普及与提高相结合、第一课堂与第二课堂结合、校内与校外相结合、综合实训与科技竞赛相结合、创新与创业结合、创业与就业相结合，建立健全集课堂教学、自主学习、结合实践、指导帮扶、文化引领融于一体的创新创业教育体系。

二　全链条培养孵化体系构建

学校将创新创业教育贯穿人才培养全过程，构建了“一条主线深化、两大模块实施、三个平台支撑、四项措施保障”的创新创业教育全链条培养孵化体系，如图1所示。

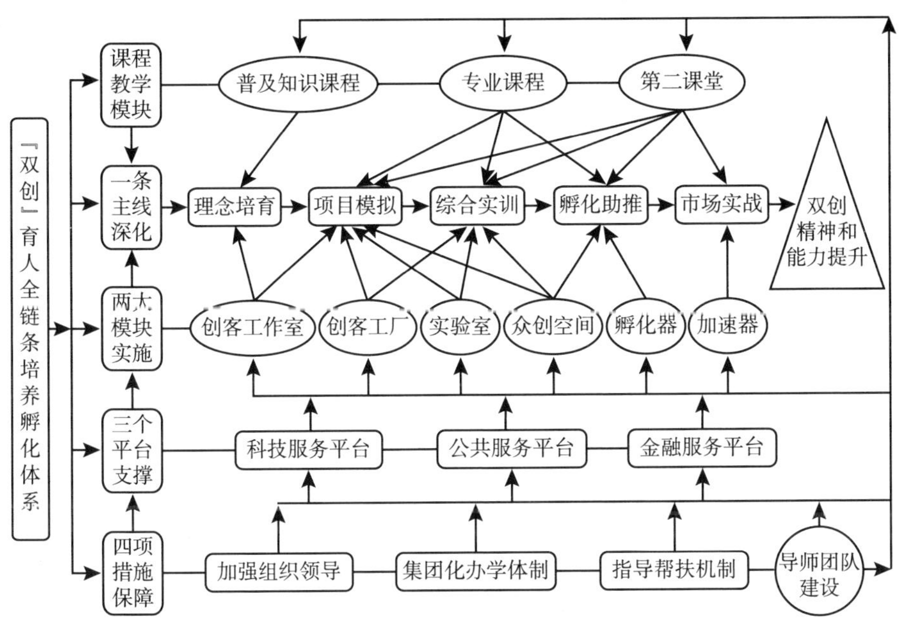

图1　黄河科技学院创新创业教育全链条培养体系

一条主线深化。围绕着“提升学生的创新创业创造精神和能力”这条主线，按照“双创教育四年不断线”的思路，从大一到大四由浅入深，开展对学生“理念培育—项目模拟—综合实训—孵化助推—市场实战”层层递进的双创教育过程，将创新创业教育融入人才培养全过程。

两大模块实施。学校建立了两大教学模块，一是课堂教学模块，二是实践教学模块。课堂教学模块按照“普及＋专业＋辅导＋培育”的创新创业教育思路，设计三类课程，即创新创业知识普及课程、融入“双创”元素的专业课程、第二课堂等。将创新创业教育融入教育教学全过程，渗透教育教学各环节。实践教学模块以学生参与式为主，将职业生涯规划、“双创”教育和就业指导教育贯穿其中，建立专业实践与“双创”实训有机结合的实践教学体系。通过与企业行业开展多种形式的合作，实现企业深度参与人才培养。比如，吸引企业入驻科技园区，共同建立实体公司，共建研发中心开展技术合作，共同实施项目式教学等。学校的各类创新创业孵化平台，如创客工作室、创客工厂、实验室或实习实训基地、众创空间、孵化器、加速器等，供学生亲历模拟或实战训练。上述两大模块的有机结合，形成了“一体两翼”的创新创业教育体系，为探索“课堂＋园区＋企业”的“三元合力”人才培养路径创造了条件。

三个平台支撑。为了支撑“两大模块”的运行，建立三个平台，即科技服务平台、公共服务平台、金融服务平台。科技服务平台依托学校各类科研院所的研发项目，对学生实施创新训练项目、创业训练项目和创业实践项目等训练计划。按照以导师的科研项目为抓手、学生自主参与的模式组织实施。公共服务平台为大学生就业创业和科技成果转化提供集孵化、路演、展示、投资、社交、政务和生活配套服务于一体的低成本、便利化、全要素、开放式的综合创业服务生态体系，促进教学和科技成果产业化互相促进和良性发展。金融服务平台为学生创新创业提供资金支持，主要来源是学校拨款，知名企业、成功校友和其他社会力量的捐赠。

四项措施保障。一是加强组织领导。学校成立“双创”工作领导小组，校长、党委书记任组长，建立了横向到边、纵向到底的“双创”工作网络，把创新创业教育纳入学校改革发展的重要议事日程，定期研究部署创新创业工作，统筹教育资源，决定重大事项。学校将创新创业教育质量作为衡量学院、部门业绩的重要指标。二是加强导师团队建设。学校通过内培外引，建立了一支由校内、校外、校友组成的“三位一体”的创新创业教师队伍，满足了学生创新、创业、创投的需要。三是完善指导帮扶机制。为自主创业大学生及时了解政策和行业信息、学习积累创业经验、寻找合作伙伴和投资创造条件；针对有创业意愿和创业潜质的大学生，在课程、政策、技能、实践等方面，集中进行培训。四是建立集团化的办学体制。学校实施“教育＋科技”集团化办学，成立教育、科技两个集团，将科技集团作为学校和企业之间的沟通桥梁，搭建技术研发、生产性实训、创新创业平台，作为破解校企深度合作困难的中间环节，形成教育、科技、产业一体化的组织架构，促进了教育链、科技链、金融链、产业链有机融合。

三　人才培养模式改革的主要举措

（一）以“专创融合”为导向精心设计课堂教学模块

学校围绕高素质应用型人才的培养目标，将“专创融合”的理念作为创新创业教育改革的出发点，在修订人才培养方案时，邀请行业企业专家、创业导师参与培养方案论证，重构和优化课程体系及实践教学体系。新的人才培养方案的课堂教学模块分三个部分，即“双创”知识普及教育模块、融入“双创”的专业教育模块、第二课堂模块。

“双创”知识普及教育模块。着重加强对学生的创新创业基础理论教育，建立有机衔接的创新创业课程群，通过开设创业类课程和视频网络课程，培养学生的创新创业精神。课程学习结束后，为进一步激发学生的创新意识和实践能力，学校引导学生积极参加职业生涯规划设计大赛，走出校园深入企业开展调研活动等。

融入“双创”的专业教育模块。学校要求各专业要进一步优化课程设置，深入挖掘专业课程中的双创教育资源，将专业教育与创新创业教育有机融合。鼓励专业教师面向全体学生开发开设研究方法、学科前沿、创业基础、就业创业指导等方面的必修、选修课程，纳入学分管理。

第二课堂模块。学校将第一课堂与第二课堂有机结合，着重对有创新创业意向和潜质的学生开设有针对性的强化课程和实践训练课程。学校开设了微创业培育项目，着重于通过黄河众创咖啡、黄河众创空间等，对学生创业项目进行初期孵化，为学生创业团队提供办公场地、融资指导等全方位服务和支持。通过创业沙盘模拟等课程和创业沙龙、GYB 培训等，使学生了解法律法规、市场调查、企业组建等知识。鼓励学生参加大学生创业实践训练计划，参加各种创新创业协会，培养学生的创业能力；学生可以通过参与“五个一”工程，参加各类学科竞赛，积极开展技能培训等，折算学分。

（二）以强化能力培养为导向打造全链条实践教学模块

学校充分利用科技集团优势，打造包含“创客工作室—创业苗圃—孵化器—加速器—产业园”在内的、共计 57560 平方米的生态化全链条孵化载体，推进政府、行业、学校和企业的协同创新，形成全链条创新创业实践平台，为学生创新创业提供了充足的空间，如图 2 所示。

创客工作室、创客工厂、实验室三位一体的实验平台，助力学生创意落地。学校加强校企合作，建立了一批高层次实验实训平台，面向学生全开放。与惠普、美国 ICU、郑州信大先进技术研究院等企业、高校、科研院所合作，共建创新实习基地和创新创业基地。学校建立创客工作室，可供学生开展创意交流、实践实验，共有文化创意类、建筑工程类等工作室 43 个；创客工厂可供创客将零配件转换为手板模型，也可供其展销产品、转让技术，占地 1.2 万平方米，面向机械、交通、材料等学科的学生开放；实验室开放供学生开展指定实验、自带项目实验、科研项目实验等。与此同时，学校重视加强校外实践基地建设，加强与企业、科研院所、优秀校友企业合作，打造实践育人共同体，协同育人，多层面支持大学生创新创业实践活动。

黄河众创空间、孵化器、加速器三位一体创业园区，满足不同创业阶段学生需求。2015 年经科技部批准的国家首批众创空间——黄河众创空间，

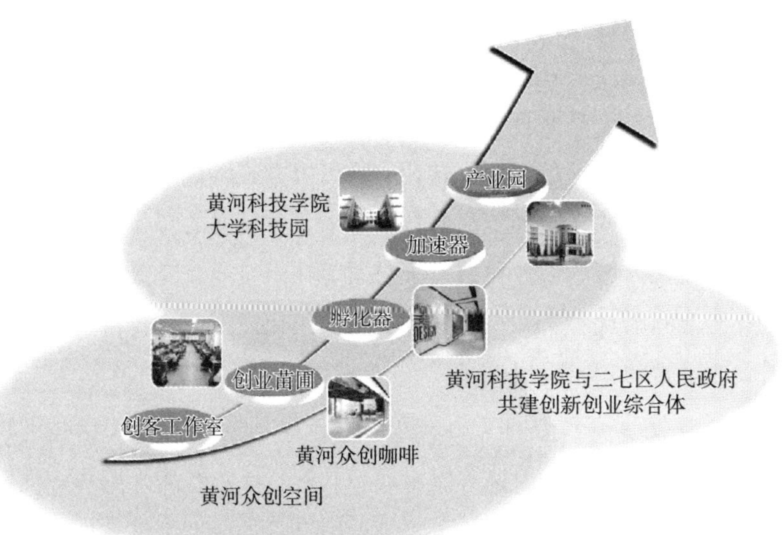

图2　全链条创新创业孵化链条

设有216个办公工位，学生创业团队可享受网络、社交及便利化服务；孵化器面积1.34万平方米，可为学生小微企业提供基础设施、技术指导和高水平孵化服务，嘉禾智慧农业在物联网研发中心的指导下，已拥有土地4000亩，流转土地近4万亩；加速器面积1.86万平方米，一方面通过引进河南大广电子科技有限公司等高新技术企业为学生提供实践工位，培养学生创新及实践能力，另一方面为学生企业留足发展空间。

（三）以提升服务能力为导向搭建"双创"支撑平台

学校充分利用和整合政府、科研院所、行业企业的各类资源，不断加大资金投入，建立了科学研究、公共服务、金融服务等支撑平台，形成了功能要素齐全、服务体系完备、运作实施高效的双创支撑体系。

坚实的科学研究平台。学校集成河南省院士工作站、博士后研发基地、重点实验室、国际联合实验室、工程技术研究中心等平台的高层次人才资源和科技资源，提供专业技术、创业孵化、技术转移等服务。同时，不断完善科技成果处置和收益分配机制，鼓励和支持校内教师通过科技合作、技术入股、专利转让、创业实践等形式将科技成果产业化，涌现出皇甫尚华、史岩等教师创业典型，带动数百名学生积极参与科研活动和创新创业实践。依托校内技术支持平台，通过合作、转让、许可等方式，优先向毕业生创设的中小微企业转移科技成果。如黄河科技学院毕业生创办的郑州飞轮威尔实业有限公司与河南嘉禾智慧农业科技有限公司等在孵企业，充分依托学校物联网与自动化控制科研优势，积极将科研成果实用化、产业化，自主创新能力不断提升，企业取得长足发展。

2016 年，学校成立中国（河南）创新发展研究院，与省政府发展研究中心合作，共建河南新经济研究院，作为新型智库，开展了形式多样的学术活动。受省发改委委托，研究院承担了河南省首批双创示范基地的第三方评估工作；出版了全国首部省级双创蓝皮书《河南双创蓝皮书（2017）》等创新创业著作 4 部；入选中国智库索引（CTTI）来源智库。2018 年 6 月，学校成立中国创新创业教育研究院，致力于开展创新创业教育研究，为国家双创战略的深入实施和相关决策提供支持。研究院由著名创业教育研究专家、教育部高等学校创业教育指导委员会副主任委员李家华教授全职担任院长。

便捷的公共服务平台。学校与二七区人民政府合作共建的二七区中小微企业服务中心，能够为大学生创业者和初创企业提供“一站式”服务，解决他们在公司初创期所遇到的工商、财务、税务、融资等难题，工商注册及税务登记手续 4 个工作日即可完成；积极引入财务、法律、知识产权等中介机构，提供代理记账、法务、专利受理、社保缴纳等服务；目前已协助 133 个团队完成公司注册、40 个大学生创业团队（企业）申请获得创业补贴 223.6 万元、36 家企业完成科技型中小企业备案。6 个项目入选“智汇郑州·1125 聚才计划”，获得政府产业化引导扶持资金 1200 万元。建有大学科技园网，开通黄河众创空间、黄河众创咖啡官方微信，及时发布上级部门下发的最新创新创业政策，提供资讯服务；发布创业项目、技术，提供对接服务；介绍创业典型，提供示范引领，受到广大学生的关注和好评。

活跃的金融扶持平台。学校设立 300 万元的创业种子基金，面向创投机构、创业组织、行业协会等开放，吸引上百个国内知名投融资机构、河南省小微商会等入驻科技园，与中关村软件园、中国大学生创业网等紧密合作，积极推进资本、技术、人才、市场等要素不断融合，为创新创业提供全方位的增值服务；以黄河众创咖啡为载体，天鹰资本、秉鸿资本、乾彭资本、中国风投、众筹网等机构和一大批活跃的投资人助阵，利用互联网金融、股权众筹融资等方式，完善投融资模式，吸引社会资本投资，为学生创业团队和科技园中小微企业提供金融服务和资金支持累计达 13450 万元。其中，毕业生赵杰创办的公司获得真格基金 1300 万元融资和阿里创投集团 1 亿元融资。

（四）以提升保障水平为导向强化关键举措

建立一支素质优良的导师团队。学校高度重视“双创”导师团队的建设，已经初步建成了一支集“创新、创业、创投”服务功能于一体的创新创业导师队伍，为学生创新创业提供全程化指导。采取的主要措施是“内培外引”。一是加强对校内导师的培养。学校鼓励教师到企业挂职锻炼、参加理论研讨、资格证书考证、教学大赛等，将教师的创新创业业绩纳入年终绩效考核、职称评聘，不断激励教师提升自身业务水平。目前共有校内导师 45 人，其中 2 人为教育部全国首批万名优秀创新创业导师，1 人为科技部科技创业导师，7 人为国家高级创业咨询师；高级职称教师 5 人，KAB 教育讲师 2 人，拥有“高级创业咨询师”资格证书的教师 240 名，满足了全校创新创业教学需要。创业教研室张红玉老师获河南省首届高校创业指导课程教学大赛第一名，被评为“河南省优秀教学标兵”。二是吸引校外导师加入。学校建立了以优秀创业校友为代表的社会企业导师团，目前共有成员 343 人，通过“创业 1 +1 工程”对学生创新创业活动进行全程、持续、有效的帮扶和指导。聘请院士、专家学者、风险投资人、创业培训师来校做报告或指导。引进“长江学者”王志功教授、国家杰出青年王聪教授等，与学校共同建设了研发中心、创办了企业，吸纳师生参与企业管理和技术研发。

切实加强对学生的指导和帮扶工作。缺乏经验、资金不足、难以打造有效的团队是大学生创新创业项目面临的三大瓶颈，也是高校创新创业教育需要重点关注和解决的难题。学校针对创客项目不同发展阶段的不同需求，从创新创业指导、帮扶、资金等方面提供有针对性、定制化的保障措施，帮助创客项目能够健康持续发展。学校设立了“双创”教育园区，以创新创业孵化链条为载体，对学生开展全程创业指导。建成创客训练营，为创业项目和中小微企业创业者提供贴合实战的“双创”课程及训练，同时提供导师指导、运营推广、融资辅导等。开展了创业沙龙、GYB 培训、“挑战杯”竞赛、大学生创业实践训练计划等创新创业实践活动，培养学生的创业能力。杰出校友定期无偿为创客开展培训，如酒仙网总裁郝鸿峰先生，多次参加创客训练营活动，帮助青年大学生提升创业就业素质。

建立集团化办学体制，积极推进产教融合。学校将深化体制机制改革作为深化创新创业教育改革的重要推动力，构建“教育 + 科技”集团化办学模式。集聚内外资源，激发“双创”活力。建立特色产业园区，吸引优势科技企业入驻孵化，同时促进校内科技成果转化；设立产权基金，建立技术转移中心，为科技园、孵化器、创业园内创业、孵化和入驻企业提供资金服务，形成技术研发、生产性实训、创新创业的有机互动，推进教育链、科技链、金融链、孵化链“四链融合”，推进教育与产业的有机结合。

改革学籍管理制度，形成“双创”激励机制。学校建立了创新创业学分积累与转换制度，出台了《创新创业学分转换实施办法》，学生获得各类技术技能等级证书，参与学科竞赛、课外科技活动（含课外实验活动）、创业训练与实践等情况均可折算为学分；实施了《培养创新创业人才跨专业选修课程实施办法》，允许跨专业选修课程，计入学分。按照《学籍管理实施细则》，实施弹性学制，放宽修业年限为 10 年，允许调整学业进程、保留学籍休学创新创业。

四　人才培养模式改革成效显著

（一）学生创新创业能力显著提高

学生创新实践能力持续增强，2017 年底全校参与创业实践学生达到

1470 人，2017 届毕业生创业率达到 10.46%。近三年，学生获国家级学科竞赛奖励 729 项，在全国“互联网 +”大学生创新创业大赛中获 2 银 5 铜，学校荣登“2012 ~ 2016 年全国普通高校竞赛评估结果（本科）TOP 300”榜单；获得省级以上大学生创新创业训练计划项目立项 101 项，2017 年省级立项数量名列全省高校第二；毕业生李威入选 2018 福布斯中国“30 位 30 岁以下精英”榜和“2018 胡润 30 × 30 创业领袖”榜，是河南地区唯一入选者，被评为首届河南省大学生创新创业标兵；在校生马维祥带领家乡人民脱贫致富的事迹被国务院政府网、新华网、人民网等广泛报道，他被评为首届“河南最美大学生”，入围第十三届中国大学生年度人物提名候选人。

（二）创新创业教育改革成绩突出

学校获“首批国家众创空间”“首批全国创新创业典型经验高校”“首批全国深化创新创业教育改革示范高校”“首批全国大学生创业示范园”“全国创业孵化示范基地”“首批河南省示范性应用技术类型本科院校”“首批河南省双创示范基地”等；在教育部举行的“全国创新创业典型经验高校”颁奖会上，黄河科技学院作为全国四所典型高校之一发言。学校大学科技园、黄河众创空间（全国首批 25 所）双双纳入国家级科技企业孵化器管理与服务体系，入围“2018 中国 100 家特色空间”。

（三）服务地方发展的能力稳步提升

学校创新创业基础设施除了服务全校师生以外，还主动面向地方企业和高校开放，一批性能处于国际先进水平的大型仪器设备，全部列入河南省大型科学仪器协作公用网，服务南开大学、郑州大学等高校院所和宇通公司等企业 40 余家。学校获授权专利 1793 项，连续两年在河南省高校专利授权量中排名第二，发明专利比例明显提升；30 余项研究成果被企事业单位采用，产生良好的经济和社会效益。出版发行了全国首部省级民办教育蓝皮书《河南民办教育发展报告》、全国首部省级双创蓝皮书《河南创新与创业发展报告》。

（四）育人成效赢得社会广泛赞誉

《人民日报》、央视《新闻联播》、《华盛顿邮报》等国内外知名媒体对学校创新创业教育和人才培养成效多次报道。中央电视台《新闻联播》以黄河科技学院为典型，以学校入驻企业的成功之路为案例，报道了河南省创新创业工作成果；2018 年以来，国务院“双创”专题督察调研组、国家创新创业专题调研组和国务院推进创新驱动发展专题督察组先后到校调研，给予了高度评价。《人民日报》、新华社、中央电视台《新闻联播》等多次报道。华谊兄弟（天津）实景娱乐公司、清华大学、德国雅各布大学等 200 余家著名企业、兄弟院校来校调研交流。

B.15

民办高校“双师型”教师胜任力模型构建

王维娜*

摘　要： 随着社会对应用型人才需求的剧增，作为民办高校适应经济发展要求不断创新人才培养，加强“双师型”教师队伍建设是关键，也是民办高校能够树立品牌和特色的重要保障。本研究主要是以民办高校，尤其是河南省为研究对象，通过访谈和问卷调查对部分民办高校“双师型”教师胜任力特征进行分析研究，借助主成分分析法对数据进行检验、提取，得到“双师型”教师胜任力主因子，通过对主因子进行命名构建民办高校“双师型”教师胜任力模型，从而完善高校“双师型”教师的选拔、培训考核，以及规范教师胜任力评价机制。

关键词： 民办高校　“双师型”教师　胜任力模型

一　研究的理论依据及必要性

（一）胜任力和胜任力模型理论

1. 胜任力的概念及特点

胜任力，英文 Competency，由哈佛大学心理学教授、迈克伯（McBer）

* 王维娜，郑州科技学院副教授，硕士，主要研究方向为物流管理。

咨询公司创始人 David McClelland 及其研究团队经过大量研究提出，其强调影响工作绩效的个人因素、行为特征，将这些特征定义为胜任力，具体来讲主要涉及个体知识、思维、技能、特质等。作为胜任力其具有以下特征：第一，个体胜任力是具有一定的潜质以及发展性；第二，胜任力具有一定的显性特征，并且是可理解的，通过理解可以达到相应的胜任力水平；第三，能够将个体的胜任力表现出来的关键是通过预测和测量绩效。

2. 胜任力模型理论

胜任力模型（Competency Model）的具体含义为：对企业或组织中某职位，依据职责要求所提出的为完成该职责所需要的能力支撑要素。近年来，随着我国人力资源管理理论的完善，胜任力模型也有了广泛的应用。目前较常应用于员工招聘、人力资源培训与开发、绩效管理和工作分析等方面，对于企业和个体绩效的提升有重要影响。David McClelland 在提到胜任力模型时，认为胜任力模型是知识、态度和技能的组合，这三部分又是个体发展的构成因素，可以通过标准测量进行改善。“素质冰山模型”是胜任力模型（Competency Model）的进一步延伸，将个体特征分为两部分：冰山以上部分，可以看得见的、可理解的显性部分；冰山以下部分，无法显现的隐性部分。其中显性部分主要是基本知识和技能，该部分较为方便测量，亦可以通过后期培训进行改变和提升。隐性部分主要是难以测量的部分，很难通过外界影响进行改变，主要有特质、动机、社会角色等。

（二）“双师型”教师胜任力的含义

随着社会经济的发展，高等教育大众化趋势越来越明显，我国民办高校不管是在数量上还是在质量上都有了一定的提升，但是大部分民办高校的品牌化和特色化还不够明显。近年来，社会对应用型人才需求增加，高等教育也需要随之进行变革，尤其是民办高校。但是由于客观因素的影响，民办高校师资队伍建设与其蓬勃发展存在不平衡性，且其发展面临着更高的风险，例如生源、资金、师资力量、就业率及政策“歧视”等问题，作为民办高校必须正视这些风险及问题，才能突破发展的瓶颈。“双师型”教师的界定通常是具有讲师或以上职称，具有良好的职业素养，具体来讲可以从以下几个方面理解。（1）从技术职务条件来看，在具备高校教师资格前提下，又具备讲师或者讲师以上职称。（2）从职业资格条件上来说，主要是指获取专业资格证书。（3）工作经验方面，通常要求具有一定工作经验，或者是专业实践技能。由于民办高校的特殊性和条件限制，本文中“双师型”教师胜任力主要是结合省内民办高校特点来进行界定，具有通用性也有自身的特殊性，主要是民办“双师型”教师显性特征如教学知识、技能等和隐形特征如动机、特质等的组合，这种组合特征能够有效表达个体的胜任水平。

（三）民办高校“双师型”教师胜任力模型的意义与价值

1. 加强民办高校师资队伍建设

随着社会对应用型人才需求的剧增，作为民办高校要适应经济发展要求培养创新人才，加强“双师型”教师队伍建设是关键。

2. 完善民办高校人力资源管理机制

民办高校“双师型”教师胜任力模型中对于个体知识、技能、特质、思维等方面的分析能够有效完善民办高校人力资源管理机制，从教师招聘、培训和考核等方面提供了一定的参考模板，起到导向作用。

3. 创新应用型人才培养模式

作为民办高校，由于自身条件及相关政策的限制以及社会经济发展的需求，民办高校必须创新应用型人才培养模式，进一步完善培养目标，创新改革，紧跟行业对人才需求的变化调整模式，探索教学改革。

二　民办高校“双师型”教师胜任力模型的构建

（一）访谈提纲及问卷设计

本文前期通过与省内 4 所民办高校专任教师（其中包括 10 位“双师型”教师及省市骨干教师）进行访谈，并结合网络资源确定胜任力因素的

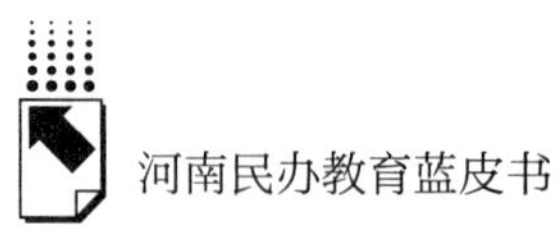

高频词，整理了24项胜任力特征，并在此基础上进行了问卷初稿的设计，在问卷题目的设置上结合24项胜任力特征采用Likert 5级量表，从“重要”到“不重要”进行排序，依次为“非常重要（5）”“比较重要（4）”“重要（3）”“比较不重要（2）”“最不重要（1）”。为确保问卷的全面性及合理性，在编制问卷初稿后又请教了不同行业的专家，涉及教育学、心理学、人力资源、企业管理等方面。其间经过多次修改，最终完成问卷的设计。考虑到问卷回收效率及有效性，本次调查主要选择网络（问卷星）这一方式为主渠道进行问卷发放和回收。

（二）民办高校“双师型”教师胜任力模型的构建过程

为确保问卷的全面性、合理性和科学性，本次调研主要以民办高校一线教师、高校中层管理者、在校大学生三类为调研对象，选择网络（问卷星）这一方式为主渠道进行问卷发放和回收。本次调研共回收在线问卷148份，全部为有效问卷。问卷调查的结果主要是使用SPASS软件，首先对本次调研数据进行信度、效度分析，如表1所示。

根据表1可知：如果调研数据CronBach信度系数大于0.9，则说明该数据信度质量较高，本次调研为CronBach信度系数为0.942，可以说明质量较高。而“项已删除的α系数”是指部分分析项被删除后，CronBach信度系数值并没有明显增加，则说明所有分析项均有价值以及CronBach数据信度水平高。针对“CITC值”，分析项对应的CITC值全部均高于0.3，因而说明分析项之间具有良好的相关关系，同时也说明信度水平良好。根据以上结果分析说明，CronBach信度系数大于0.9，且删除题项后CronBach信度系数值没有增加，总体来讲，该此调查数据的信度质量比较高，可以开展后续研究分析。

（三）运用因子分析法完成民办高校“双师型”教师胜任力模型的构建

本文对于胜任力模型的分析，主要是通过SPASS软件中因子分析功能

表 1　CronBach 信度分析结果

名称	校正项总计相关性(CITC)	项已删除的 α 系数	CronBach α 系数
教学表达能力	0.394	0.942	0.942
教育知识	0.467	0.942	
学科知识	0.453	0.942	
学情分析能力	0.519	0.941	
教学设计能力	0.635	0.94	
反思教育能力	0.683	0.939	
激活创造性能力	0.627	0.94	
终身学习能力	0.572	0.94	
学术交流能力	0.698	0.939	
科研成果转化能力	0.696	0.939	
实践能力	0.543	0.941	
人格魅力	0.602	0.94	
进取心	0.627	0.94	
团队协作能力	0.628	0.94	
学术影响力	0.723	0.938	
统筹决策能力	0.765	0.938	
成就意识	0.744	0.938	
学科前沿洞察力	0.712	0.938	
沟通能力	0.621	0.94	
正确的教育价值观	0.447	0.942	
奉献精神	0.685	0.939	
网络资源利用	0.681	0.939	
实践教学能力	0.623	0.94	
广泛的爱好	0.631	0.94	

开展分析。其理论依据主要是将问卷中设置的胜任力特征项作为因子，本次调查中共列出了 24 项胜任力特征因子，并进行排序，特征要素序号为 1，2，…，24，对应序号为 X_1、X_2，…，X_{24}，根据 24 个因子重要程度，也就是因子在问卷调查结果中的总和，首先利用 SPASS 软件中因子分析功能进行主成分分析，经过数据运算提取相应的公共因子，并计算其权重。在此基础上建立相应模型，其数学模型如下所示：

$$x_1 = a_{11}F_1 + a_{12}F_2 + \cdots + a_{1m}F_m$$

$$x_2 = a_{21}F_1 + a_{22}F_2 + \cdots + a_{2m}F_m$$
$$\cdots$$
$$x_p = a_{p1}F_1 + a_{p2}F_2 + \cdots + a_{pm}F_m$$

上式中 $x_1, x_2, \cdots, x_p$ 为变量，是标准差为 1、均值为 0 的变量，F_1，$F_2, \cdots, F_m$ 为 m 个因子，其矩阵形式如下：

$$X = AF + \mathrm{a}\varepsilon$$

1. 因子分析检验

通过 KMO（Kaiser-Meyer-Olkin）检验和巴特利球检验（Bartlett Test of Sphericity）法分析判断数据是否适合因子分析，如表 2 所示。

表 2　KMO 和 Bartlett 检验

KMO 值		0.917
Bartlett 球形度检验	近似卡方	1844.71
	df	276
	p 值	0

本文主要使用主成分分析研究，首先，根据 KMO 和 Bartlett 检验来判断是否适合主成分分析，从表 2 可以看出 KMO 和 Bartlett 检验结果数值分别为 0.917 和 0，根据 KMO = 0.917 > 0.6，满足主成分分析，说明该数据可以进行主成分分析，Bartlett 检验结果数值 P < 0.05，也说明适合选用主成分进行分析。

2. 公共因子提取及命名

结合因子特征根和方差累积解释率两项指标可以进行公共因子的提取。因子特征根表示某一因子对总体变异的解释力度，详见表 3 所示，提取特征根 > 1 的因子，也可用公共因子碎石图来表示，如图 1 所示，碎石图主要用于表述提取公共因子的个数，从表 3 可知：因子分析共提取出 5 个因子，特征根值均大于 1，此 5 个因了旋转后的方差解释率分别是 21.856%、15.975%、10.116%、8.993%、8.402%，旋转后累积方差解释率为 65.342%，符合统计学要求。

表3　特征根及方差解释率

因子编号	特征根			旋转前方差解释率			旋转后方差解释率		
	特征根	方差解释率%	累积%	特征根	方差解释率%	累积%	特征根	方差解释率%	累积%
1	10.457	43.572	43.572	10.457	43.572	43.572	5.245	21.856	21.856
2	1.627	6.778	50.35	1.627	6.778	50.35	3.834	15.975	37.831
3	1.376	5.735	56.085	1.376	5.735	56.085	2.428	10.116	47.948
4	1.206	5.025	61.11	1.206	5.025	61.11	2.158	8.993	56.941
5	1.016	4.233	65.342	1.016	4.233	65.342	2.016	8.402	65.342
6	0.888	3.698	69.041	—	—	—	—	—	—
7	0.778	3.24	72.281	—	—	—	—	—	—
8	0.74	3.082	75.363	—	—	—	—	—	—
9	0.684	2.851	78.214	—	—	—	—	—	—
10	0.648	2.7	80.914	—	—	—	—	—	—
11	0.542	2.258	83.172	—	—	—	—	—	—
12	0.486	2.023	85.195	—	—	—	—	—	—
13	0.456	1.899	87.094	—	—	—	—	—	—
14	0.44	1.833	88.927	—	—	—	—	—	—
15	0.391	1.628	90.555	—	—	—	—	—	—
16	0.368	1.532	92.087	—	—	—	—	—	—
17	0.313	1.305	93.392	—	—	—	—	—	—
18	0.304	1.266	94.658	—	—	—	—	—	—
19	0.28	1.167	95.825	—	—	—	—	—	—
20	0.241	1.003	96.828	—	—	—	—	—	—
21	0.227	0.946	97.774	—	—	—	—	—	—
22	0.201	0.838	98.613	—	—	—	—	—	—
23	0.179	0.746	99.359	—	—	—	—	—	—
24	0.154	0.641	100	—	—	—	—	—	—

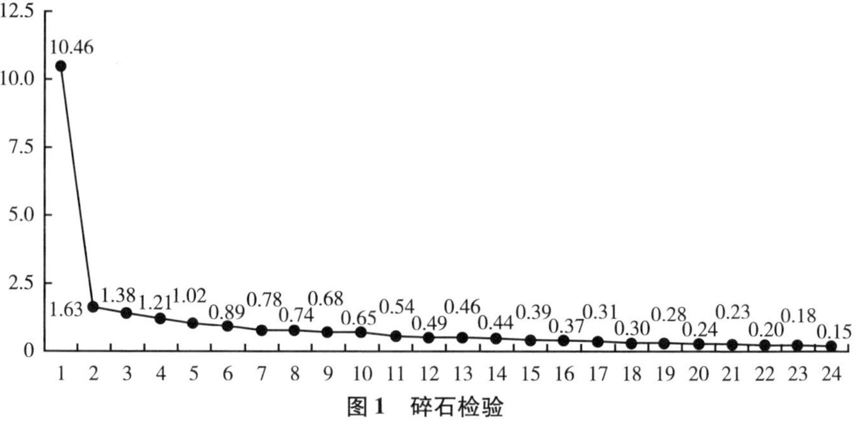

图1　碎石检验

通过因子载荷系数值，分析出每个因子与题项的对应关系情况。为找出研究项与因子之间的对应关系，本次研究数据使用最大方差旋转方法（Varimax）进行旋转。表4为公共因子模型因子载荷旋转系数，表现了因子对于研究项的对应关系，从表4可以看出，共同度>0.4，这也说明两者之间的关联性比较强，可以提取研究项与因子之间有效的信息。根据因子载荷绝对值>0.4，将因子分析结果与各项胜任特征进行归类，同时结合实际情况，对局部的变量进行相应的调整，从而得到5个公共因子。它们分别为：①专业教学能力；②教学知识；③科研与学术；④教学动机；⑤管理与协作。专业教学能力代表了学习能力、实践能力、教学设计能力、创造性及反思教育；其中教学动机代表了成就欲、成就意识、奉献精神、进取心，教学知识代表了教育知识、学科知识、通识性知识，科研与学术则代表了教师网络资源利用率、创新素质、对学科前沿知识的洞察力以及学术的影响力。基于该5个公共因子构建民办高校“双师型”教师胜任力模型，详见图2。

表4　公共因子模型因子载荷旋转系数

名称	因子载荷系数					共同度
	因子1	因子2	因子3	因子4	因子5	
学术交流能力	0.644	0.266	0.225	0.293	0.041	0.623
广泛的爱好	0.798	0.258	0	0.012	0.058	0.706
统筹决策能力	0.686	0.356	0.073	0.118	0.35	0.739

续表

名称	因子载荷系数					共同度
	因子 1	因子 2	因子 3	因子 4	因子 5	
成就意识	0.74	0.157	0.245	0.175	0.235	0.717
学科前沿洞察力	0.658	0.142	0.345	0.253	0.156	0.66
科研成果转化能力	0.496	0.442	-0.012	0.289	0.329	0.634
人格魅力	0.584	0.39	0.219	0.04	-0.087	0.549
奉献精神	0.637	0.143	0.448	0.089	0.141	0.656
网络资源利用	0.649	0.068	0.383	0.169	0.227	0.653
学术影响力	0.661	0.356	-0.058	0.161	0.374	0.733
教学设计能力	0.192	0.741	0.214	0.059	0.22	0.685
激活创造性能力	0.275	0.714	0.253	0.046	0.04	0.653
学情分析能力	0.135	0.715	0.058	0.395	-0.1	0.699
终身学习能力	0.287	0.522	0.127	0.15	0.209	0.437
反思教育能力	0.326	0.665	0.226	0.091	0.179	0.64
实践能力	0.126	0.541	0.202	0.206	0.285	0.473
正确的教育价值观	0.083	0.252	0.767	0.018	0.079	0.665
沟通能力	0.301	0.214	0.668	0.258	0.125	0.664
实践教学能力	0.342	0.301	0.562	-0.026	0.289	0.608
教育知识	0.206	0.105	0.223	0.799	0.027	0.742
学科知识	0.222	0.308	-0.031	0.683	0.021	0.612
教学表达能力	0.027	0.113	0.028	0.598	0.548	0.672
进取心	0.385	0.326	0.248	-0.159	0.638	0.748
团队协作能力	0.321	0.149	0.331	0.165	0.671	0.713

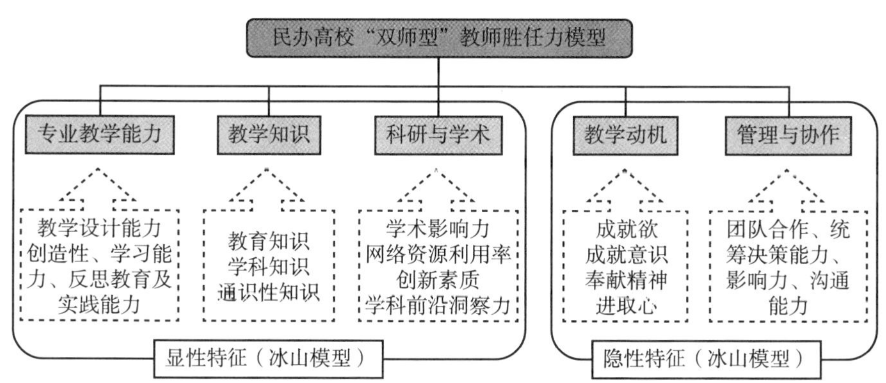

图 2　民办高校“双师型”教师胜任力模型

三　民办高校“双师型”教学队伍建设策略

（一）以教师胜任力模型为导向加强绩效管理

从教师个人来讲，基于教师胜任力模型，“双师型”教师主要能力特征已体现出来，作为民办高校教师应结合胜任力模型进行自检自查，从显性特征和隐性特征两个方面进行分析，找出差距，不断提高各方面的能力，这一过程也体现了教师胜任力模型对绩效管理的导向性。专业教学能力代表了学习能力、实践能力、教学设计能力、创造性及反思教育；教学动机代表了成就欲、成就意识、奉献精神、进取心；教学知识代表了教育知识、学科知识、通识性知识，科研与学术则代表了教师网络资源利用率、创新素质对学科前沿知识的洞察力以及学术影响力。从这几项胜任力特征方面加强绩效管理，能够有效提高效率。对于民办高校来讲，胜任力模型既可以指导高校教师职业生涯规划，同时也能够为高校人力资源管理提供考核、评估依据。

（二）以胜任力模型为基础加快民办高校师资队伍建设

由于自身办学的独特性和限制性，以及其在过程中所面临的问题，都迫使民办高校必须加快师资队伍建设的步伐。加强“双师型”教师队伍建设是关键，也是民办高校能够树立品牌和特色的重要保障。结合“双师型”教师胜任力模型逐一对照进行自检自查，加强“双师型”教师师资队伍建设，是民办高校提高教学质量、加强适应地方经济发展需求的人才培养、提升知名度的重要方面。

（三）指导高校教师职业生涯发展

职业生涯规划展示了个体终生的职业轨迹，对个体发展具有重要的影响作用。作为高校教师应当将胜任力模型作为职业生涯规划的重要工具，能够为高校教师提供科学、合理的指导，“双师型”教师在强调教学知识、专业教学素养等显性特征的同时，还要更注重高校教师教学动机、管理与协作等隐性特征。对于教师来讲，可以通过胜任力模型中胜任力特征对自己进行剖析，结合不同的职业生涯发展阶段有针对性地进行自我认知、自我调整，使职业生涯具有较强的实效性和可操作性。高校教师职业生涯由四个阶段构成，包括初期、发展期、稳定期和退休期。在职业生涯初期高校教师更多会关注专业教学能力和教学知识的学习和积累，而发展期和稳定期则更多会考虑诸如教学动机、学术与科研、管理与协作等隐性特征，如强化使命感，决策能力、责任心等。

对于民办高校来讲，胜任力模型既可以指导高校教师职业生涯规划，同时也能够为高校人力资源管理提供考核、评估依据，高校相关管理部门应结合专任教师在不同职业生涯阶段的特征，开展具有针对性的管理与监督、指导与培训，以激发教师积极性和创造性。

（四）构建胜任力模型的高校教师评估体系

高校教师评估是指对在岗教师的合格性及优劣程度进行的判断或考核。“双师型”教师教学队伍建设，应界定“双师型”教学条件，并结合胜任力模型构建高校教师评估体系。首先，定量定性相结合，职称、工作年限、科研论文等均有严格的量化指标，但是在教师思想、师德、责任心等方面定性评价较容易流于形式，这也是高校教师评估的硬伤。其次，以评估促发展。任何项目评估工作的开展都是为了更好地促发展，如果偏离了发展，评估将失去其存在的意义。而胜任力模型的评估是将定量和定性相结合进行考核，为民办教师双师评估提供了新的思路和技术路线。

四　结论

胜任力模型理论为高校教师的选拔、岗位培训、绩效管理等提供了科学的依据，通过与省内 4 所民办高校专任教师（其中包括 10 位“双师型”教师及省市骨干教师）进行访谈，并结合网络资源确定胜任力因素的高频词，整理了24项胜任力特征，并在此基础上进行了问卷初稿的设计，在问卷题目的设置上结合24项胜任力特征采用Likert 5级量表，通过KMO（Kaiser-Meyer-Olkin）检验和巴特利球检验（Bartlett Test of Sphericity）法对数据进行分析判断是否适合因子分析，并根据因子分析结果将各项胜任特征进行归类，最终得到专业教学能力、教学知识、科研与学术、教学动机、管理与协作5个公共因子。专业教学能力代表了学习能力、实践能力、教学设计能力、创造性及反思教育；其中教学动机代表了成就欲、成就意识、奉献精神、进取心，教学知识代表了教育知识、学科知识、通识性知识，科研与学术则代表了教师网络资源利用率、创新素质、对学科前沿知识的洞察力以及学术影响力。依据胜任力模型有针对性地进行自我认知、自我调整，使职业生涯具有较强的实效性和可操作性。对于民办高校来讲，胜任力模型既可以指导高校教师职业生涯规划，同时也能够为高校人力资源管理提供考核、评估依据。高校相关管理部门应结合专任教师在不同职业生涯阶段的特征，开展具有针对性的管理与监督、指导与培训，以激发教师积极性和创造性。

参考文献

胡艳琴：《高职“双师型”教师通用胜任力模型构建研究》，苏州大学硕士学位论文，2008。

张颖、蒋永忠、黄锐：《高职院校“双师型”教师胜任力模型的构建》，《安徽农业大学学报》2010年第19期。

徐建平：《教师胜任力模型与评测研究》，北京师范大学，2006。

武松、潘发明等：《SPASS统计分析大全》，清华大学出版社，2015。

潘午丽：《高校博士生指导教师胜任特征模型构建》，湖南大学硕士学位论文，2011。

尹淑杰、乔聪：《民办高校“双师型”教师胜任力模型构建》，《农村经济与科技》2018年第22期。

陶丽：《职业院校“双师型”教师胜任力模型的构建及应用情况研究》，《教育教学论坛》2017 年第 15 期。

刘晶、张祥兰：《高职院校教师胜任力模型研究》，《北京科技大学学报（社会科学版）》2013 年第 6 期。

杨宇环：《基于胜任力指数的高校教师胜任力模型研究与实证分析》，陕西科技大学硕士学位论文，2013。

B.16
民办应用技术学院产教融合道路探索

丁富云*

摘　要： 近年来，民办高校认真贯彻落实国家教育发展战略，坚持走校企合作、产教融合的道路，教育教学水平和办学实力得到提升，但在产教深化融合中仍存在诸多问题与困境。实践证明：正确理解产教融合的丰富内涵，坚持“优势互补、互惠共赢”思路，积极构建校企合作的长效机制，大力推进在文化、技术、资源、人员等方面的深度融合，是新时代民办应用技术学院破解发展难题，提升教育质量，办好人民满意的教育的正确选择。

关键词： 民办教育　应用技术学院　产教融合

随着产业结构的调整、升级以及经济发展方式的转变，知识型、技能型、创新型劳动者大军，正在成为中国从制造大国向制造强国转型的关键人才支撑。党的十八届三中全会以来，国家不断出台相关政策，以促进高等教育的结构性调整，引导地方高校向应用技术型改革转型，构建现代职业技术教育体系。地方高校以“产教融合”“校企合作”为主线的深化人才培养模式改革，正如火如荼地在全国范围内开展。

认真落实国家教育发展战略，为国家转型发展培养输送高素质应用型创

* 丁富云，河南大学汉语言文学专业本科学士，郑州大学中国现当代文学硕士，教授，中国民办教育博物馆馆长。

新人才，民办应用技术学院责无旁贷。近年来，民办应用技术学院在深化教育改革实践中，越来越深刻地认识到：走产教融合、校企合作的道路，是在新一轮高等教育竞争中，实现弯道超车的最佳路径，也是实现建设高水平应用技术大学办学目标的必然选择。深入理解“产教融合”的丰富内涵，在理论与实践层面进一步探索深化产教融合的科学路径，是当前民办应用技术学院教育模式改革面临的重要课题和当务之急。

一 关于“产教融合”内涵的理解

“产教融合”较早见于1965年美国芝加哥大学福斯特教授《发展规划中的职业学校谬误》（The Vocational School Fallacy in Development Planning）一文。[①] 20世纪中期开始为迎接新技术挑战，产教融合作为一种先进的现代职业教育模式，被西方发达国家高校广泛应用，其类型大致有三种：“企业主导”模式，如德国的“双元制”、日本的“产学合作”；“校企并重”模式，如美国的“合作教育”、英国的“工学交替”；“学校主导”模式，如澳大利亚的“职业技术教育”等。

在我国，产教融合作为现代教育模式提出，与近年来高等教育转型发展、现代职业教育体系构建密不可分。产教融合源于对校企合作的研究与实践，校企合作、产教融合，二者高度关联，其内涵同中有异，异中有同。校企合作是高效培养大批技术技能型人才的重要手段与途径，其要义在于，以培养合格的社会劳动者和高素质技术技能型人才为目标，紧密结合学生理论知识学习与实际操作训练，开展高校与行业、企业之间的合作，通过校企之间的资源交互，使学校的人才培养体系、人才培养目标同企业的运营机制、岗位需求相结合，达到企业与毕业生双向选择的可能性最大化。

产教融合作为一种现代职业教育模式，目前在我国已经上升为国家发展现代职业教育的战略决策和制度安排，它较之校企合作，内涵更深刻、外延

① 李永生、牛增辉：《论产教融合及其深化内容》，《北京教育》2018年第5期。

更宽泛。校企合作的主体是学校，而产教融合的主体是产教双方，两组主体之间是逻辑上的属种关系。所谓“合作”是甲乙双方在同一框架内各自为独立主体的合作共事，而“融合”则是彼此交融，你中有我，我中有你，主体双方相互合作、高度互补，形成利益共同体和发展共同体。产教融合是一项融合了教育制度与产业制度的国家应用型人才培养的基本制度，相对于产业发展方式而言，它打破了主要靠产量和劳动力数量对经济增长的推动方式，把人力资本和科技进步嵌入增长环节，相对于教育发展方式而言，它打破了相对封闭的教育发展方式，把职业教育内化于经济增长和产业链发展过程，反映了产业转型升级与职业教育内涵发展的水乳交融、互为因果的关系，表达了产业与教育、高校与企业在技术技能型人才培养中共同承担的社会责任。

国务院《关于深化产教融合的若干意见》（国办发〔2017〕95 号）明确提出要构建教育和产业统筹融合发展格局，推进产教融合人才培养改革，促进产教供需双向对接；强调“促进教育链、人才链与产业链、创新链有机衔接，是当前推进人力资源供给侧结构性改革的迫切要求”；产教融合的总体目标是“健全多元化办学体制，全面推行校企协同育人”。[①] 正如有关专家所说：“产教融合是在产业和教育渗透融合的格局与机制下，各类相关要素有序重组所形成的多主体、多层次、多维度生态系统。”

二　民办应用技术学院产教融合现状与存在的问题

近年来，民办高校在国家和地方政策指导下，坚持深化教育改革，积极寻找产教融合、创新创业教育新的突破口，在人才培养质量和办学实力提升等方面，不断取得令人瞩目的新成就，得到了政府的高度重视和社会的广泛认可。

① 国务院办公厅：《国务院办公厅关于深化产教融合的若干意见》（国办发〔2017〕95 号），中央政府门户网站，2017 年 12 月 19 日。

例如，中国校友会发布的《河南省2018民办大学一流专业排行榜》，全省有12所民办高校进入排行榜，公布民办大学一流专业建设情况：六星级专业12个、五星级专业29个、四星级专业50个、三星级专业82个，其中郑州工商学院和黄河科技学院分别入选48、44个专业。同榜《河南省大学一流专业排行榜》公布38所公办本科学校专业建设情况：七星级专业1个、六星级专业11个、五星级专业36个、四星级专业123个、三星级专业392个。排行榜公布数字显示，民办应用技术学院的专业建设实力不菲，大有追赶公办高校的势头。近年来，在校企合作、产教融合的大背景下，民办应用技术学院办学水平和办学实力不断取得新的突破和提升。例如，吉林动画学院2018年，在第三届全国“互联网+”大学生创新创业大赛总决赛中，夺得2项全国金奖，实现了全国民办高校创新创业教育工作的历史性突破；西安欧亚学院的“新工科通识教育课程体系构建”项目、广东科技学院的“智能制造标准化工程专业人才培养模式研究”“跨境电子商务本硕层次专业学位人才培养模式探索与实践”等被教育部认定为国家级“新工科”研究与实践项目；黄河科技学院2018年获准硕士学位授予立项建设单位，获批省国际联合实验室、河南省2018年度智慧校园建设试点单位，获批省级教改项目8个，立项层次和数量取得历史性突破，智库建设走在了全省高校的前列。民办应用技术学院随着服务地方经济社会发展的能力不断提升，得到了地方政府的日益重视和更多支持。例如，2018年陕西省确定西京学院、西安翻译学院、西安外事学院、西安欧亚学院、西安培华学院、西安医学高等专科学校等6所高校为一流民办高校建设单位，并下达三批“四个一流”建设培育引导资金6.2亿元，同时在整个“十三五”期间，计划共安排12亿元给予专项支持。

诸多例子证明，民办应用技术学院坚持走产教融合、校企合作的道路，奋力争先，在提高办学水平、服务地方发展能力等方面取得了突出成就，综合办学实力显著增长。但是受多种因素影响与制约，产教融合、校企合作，目前仍面临诸多问题与困境。

（一）企业参与产教融合的积极性不高

民办应用技术学院在教育改革实践中，为了服务经济社会发展需要，对标应用型人才培养目标，积极主动地向企业寻求合作。但是，相对于公办高校，多数民办应用技术学院的学科优势办学特色目前还不明显，科技研发能力不强，企业短期内难以从学校获取人才红利和经济效益，一定规模以上的企业对民办应用技术学院的人才培养质量、科研能力持怀疑态度，与学校合作的积极性不高。校企合作，产教融合，仍然是学校的一厢情愿。合作关系多数靠“关系”或“感情”维系，呈现出单向性和易变性特点。

目前与学校合作的多是中小企业，而中小企业在市场竞争中实力不强，利润和资金有限，科研意识和能力较低，合作项目很难达成，技术创新水平很难提高。

（二）民办应用技术学院内部活力不足

俗话说得好，种下梧桐树，才能引来金凤凰。产教融合，对于民办应用技术学院来说，一方面是稳定、可深度合作的企业欠缺，另一方面，是学校思想不解放，认识不到位，缺乏健全的动力机制，校内活力不足，阻碍产教融合的深化。多数学校对产教融合的认识还停留在“企业能为我做什么”，而不是“我能为企业做什么”，产教融合工作尚未形成体系，缺乏激励机制，对生产一线的学习调研重视不够，不了解企业需求，不清楚行业市场动向，不掌握技术革新等对新时代、新理念要求下的产教融合人才培养模式的新要求。教学工作重理论，轻实践现象还比较突出，科学研究由于起步晚，资源少，积淀弱，缺少成熟的科研环境和团队，缺乏清晰的发展方向，学校科研对产业技术升级的支撑作用还很有限，产教融合效益不明显。以上种种缺乏活力的现象，也是影响企业合作积极性的主要原因。

（三）制度保障机制不健全

在产教融合中，政府的引导和支持作用至关重要。近年来，地方政府通过多种政策措施推进企业与高校科研院所之间的合作，取得了一定成绩。但是产教融合涉及高校、企事业以及政府管理部门之间各种利益关系，涉及筹融资制度、知识产权制度、利益分配制度、风险管理制度等，而目前尚缺乏必要的制度保障机制。制度保障机制的不健全，不利于产教融合大环境的营造，直接影响合作的积极性及合作的顺畅运行，容易致使合作流于形式，在实践层面校企合作项目很难达成，即使达成协议仍存在难以执行问题。

（四）财税金融支持不足

近年来，地方政府对民办高校的重视程度有了较大提高，但对产学研资助力度仍然不大，学校的运转主要靠学费支撑，多数学校办学经费短缺。科研经费基本靠向上级部门申请项目获得，与公办学校相比民办应用技术学院获得立项项目数量少，而且合作伙伴多数是规模小、筹资能力弱、研发投入少的中小企业。因此，资金缺乏是影响民办应用技术学院产教融合的一大障碍。

（五）育人成效不显著

由于种种原因，目前多数民办应用技术学院校企合作“两张皮”等现象突出，双师双能型教师短缺，不少校外实习基地徒有其名，这些直接影响到培养目标的人才定位、课程体系建设、教学方式方法改革，影响到科学研究及成果转化，致使人才供需联系不密切，协同育人的成效不明显。

三　对策与措施

“产教融合是在产业和教育渗透融合的格局与机制下，各类相关要素有序重组所形成的多主体、多层次、多维度生态系统。”民办应用技术学院前期校企合作的实践经验告诉我们，要破解发展难题，深化产教融合，必须解放思想，更新观念，牢固树立产教双方利益互补、资源共享、文化共融的思路，从构建合作共赢的长效机制着手，在文化、技术、资源、人员深度融合方面着力，唯此才能推进校企、产教之间实质性融合，达到协同育人的目的。

（一）深化利益融合，建立协同育人长效机制

利益驱动是社会组织动力机制中最基本的力量。互惠共赢是产教融合、校企合作的共同特征，无论是合作还是共融，都应以满足不同主体的利益诉求为宗旨。学校要研究把握双方需求的共同点，发现企业参与产教融合的兴奋点，发掘企事业行业产教融合的动力源，推动合作双方从感情机制走向利益机制，确保长期合作、深度融合。

一是要建立人才供需机制。学校应深入一线调研，了解和把握行业发展趋势和需要，学校的目标追求应贴近企业、行业对人才的需求和学生成长成才需要，改革专业课程体系建设，探索设置核心课程，推动学科专业建设与产业转型升级相适应，建立紧密对接产业链、创新链的学科专业体系，主动为企业培养各类高素质的应用型人才和紧缺人才，帮助企业实施职工培训及多途径、多形式的继续教育。

二是要建立资源共享机制：资源共享包括教育资源共享和科研技术资源共享。可以探索成立校企合作委员会之类的组织，由校企双方共同设计并完成授课计划和学业考核，在学生实践环节及毕业生接纳等方面，充分调动企业、行业的积极性和参与度。在建设“双师型”教师队伍过程中，采取走出去与请进来的办法，充分利用校企资源，提高双方队伍素质能力，密切双方情感交流。学校的科学研究要坚持市场导向，主动为企业破解生产经营中的难题，帮助企业借助于学校资源和政府政策支持，节约成本，进行新产品研发、新技术引进、设备技术改造等，提高整体效益，调动企业参与合作的积极性、主动性。及时实现科研成果转化，反哺教学体系，提高教学质量和教学实用性，形成创新实践能力提升渠道的良性循环。

三要完善约束机制。规范校企合作、产教融合有关协议，在明确相关主体的责、权、利基础上，加强校企合作管理制度建设，发挥校企合作单位对学校专业建设、人才培养、产教结合的管理咨询和监督评价作用，完善校企合作运行管理制度、实习管理制度、利益分配制度等，形成校企合作运行机制，使合作多方行为处于制度约束之内，促进合作正向发展。

黄河科技学院与郑州飞轮威尔实业有限公司的合作，当属一个生动案例。校企双方目前基本实现了专业共建、课程共建、实验室共建、实习实训基地共建、创新创业基地共建、科技研发基地共建、师资培养基地共建、成果转化基地共建，对培养适应产业发展需要的应用型、复合型、创新型人才起到积极的促进作用，同时在合作过程中，郑州飞轮威尔实业有限公司也得到了不断发展壮大。2013 年该公司入驻黄河科技学院创新创业园区时，仅是一个以生产电动独轮车为主的小公司；2015 年发展成为以智能自平衡车、机器人为主要研发方向的一个集产、学、研于一体的综合性科研基地，公司产品覆盖全国，出口 50 多个国家，拥有韩国、瑞士 2 个海外国家运营中心；2018 年 4 月 12 日，校企双方共建成立“新能源代步车工程研究中心”，开始了更深层次的合作，其 CEO 李威个人获得河南省创新标兵称号，入选福布斯公布的 2018 年中国“30 位 30 岁以下精英”榜单。几年来，在合作实践中，校企之间逐渐形成了共赢互惠的长效合作机制，将双方利益紧紧地联系在一起，使其形成了共生共荣关系，为充分发挥企业作为投资主体、人才培养主体、管理主体、评价主体等方面的主体作用，充分发挥学校在专业设置与企业需求对接、课程内容与企业创新对接、人才素质技术水平与企业岗位对接、科学研究与企业核心技术开发对接等方面的主导作用提供了机制保证。

（二）推进校企文化融合，为培养优秀人才奠基

校企文化融合，是指在产教融合的背景下以学校（或企业）文化为基础，吸收、消化企业（或学校）文化，促进自身发展的过程。文化融合是产教双方更深层次的融合。

先进的企业文化，蕴涵着现代进步管理理念和价值观念，在大学文化建设中导入企业管理的先进理念，有利于探索、构建和培育新型的大学文化，使大学的培养模式更好地适应社会，毕业生能够更快地融入社会与企业，有利于实现现代大学的人才培养目标。校企合作共融过程中，企业可以吸取合作学校的价值观念、精神追求和科研成果，不断更新员工知识体系、创新员工思维方式。一旦在校企利益共同体层面形成一种先进的新的集体文化，则

标志着产教融合进入了理想境界。

吸收先进的企业文化，有多种成熟的做法。可以通过学习借鉴现代企业管理制度，也可以通过企业文化进课堂等多种形式将优秀的企业制度文化融入学校教育教学过程和学生的日常生活中，培养学生具有优秀的企业精神、企业道德、企业价值观念，帮助学生更快地熟悉职场，为学生职业发展做准备，为培养优秀人才奠基。例如，黄河科技学院新闻传播学院与河南省多家广播电视媒体合作，学习借鉴企业生产制度，引导学生走出了一条“作业—作品—播出品”一条龙的创作之路。据统计，该校学生每年创作各类广播影视作品上千部，每年在国内外大赛中获奖、在各级各类媒体播出的作品也达到数以百计。这种一条龙式的教学创作之路，有效提高了学生创新创业意识与能力，提高了学生适应职场的能力。

（三）推进校企技术融合，实现育人价值和经济社会价值

校企技术融合，是指学校的技术成果和企业的技术结合。学校的技术成果，更多属于理念层面，主要包括论文、著作、报告、专利、奖项等。而企业技术价值，则属于产品技术层面，是通过技术研发获得经济价值。推进校企技术融合，体现在学校关注行业企业的发展动向和技术发展趋势，师生科研为企业技术和产品研发、成果转移转化等提供支持，以及校企双方根据市场需求，合作设置专业、研发专业标准，开发课程体系、教学标准以及教材、教学辅助产品，合作研发岗位规范、质量标准等，打造适应企业发展和区域经济发展需要的特色专业和专业群。产教融合可把学校理念层面技术与企业产品层面技术有机结合，推动相互转化，实现教育和经济社会价值。

黄河科技学院通过校企、校政技术融合，科技创新和社会服务能力持续增强。近年来，获国家自然科学基金 3 项，获批河南省民办高校中首个省级国际联合实验室——河南省小分子新药研发国际联合实验室，院士工作站被评为“全省十佳院士工作站”。获专利近千项，新建“中国创新创业教育研究院”等新型智库 5 个，在实现育人价值的同时促进经济社会价值的实现。

（四）推进产教资源融合，夯实产教融合物质基础

所谓资源融合，是一方资源为另一方所共享和使用，它是校企利益共同体存在的必要条件。学校资源建设对接企业发展方向，实习实训室建设要与行业、企业最新发展方向保持一致；校企共建、共管教学和科研机构，共同负责实习实训基地、研发中心以及学生创新创业教育、员工培训、技能鉴定等实践教学场地、教学环节，节约投资，相得益彰，使学生能够获得多方位的实践平台和学习体验，增强实践技能，教师和企业员工可以得到有针对性的岗位锻炼和先进的继续教育。

2018 年 12 月 1 日，郑州财经学院与河南省物流协会，共同组建了物流研究院，研究院设在郑州财经学院现代物流与管理学院，河南省物流协会会长谭荣铸出任院长。物流研究院成立以后，有利于发挥河南省物流协会会员单位优势，大力开展校企合作，为学校提供实习实训、“双师”型教师培训基地；有利于发挥学校师资力量，服务地方经济发展，可以在郑州市统计局指导下，完善物流统计制度，参与地方标准化和行业标准化的制（修）订工作，参与行业智慧物流公共信息平台建设；有利于实现产教资源融合，提高协同育人和服务社会的能力和成效。

（五）推进校企人员融合，实现协同育人

高效提高人的素质和能力，是产教融合的出发点和落脚点。校企人员融合，是校企深度合作的关键。校企人员融合常见的做法：一是学校与行业企业，通过人员调配在管理层面上组成应用技术人才教育治理的共同体，人员交叉担任实职，在师资层面上改单项聘任兼职为双向兼职，创造条件交叉任职；二是合作制定人才培养及职工培训方案，相互为学生实习实训、就业创业、教师实践、员工培训提供服务；三是按照工学结合模式，根据企业工作岗位需求，开展学徒制合作，联合招收学员，学生在企业指导下进入实战平台，实现校企双方协同育人。

近年来，黄河科技学院不仅通过校企人员融合，建立了一支实力雄厚的

创新创业导师团队，而且在协同育人方面取得不少成就，获批教育部产学合作协同育人项目11项，学生创新创业能力显著提升，获得省级以上科技竞赛奖励2836项，其中国家级410项，学校荣登“2012~2016年全国普通高校竞赛评估结果（本科）TOP 300”榜单。2017届毕业生创业率达10.46%，人均获资格证书1.7个。涌现出“首届河南最美大学生”“首届河南省大学生创新创业标兵”等一批学生创业典型。

再如，郑州科技学院校企协同育人取得一定成效。2017年3月与云和数据共建合作项目，成立“泛IT学院”，双方以高端IT人才培养为目的，打造产、学、教、研、创生态圈，构建行业认证和学历教育一体化融合的教学体系，2018年3月21日，首届54名学生顺利毕业。2018年3月27日，该校与河南安必诺检测技术有限公司共建的新工科冠名班“安必诺检测卓越工程师班”，第一批34名学生目前全部以优异成绩结业。

四 结语

实践证明，认真学习中央关于教育改革的要求，正确理解产教融合的丰富内涵，把中央精神与学校改革发展实践相结合，扎实做好内功，坚持“优势互补、互惠共赢”原则，积极构建校企合作的长效机制，大力推进在文化、技术、资源、人员等方面的深度融合，主动打造“多主体、多层次、多维度”的产教生态系统，是新时代民办应用技术学院在产教渗透融合格局下，破解发展难题，提升教育质量，办好人民满意的教育的正确选择。

参考文献

《2019中国大学评价研究报告——高考志愿填报指南（校友会版）》，科学出版社，2019。

B.17

民办高校教学质量保障体系构建研究

阮家港　陈　静*

摘　要：　以学生的学习、发展和学习成果为目标，构建民办高校教学质量保障体系，明确教师的“教”与学生的“学”之间的关系。高校和教师要了解学生学习的动机，学到了什么，应该怎么学，希望学校和教师应该怎么做等问题，明确学生的学习效果才是评价教学质量的重要标准。基于以学生为中心的教学管理理念分析影响民办高校教学质量的因素，进而从资源配置、师资培训、人才培养、教学改革等方面构建教学质量保障体系。

关键词：　以学生为中心　民办高校　教学质量

教育部2018年9月下发的《关于狠抓新时代全国高等学校本科教育工作会议精神落实的通知》，发出了对大学生学习要求的时代最强音，包括诸如“坚决取消清考”等在内的举措，旗帜鲜明地表明了教育管理部门对学生学习过程严格要求的“动真格”态度，也是对高等教育教学质量提出的新要求。根据其2019年公布的河南省普通高等学校名单中显示，河南省普通高等学校共有140所，其中民办普通高等学校39所（本科19所，专科20所），占比27.86%。由此，可以看到民办高等教育在河南省普通

* 阮家港，商丘学院副教授，河南民办教育研究院研究员，硕士，主要研究方向为民办教育、复杂系统评价。陈静，商丘学院副教授，硕士，主要研究方向为民办教育。

高等教育发展中的作用越来越明显，其在高等教育发展中的作用也经历了从拾遗补缺到组成部分再到重要力量的历程。目前，民办高等教育已经成为河南高等教育发展中的重要组成部分，为河南省高等教育的发展在人才培养、科学研究、服务社会、文化传承等方面做出了突出贡献。当然，由于民办高校自身具有的特点，其教育教学质量仍然存在一些亟待解决的问题。

一　理论研究综述

“以学生为中心”教学管理理念，是指对于学生而言重点是要“学会学习”，不能完全被动地去接受知识，而是要有自主学习的意识和能力[①]。在“互联网+”迅速发展的今天，任何知识都不可能是一成不变的，唯有主动探索，勇于探索才是最重要的。对于高校教师而言，其教学理念和培养目标应该是明确学生想要学习什么，帮助学生组织适合其发展的学习活动，提供最前沿的学习材料，培养学生的学习兴趣，帮助学生发现他们所学内容的意义和价值，培养社会需求的应用型人才；对于学习质量评价者和监督者而言，其评价标准和评价目标的制定要从教师的“教”、学生的“学”和企业的“需”多方面联系起来，构建科学合理务实的教学质量评价指标体系，进而提升高校的人才培养质量。贺武华提出高校教学评价要想转向以“学生学习为中心”的教学管理理念，则需要制定切实可行的政策举措和显示度高的过程监督制度，构建以“学评教”向“学议教”、以“督教”向“督学”转变的高校教学质量评价指标体系，形成“以学为中心”的教育教学改革制度、强化学生“考学评学”制度，从而在渐进式的教学管理中完善以学为中心的“教”与“学”管理模式[②]。朱海燕、王琪提出借鉴全面

① 杨彩霞、邹晓东：《以学生为中心的高校教学质量保障：理念建构与改进策略》，《教育发展研究》2015 年第 35（03）期，第 30 ~ 36、44 页。

② 贺武华：《以学为中心的高校“教”与“学”质量评价体系改进》，《江苏高教》2019 年第 3 期，第 21 ~ 25 页。

质量管理理论的相关管理思想，引入符合社会需求的教育教学管理理念——“以学生为中心”，进而从高校的教学资源配置情况、教师素质提升、课程体系的构建和优化、教学方法和教学模式的创新等方面构建高校教育教学质量保障体系，从而提高高校人才培养的质量[①]。杨彩霞、邹晓东提出高校教学质量的提升要基于学生学习、发展和学习成果的视角为出发点，构建以学生为中心理念的教学管理理念，同时借鉴第四代评价理论和全面质量管理理论制定“以学生的学习成果”作为衡量教学质量的重要考核标准，高校管理人员、任课教师要了解学生为什学、学什么、学生希望教师怎么教、学生应该怎么学、学生希望得到怎样的服务支持和组织支持等内容，进而从高校的组织管理策略、培养目标的建构策略、服务教师和学生的政策支持策略以及“教与学”质量评价反馈策略等方面构建教学质量评价保障体系，进而提出保障措施[②]。夏磊指出高校教学信息反馈内容的管理是教学质量工作的关键一步，它对教学质量起到监督的作用，教学质量信息反馈系统是高校信息化建设的一部分，能够帮助学生和教师更方便、更快地完成教学中的信息反馈工作[③]。

二　影响河南省民办高校教学质量的因素分析

民办教育的教学质量是其生存和发展的根本，由于社会对民办高校的认识存在一定的偏见和误解，使民办高校的发展受限较多。由于民办高校自身发展特点，导致民办高校的教育教学质量存在诸多问题。根据对河南省部分高校的实地调研，发现影响河南省民办高校教学质量的因素主要体现在以下几个方面。

---

① 朱海燕、王琪：《基于“以学生为中心”理念的高校教学质量保障体系构建研究》，《教育评论》2016 年第 3 期，第 51～54 页。

② 杨彩霞、邹晓东：《以学生为中心的高校教学质量保障：理念建构与改进策略》，《教育发展研究》2015 年第 35（03）期，第 30～36、44 页。

③ 夏磊：《高校教学质量信息反馈系统的设计与实现》，《科技风》2019 年第 8 期，第 54 页。

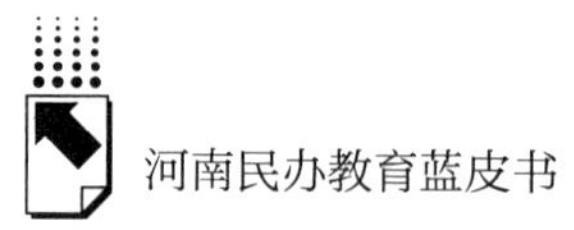

（一）学生的中心地位“不中心”

民办高校的资金来源主要是投资方的自筹资金和学生的学费，因此，生源数量的多少直接决定学校的投资状况，进而影响到该校的教学质量。民办高校的发展思想和顶层设计提出以学生为中心的地位不动摇，但其在教学管理的执行过程中会大打折扣，使得高校和学生之间的管理与被管理关系界定更加明显，管理更加僵化。民办高校在制定人才培养方案、实施教育教学改革、课程计划的制定、构建教师教学质量评价指标体系等多项教学管理文件的目标时，是基于以学生为中心地位的基调进行，但部分民办高校在进行教学管理文件的制定过程中很少有学生的直接参与，甚至相关用人单位的参与也较少，只是简单地征求校内和校外相关学科专家或带头人进行论证、分析和制定。对于教学管理文件的制定，高校是供给方，学生和企业才是需求方，在不了解需求的情况下单方面提供供给，使其培养的人才不能够满足社会的需求，使得供给和需求严重脱节，造成资源的浪费。

（二）教学的中心地位“不中心”

教师是承担教学任务的主体，是影响教学质量的关键所在，高校要牢固树立教学的首要地位不动摇的管理理念。与公办高校相比，民办高校教师的教学任务和工作量、薪酬待遇、归属感和安全感以及职业生涯发展规划等都缺少优势，部分民办高校的教师更多的精力是做科研，在外面做兼职或者是提升自身的学历。同时，由于民办高校自身的管理模式、资金的使用、教学资源的分配和使用等因素的影响限制了教学的重要地位，进而影响到教学质量提升。民办高校师资力量较薄弱，教师的日常事务性工作较多，分散了教师的时间和精力，教师对教学工作的投入受到影响。在这种情况下，教师很难真正做到以全身心投入教学工作，在一定程度上影响了教学质量。

（三）教师的教学理念与学生的学习理念需要改变

由于民办高校的年轻教师较多，教学经验不够丰富，教学能力有待提高，专业、学科以及学科发展动态等方面的知识掌握不够全面，在教学过程中很难达到一定的高度和深度，多数年轻教师还是采取填鸭式、满堂灌的教学模式，学生还是被动地接受教师传授知识，忽视了学生自主能力的发挥和培养，很难适应像慕课、翻转课堂这种先进的教学模式。由于河南省民办高校尤其是专科民办高校的学生学习基础较差，认为教师讲授的知识就是权威，自主学习能力不强，在学习上缺少自主创新能力。部分学生的自控力较差，不能够很好地利用网络和移动通信工具自主学习，缺少学习的主动性和创造性。

（四）制定的教学质量评价指标体系不够合理

民办高校对任课教师教学质量的评价权重分配不够灵活，不能够按照专业、学科等进行灵活分配。教学质量评价主体主要是校级教学质量监管部门的领导、二级教学单位领导、教研室主任、同行人员等构成，但评价主体的打分缺少一定的公平性和科学性，多数民办高校只是把评价结果反馈给任课教师，没有把领导、同行人员、学生等提出的意见尤其是合理性意见及时反馈给任课教师，使得教学质量评价没有起到提升任课教师教学质量的效果。部分学生对教学质量评价从思想上就不够重视，只是凭感觉给任课教师打个分数，甚至找同学帮忙打分。学生在对任课教师进行评教的过程中，不能够做到理性分析，更有甚者在学生评教时会有失公平性，管理严格授课认真的教师得分偏低，课堂管理纪律松散，对待工作态度不够认真的教师反而分数较高，使得逆向选择的现象出现，挫伤了部分优秀教师的工作积极性。

从以上分析可以看出，影响河南省民办高校教学质量的因素主要在于高校的教学管理制度和教师的能力及教学理念，更多地强调了“教”在教学质量提升方面的作用，忽视了学生学习和发展的重要性，忽略了学生学习在教学质量提升方面的作用。对于提升民办高校教学质量的改进措施也是从高校的教学管理、资金投入、师资建设、学科专业建设等方面进行探讨和解决，忽视了从学生层面解决教学质量问题。

三　构建“以学生为中心”的教学质量评价指标体系

目前，多数民办高校在顶层设计、管理理念、办学目标等方面都是尽可能地把“以学生为中心”提升教学质量作为根本目的，但其在教学管理和教学运行过程中总是受到众多因素的制约，导致在教学质量提升方面出现轻教学、重科研和学生视角缺席的现状①。鉴于民办教育发展的历史原因及其自身存在的一些固有问题，构建“以学生为中心”的教学质量评价体系迫在眉睫（见表1）。这一评价指标体系包含教学资源的投入、教学环境的改进、教学管理的过程从教与学两方面改进以及教学的产出，全方面、多角度且突出了学生的中心地位进行教学质量的评价，构建学生为中心地位的教学管理理念。

表1　“以学生为中心”的教学质量评价体系

目标层 O	准则层 A	子准则层 B
以学生为中心的教学质量保障体系的构建 M	教学质量 M_1	学生参与教与学的程度及满意度 M_{11}
		学校重视教学的程度及教师、学生的满意度 M_{12}
		教学的广度、深度及延展性 M_{13}
		学生考核与反馈的有效性 M_{14}
		教师考核与反馈的有效性 M_{15}
	学习环境 M_2	学生对教学质量的满意度 M_{21}
		学生对学校提供教学资源和学习支持的满意度 M_{22}
		学生个性化学习 M_{23}
		辍学率 M_{24}
	学习成果及收获 M_3	就业及学业深造 M_{31}
		创业 M_{32}
		学生对专业知识的掌握、运用和转化 M_{33}
		学生能力提升 M_{34}
	信息反馈 M_4	用人单位对高校人才培养、学生工作的满意度 M_{41}
		政府对高校人才培养的满意度 M_{42}
		学生对学校教学质量的满意度 M_{43}

① 曹燕南：《以“学”为中心的高校教学评价实践——英国“教学卓越框架”的特点与启示》，《江苏高教》2019年第3期，第13～20页。

四　河南省民办高校“以学生为中心地位”教学质量提升的实证调研分析

通过选取具有一定代表性的4所河南省民办高校，构建民办高校教学质量提升问题的评价体系模型。考虑到资料获取的可行性和存在的难度，选取了河南省4所民办高校作为评价样本，对河南省民办高校的教学质量状况进行综合评价和分析。本文采取了实地调研和相关官方统计数据统筹结合的方式，对所选取的民办高校进行了系统的分析，得出各个民办高校在教学质量提升方面存在的优势和不足；同时，根据每一所民办高校教学质量提升的实际情况进行分析，找出民办高校在教学质量提升过程中存在的问题，并提出相应的解决对策。为了使课题研究成果具有一定的参考价值，本文选取了河南省具有代表性的4所民办高校进行研究。为了使分析结果清晰明了，选取的4所学校分别记为S学院、H学院、R学院和K学院。通过查阅这4所学院提交的《全国高等学校教学基本状态数据库》信息和实地调研考察，结合课题中构建的评价指标体系，从“以学生为中心”的角度分析4所高校的教学质量问题。研究发现，4所民办高校存在的共性问题主要体现在：学生的中心地位不中心，过分强调教的作用，忽视学生学习的主观能动性；由于民办高校资金来源单一，融资困难，使得民办高校教师的培训资金不足，教师培训不能够完全满足教师职业发展的需要；教育教改项目缺少创新性，且学生的参与较少，多数项目缺乏深度和广度；课程体系建设过于单一化，选修课的设置不能够满足学生的多样化需求；相较于公办院校，部分民办高校学生的自主学习能力不够强，在人才综合能力的培养过程中，教学效果不够明显，学生具备的能力供给与企事业单位对人才的能力需求不匹配等问题，使得民办高校在教学质量提升方面存在的问题亟待解决。

五　构建“以学生为中心”理念的河南省民办高校教学质量保障体系

构建民办高等学校教育教学质量保障体系是一个系统而复杂的工程，其内在运行规律的状况决定了教育教学质量的形成结果和发展过程。影响河南省民办高校教学质量的因素不仅受政府政策的影响，也会受到社会、民办高校自身、教师、学生等各个因素的影响和制约。因此，构建民办高等教育教学质量保障体系，提升河南省民办高校的教学质量，需要社会利益相关者的共同努力，促进河南省民办高校的健康可持续发展。

（一）以学生的中心地位为抓手，根据学生的学习效果，合理分配资源

结合河南省民办高校自身的发展特点，制定科学合理的资源配置措施。民办高校在进行资源的分配和使用时，要坚持以学生为中心的理念进行合理的优化配置。为了保证教育教学质量，要把教学工作放在首要地位，确保教学过程中所需要的足够的人力、物力和财力，始终把人才培养质量当作高校发展的生命线，强化教师和管理、服务部门的资源使用意识，确保资源的使用效率和社会效益达到最大化。当然，在资源的分配和使用时，要根据学生的学习效果和综合能力培养作为评价其使用情况的重要依据。学生专业知识的掌握情况，专业竞赛获奖情况，资格证书的获得情况，甚至是学生的创新创业情况等多项考核指标，都可以成为衡量学生学习效果的衡量标准。民办高校的资金和经费使用是重要问题，高校可以考虑制定较高的奖、助、帮政策，甚至可以成立特别基金组织，条件允许的情况下可以成立校友基金会组织。这样，民办高校的资金投入会有所增加，激发学生学习的积极性和主动性，培养学生的自主学习和创新意识，同时提升了民办高校的教学质量，增加了高校在社会上的美誉度。

（二）提升教师的专业素养，开展“以学生为中心”的师资培训工作

教育部部长陈宝生在新时代全国高等学校本科教学工作会议上的讲话中提出：“高校要以学生为中心办教育，以学生的学习结果为中心评价教育，以学生学到了什么，学会了什么评判教育的成效，这才是最重要的。”陈部长的讲话指出了“以学生为中心”的教育教学理念，同时也在新时代背景下对教师提出了新要求。民办高校要顺应时代发展的需求，转变教育教学理念，尽快帮助教师转变教学理念，促使教师从思想上和行动上帮助学生成长成才，要从教育结果只注重学生的考试成绩、所修学分，转变为关注学生的自主学习能力、学习投入、学生个人发展、创新创业以及学生的学习效果。由于民办高校的投入资金有限，师资队伍中青年教师和离退休老教师所占比重较大，对任课教师进行专业知识和专业素养的培训是必不可少的。民办高校可以利用其教学管理的灵活性特点，鼓励教师进行课改、教改，创新教师的培训方式，通过开展“专业知识研讨会”“课堂教学观摩课”“网络学习”“进修培训”等活动，切实提高教师的专业水平和教学能力。充分利用民办高校青年教师较多且接受新知识、新事物的能力较强的特点，鼓励教师使用信息化的教学手段，提升青年教师的教学能力。充分发挥好民办高校“传帮带”“老带新”的教学管埋模式，使青年教师和经验丰富的老教师之间形成优势互补，取长补短，进而提升民办高校整体教学质量。积极组建老中青结合的教学团队，并鼓励高年级学生加入，师生共同进行教育教学改革的课题研究，提升教师的教学能力，培养学生的学习兴趣。

（三）关注学生需求，优化课程体系建设，构建多样化的人才培养体系

民办高校要根据自身发展的顶层设计和人才培养目标构建教学质量评价标准，这样可以对高校人才培养起到保障作用。多数民办高校自身发展的定位是培养高素质应用型人才，以实现其服务地方经济发展的办学目

标。民办高校在进行人才培养方案的制定、课程体系的设置、教学大纲的制定等教学管理文件的制定过程中，邀请当地政府、用人单位、相关专业专家和在校学生以及毕业生参与进来。民办高校在人才培养过程中，要尊重学生的发展意愿，构建多样化的人才培养体系。首先，民办高校在选修课的开设过程中，要克服自身的资金、师资、实验实践设备等方面的困难，允许学生在全校范围内根据专业发展和自身需要任意选课，真正实现选修课的开设目标，实现学生的中心地位。其次，民办高校要制定切实可行的学分管理制度，修满学分即可提前毕业，培养学生自主学习的能力，激发学生的学习兴趣。再次，部分民办高校实施了双学位管理办法，高校要制定科学合理的政策措施，对学生进行过程的监督和管理，使学生真正能够学到所需知识，培养学生的综合能力。最后，民办高校考虑到学生生源的实际情况对学生制定的管理制度没有落到实处，民办高校在学生管理过程中要做到真管、敢管、严管，考虑到民办高校学生的实际情况，要切实培养其自制力、自控力和自学能力，进而提升学生的专业知识和能力，从而达到提升民办高校教学质量的目的。

（四）坚持“以生为本、以学为主”的理念，进行教育教学改革

刘献君提出“以学生为中心”，即以学生的学习和发展为中心，实现从以“教”为中心向以“学”为中心转变，从“传授模式”向“学习模式”转变，从而提高学生的学习质量，使学生在知识、能力和素质上获得全面提升①。教师在授课过程中，要注重引导学生学习，培养学生的综合能力，提升学生自身素质，更好地做好学生健康成长的指导者和引路人。教师要根据授课对象自身的实际情况，充分利用现代化的教学手段和教学设备，改革教育教学方式，教师在教学的过程中要注重引导学生、激发学生的求知欲和探索欲，采用互动式、研讨式、分组讨论式等教学方式，真正体现教师“以学生的学”为中心地位的教学理念。教师在进行课程考核过程中，改变考

① 刘献君：《论“以学生为中心”》，《高等教育研究》2012 年第 33（08）期，第 1 ~6 页。

核方式，把学生的学习过程、课堂表现、创新思想或想法、作业测试等多方面表现纳入考核范围。教师也可把当今专业社会热点问题、学科或专业发展前沿问题、先进的专业教学视频等资源及时提供给学生，潜移默化地对学生进行引导，鼓励其多方面、多角度分析问题、解决问题，使学生能够在知识的海洋中创新思想，提升能力。

为了提升学生的学习能力，不仅要从教学理念、教学方法、考核方法等方面进行改革，教师之间还要多进行教研活动、教研改革，根据授课对象自身的特点，实施有针对性的授课，鼓励学生参与到教研活动中来，师生共同探讨专业问题，培养学生分析问题、解决问题的能力，培养学生挑战困难、提升自信的能力。同时，民办高校年轻教师较多，一定要鼓励教师尤其是年轻教师参与到人才培养方案的制定、教学大纲的修订、教学进度的安排、教学资源库的建设等教学项目中去，组建教学团队、科研团队，以专业课程为依托，组建学科群研讨组，使教师在教学过程中提升能力和业务素养。

（五）以学生的“学习效果”为基础，构建合理的教学质量评价体系

部分高校对教师评价时过分强调学历、职称、论文、课题等问题，不利于激发教师教学的积极性，甚至有些教师忽视了自己的教学工作。高校尤其是民办高校更应该把教学工作放在首位，把教学质量作为教师专业技术职务评聘的基础。不同的民办高校、不同的专业、不同的课程其评价标准是不同的，但学生学习效果的好坏却是可以考核和评价的。当然，学生的学习不仅仅是指其试卷考试成绩，而是指学生的综合能力，主要包括专业知识的学习和运用能力、自主学习能力、创新能力等多方面。民办高校教学质量的评价主体要多元化，要改变以往的各种数据和指标的考核，且考核主体参与面较窄、参与程度不够深入，要从教师、学生、管理人员、专家、用人单位、应往届毕业生、权威结构等多方面、多维度进行评价。当然，评价所处阶段不同，评价的侧重点也不一样，应往届毕业生的评价更多的是从就业的层次，所学习和掌握的知识是否符合企业的需求，在该单位工作中能力的提升程

度、用人单位尤其是其直接主管的评价等方面进行评价和考核；对于继续深造求学的学生，更多的是在更高层次的学习能力、专业知识的学习和掌握情况、任课教师和同学的评价等方面评价和考核。

六　结语

民办高校构建以学生为中心的教学质量保障体系，不是全盘否定其原有的教学管理理念、规章制度和具体的实施办法，而是随着时代和社会的发展，对其存在的不足进行修改和完善，以期建设更加合理的评价体系。基于“以学生为中心”理念的民办高校教学质量保障体系构建研究，不是忽视教师的“教学地位”，推崇“学生至上”“学生就是一切”的管理理念，而是民办高校在制定高校管理制度、教学管理文件、课程体系建设等制度文件时以学生的学习能力、学习效果为中心，激发教师的教学能力和学生的学习能力，充分发挥学生的主观能动性，从根本上解决教学质量存在的问题，提高民办高校的办学能力和办学水平。

党建工作篇

Party Construction Section

B.18 河南民办教育党建工作调查报告

河南省民办教育协会课题组*

摘　要： 2019年6月，中国民办教育协会确定了70个全国民办学校党建特色项目，黄河科技学院、郑州科技学院、郑州晨钟教育集团、汝州香榭世家幼儿园等学校（机构）入选。被确定的全国7家民办学校党建学习基地，晨钟教育集团位列其中；香榭世家幼儿园在全国民办学校党建特色项目交流会上做典型发言，获得与会代表和专家一致好评。河南民办教育党建工作在全国有了一定影响。在民办学校认真开展党建和思想政治教育工作，是全省各级党组织、教育行政部门和民办学校的共识，这项工作的开展给河南的民办教育带来了新的活力。

* 课题负责人：胡大白；主持人：王建庄。成员：岳明、王道勋、闫如果、王宗帝、鲁标、刘林山、王玉芹。执笔：王建庄。

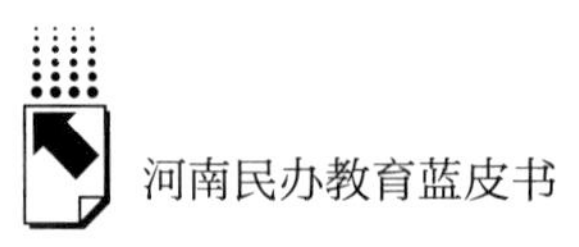

关键词： 民办教育　党建　思想政治教育　河南

早在2011年，河南省民办教育在校生数在全国的占比已经突破1/10，达到10.07%。到2018年，全省民办教育在校生总规模达到674.90万人，占到全国民办教育在校生总规模5378.21万人的12.55%。在全国每万名民办学校在校生中，河南的民办学校就有1255人。这样的规模，这样的体量，无疑在全国民办教育事业乃至全国整个教育事业中都占有重要的地位。

河南的民办教育办学方向怎样？人才培养的目标朝向哪里？要将未来社会发展的中坚力量塑造成什么？这些问题的节点，都集中在民办教育的党建工作上。新的《民办教育促进法》实施以来，河南民办教育党建工作现状如何？2019年6月，河南省民办教育协会、河南民办教育研究院、河南民办教育协会党建工委分别对全省民办高等学校、民办中等职业学校、民办基础教育学校、民办学前教育和民办培训教育机构进行了密集调研。对各类型、各层次民办教育的党建工作有了初步的了解。

一　高度重视

党的十八大以来，以习近平同志为核心的党中央高度重视学校党建工作。

对教育工作，总书记看得最重、讲得最多、抓得最紧的就是党的建设和立德树人。他在不同场合多次提出，要解决好培养什么人、怎样培养人、为谁培养人这个根本问题。帮助学生扣好人生第一粒扣子。告诫我们“教育的失败是一种根本性失败”，提醒我们绝不能培养出一些“长着中国脸，不是中国心，没有中国情，缺少中国味”的人。明确提出“教育要培养的是中国特色社会主义建设者和接班人，而不是旁观者和反对派，更不是破坏者和掘墓人”。

早在2006年，中共中央组织部、中共教育部党组就出台了《关于加强民办高校党的建设工作的若干意见》，明确要求：民办高校具备建立党组织条件的，必须及时建立党组织。暂时不具备建立党组织条件的，要积极创造条件建立党组织。

2019年4月29日，中共河南省委书记王国生在全省教育大会上讲话指出，把党的领导贯穿办学治校教书育人全过程，关键是要抓好各级各类学校党建工作。要求各级党委和教育部门党组织要高度重视学校党建工作，认真研究加强学校党建的体制机制问题，推动教育系统管党治党真正严起来。把基层党组织建设成为师生最贴心、最信赖的组织依靠。

根据中央和省委的要求，从2010年开始，中共河南省委组织部和省委高校工委开始向民办本科高校选派党委书记（副厅级）。2018年6月6日，中共郑州市委组织部印发《关于选派非公有制企业和社会组织党建指导员的实施意见》，决定向全市非公有制企业和社会企业选派党员干部担任党建指导员。2018年9月19日，郑州市委组织部、郑州市教育局党组联合印发了《关于进一步理顺全市中小学校和民办学校党组织关系的通知》，明确规定，民办学校党组织实行主管部门管理与属地管理相结合，以主管部门党组织管理为主，单位所在地党组织要积极配合、主动做好指导工作，明确要求推进民办学校党的组织和工作全覆盖。

2018年6月13日，中共二七区委组织部转发郑州市委组织部《关于选派非公有制企业和社会组织党建指导员的实施意见》的通知，并于同一天下发《关于落实推进非公有制企业和社会组织党建工作“两个覆盖”的通知》，要求通过建立健全统筹联动机制，厘清和压实镇（街道）党（工）委，产业园区党工委和业务主管部门党组织抓非公党建的责任，以抓组建、抓规范为重点，通过单独建、联合建、挂靠建等方式，实现非公企业和社会组织党建工作全覆盖。

荥阳市召开了非公有制企业和社会组织党建工作“提质扩面”推进会，出台了《关于加强教体系统非公经济社会组织党建工作方案》、成立了“教体系统非公企业和社会组织党建工作领导小组”、召开了“荥阳市教体系统非公社会组织党建推进会”，按照分组摸排、集中会议的形式，分析存在的问题、制定有效措施构建教体系统非公党建工作新格局。

汝州市建立非公企业和社会组织党工委，进一步理顺教育行业党组织隶属关系，将学校党建工作从原有的属地管理统一调整为教育部门系统管理，实行业务发展与党建工作统一指导，并计划成立汝州市教育行业社会组织党总支，为加强民办教育党建工作提供强有力的组织保证。

二　工作推进

2018 年 2 月 3 日，中国民办教育协会召开了党建工作推进会。2018 年 2 月 13 日，河南省民办教育协会在黄河科技学院召开会长扩大会，传达中共中央办公厅《关于加强民办学校党的建设工作的意见（试行）》和全国民办教育党建工作推进会的精神，成立了河南省民办教育协会党建工作委员会，安排布置了 2018 年全省民办学校的党建和思想政治工作。2018 年 4 月 14 日，协会召开五届四次会员代表大会暨全省民办学校党建工作促进会，总结了一年以来协会的工作，进行了党建工作交流并成立了河南民办教育党建工作研究中心。各级各类民办学校按照中央和省委的要求，在省教育厅的指导下，积极开展民办学校党建工作。

（一）民办普通高等教育

河南的民办普通高等教育在全国有着重要影响。黄河科技学院近三年在武书连中国大学排行榜、广州日报全国全样本应用大学排行榜中，多项指标连续位居全国第一。郑州科技学院、郑州工业应用技术学院、郑州工商学院、信阳学院、河南师范大学新联学院、郑州升达经贸管理学院、商丘工学院、河南大学民生学院、郑州澍青医学高等专科学校、郑州电力职业学院、郑州黄河护理职业学院等院校也都多次上榜。这样的影响力，对河南的民办高等学校既是肯定，也是鞭策。基于对现状的冷静分析，基于对发展的认真把握，基于中央和省委的要求，最重要的是为了事业的健康发展，河南的民办高校积极行动，开展了丰富多样的、结合师生和学校发展实际的党建活动。

黄河科技学院董事长胡大白认为，坚持党的领导是办好中国特色社会主义民办大学的核心，必须不折不扣坚持党的领导，坚定社会主义办学方向。2019 年 6 月 26 日，在全国民办学校党建特色项目交流会上黄河科技学院报送的“充分发挥党委政治核心作用，建设一流中国特色社会主义高等教育”项目入选全国民办学校首批党建特色建设项目，在全国 20 个民办高校立项项目中位列第一。

郑州科技学院立足学校快速发展的实际，围绕学习型党组织建设，通过党委中心组学习制度、各总支、支部学习制度和教职工政治学习计划的落实，在全校认真组织了马克思主义理论、毛泽东思想、中国特色社会主义理论、习近平总书记系列重要讲话精神、习近平新时代中国特色社会主义思想等的学习。学院高度重视教师发展工作，先后成立了教师发展中心和党委教师工作部，通过构建并实施“434”教师培训体系，推动教师党建与思政工作走深走实，促进了教师队伍高质量发展。“434”教师培训体系是指根据教师职业发展的不同特点，分阶段、分层次、多渠道、全方位进行培训的体系构架。其中，首“4”是指教师发展的四个层次，即新任教师、合格教师、骨干教师、卓越教师；“3”是指教师发展的三个关键阶段：适应期、成长期、成熟期；尾“4”是指四项工程：基础工程、提升工程、拔尖工程、支撑工程。“434”教师培训体系中，教师分层是基础，阶段划分是路径，四项工程是依托，共同构成教师发展共同体。

安阳学院组织全校师生员工通过专题报告会、座谈会、专题征文等形式认真学习领会党的十九大和全国教育大会精神。使全校师生认识到立德树人是学校发展的核心使命。学院举办“决胜全面小康、让中原更加出彩”微型党课活动，全体师生党员积极参与，传递身边的感动，传播社会正能量。

郑州工业应用技术学院党委通过党委会、党政联席会和党委书记参加校长办公会等，参与学校重大问题的研究决策，统筹内外、沟通协调、政治引领，确保校理事会决策、校长负责、党委监督保障“三位一体”的格局良好运行，变“三驾马车”为“三马驾车”，同心协力，形成合力，在学校贯彻落实党的教育方针、保证社会主义办学方向和改革管理创新过程中，真正成为政治核心，发挥了政治引领作用。学校全面落实党建工作责任制，各级党组织书记、认真履行第一责任人职责，形成了“书记抓、抓书记”的工作体制和运行机制。党委制定了一系列制度，作为推动党要管党、从严治党的举措，落实党建工作责任制。

河南师范大学新联学院根据社会发展需要修订人才培养方案。新的人才培养方案坚持全面贯彻党和国家的教育方针，坚持“育人为本，德育为先”，落实立德树人的根本任务；坚持产出导向，适应区域经济社会发展需求，提高人才培养与区域经济社会发展的适应度。

商丘工学院积极探索实施党建“五个一”工程，即“抓好一个教育，建好一支队伍，办好一个讲坛，育好一个家园，搞好一个带动”。学校每年评选“感动工学院年度人物（团体）”并进行隆重表彰，六年来共评选出孝亲敬老、自强自立、身残志坚、见义勇为、爱岗敬业等方面的典型师生 84 人，典型团体 13 个。其中，身残志坚优秀大学生“板凳男孩”张贵，被评为 2012 年“感动商丘”十大新闻人物之一；“背着母亲上大学”的孝亲敬老典型张娇同学被评为河南省首届“最美大学生”；“勇救轻生女”的见义勇为优秀大学生周阳阳同学，开学深夜返校楼道内打地铺休息的“中国好室友”朱凯凯同学，舍小家为大家倾注全部爱心的辅导员张秀勤和刘新伟被评为“商丘好人”。

商丘学院落实意识形态责任制，加强对学校网站、新媒体的监管，抵御非马克思主义意识形态在学校的传播和渗透。充分发挥群团组织参与学校民主管理的作用。校团委不断深化团学改革，以党建带团建，加强学生干部队伍建设，实施青年马克思主义培养工程，构建一心双环格局，全面提升学生第二课堂质量。

信阳学院从 2015 年起改变传统的学生工作模式，创新育人举措，正式开展实施全员德育导师制育人工程，变以往学生思政工作辅导员“独角戏”为全校干部教师“大合唱”，把思想政治工作贯穿教育教学全过程，实现了全员育人、全过程育人、全方位育人，使党建工作更有力度、思政工作更有温度、人才培养更有厚度。全员德育导师制工作开展运行3年以来，已累计投入200余万元专项资金，近2万余名学生从中获益。调查显示，99.6%的受访学生和100%的受访导师对导师制持积极态度。大一新生要求入党的同学比上年提高5%，达到92.7%，热心参加公益活动的同学增加11.2%；具有心理问题的同学相较开学下降3.4%，84.8%的学生认为导师制对他们的成长提供了必要的帮助。

郑州工商学院始终坚持把党的建设摆在重要位置，制定完善了党委会议事规则等多项制度，党委发挥政治核心作用和民主集中制原则得到有效落实。在党员发展过程中，坚持“控制总量、优化结构、提高质量、发挥作用”的发展原则，坚持系统教育、严格培养，确保质量。遇大事、难事、硬骨头，各级党组织和党员敢于担责、敢于冲在前面，带头打好改革发展的攻坚战、和谐校园的保卫战。

河南大学民生学院不断完善发展党员工作制度，坚持以审查入党动机为重点，发展党员质量不断提高，党员队伍结构不断优化。建立了教师党员发展“双培养”制度，努力将优秀青年教师培养成党员、将党员教师培养成教学科研骨干。积极创新党员教育管理机制，建立了党员“长期受教育，永葆先进性”的长效机制。对教师党员，坚持党性教育、师德建设、业务提高相结合，党员教职工在教书育人、管理育人、服务育人中发挥了骨干作用。

郑州升达经贸管理学院师生自觉坚持党的领导，不断增强政治意识、大局意识、核心意识、看齐意识，主动维护党中央权威和集中统一领导，自觉在思想上、政治上、行动上同党中央保持高度一致。

中原工学院信息商务学院把立德树人的成效作为检验学校一切工作的根本标准。强化课程思政和专业思政，打造课程思政示范专业、课程思政示范在线课程和示范专业课程。全面深化教育教学改革，形成“思政课程”到“课程思政”的转变，将社会主义核心价值观教育贯穿课堂教学的各个方面。

洛阳科技职业学院成立了思政课教学质量专项工作领导小组，认真落实“一岗双责”，制定完善了《党委中心组学习制度》《领导听课制度》《辅导员工作职责及考核办法》等，形成了党委统一领导、党政齐抓共管、各职能部门密切配合、思政教研组具体实施的领导体制和工作机制。

（二）民办高中教育

2018 年，全省民办高中阶段学校 469 所，在校生 683755 人，教职工 56434 人。其中民办普通高中 299 所，在校生 418379 人，教职工 46459 人；民办中等职业学校 170 所，在校生 265376 人，教职工 9975 人。在整个河南民办教育体系中，高中阶段学校数占到全部民办学校数的 22.84%，在校生数占到 10.14%。所占比例不大。这个层次的学校隶属于地级市管理，由于各市的情况不同，党建工作进展程度也不尽相同。但各市都有安排，多数学校也都有行动。

民权九九高中党支部把经常性的学习教育活动与业务工作有机结合起来，通过书记带头讲党课，引导普通党员走上党课讲台。启动班子成员帮扶结对计划，促进不同层次教师成长；开展优质教育进校园计划、党员进社区结对帮扶计划、党员贫困帮扶活动、党员送课下乡、社区“留守儿童”帮扶、社区文明城区共建等开放活动。形成了“党员干部走在前，啥事都不难”的良好干事传统。

黄河科技学院附属中学充分发挥党支部的战斗堡垒作用，通过定期召开支部会议、落实民主生活会制度、推行党员活动日制度等，不断增强党员干部责任担当和使命意识。坚持每月开展党小组活动，党员教师佩戴党徽，发挥模范带头作用。学校通过多途径全方位开展有针对性的活动，注重对学生的养成教育，努力培植学生做到“文化熏陶”与“规矩教育”并重，让新时代精神和中华传统美德丰富学生的精神世界，让社会主义核心价值观植根于学生的心灵深处。

安阳市深蓝高级中学以提高教育教学质量为中心，通过党建工作的引领，促进学校各项工作的开展。以党风带校风，以党风促教风，以党风强学风。发挥政治工作的核心作用，把握好思想政治教育工作的正确方向。培养师生爱党、爱国、爱军、爱民的意识，让学生做适应时代发展的中学生，使教职工在学校改革、发展、稳定中更好地发挥主力军作用。

长葛市第三实验高级中学坚持每月组织一次党员专题学习；定期进行师德师风培训，开展“在职党员进社区”等活动。强化德育工作，以学生文明行为养成教育为主线，整合德育资源、改进德育方式，开展各项德育活动，保障学生健康成长。抓细抓小，将党建工作和思想政治教育落到实处。

焦作市宇华实验学校注重教育实效，组织各科备课组长学习习近平新时代中国特色社会主义思想有关内容，发掘现有教材中可以渗透的教学课题，精心设计，润物无声。文科学科的备课组在每周的教研例会上要设专门时间，讨论当周课堂的宣讲要点，并写进教案内。其他学科也要根据本学科特点，巧妙地在课堂上融入时政内容，在春风化雨的言传身教中培育社会主义核心价值观。

（三）民办初中教育

河南的民办初中学校，主要集中在镇区（见表1）。

表1　2017年河南民办初中学校分布情况

单位：所

市、县	总计	城区	镇区	乡村	市、县	总计	城区	镇区	乡村
全省	801	173	454	174	信阳市	28		23	5
郑州市	72	46	14	12	周口市	119	17	78	24
开封市	36	6	25	5	驻马店市	38	1	32	5
洛阳市	66	12	43	11	济源市	2	1		1
平顶山市	19	6	11	2	巩义市	2	2		
安阳市	28	9	12	7	兰考县	15		9	6
鹤壁市	12	1	3	8	汝州市	5	2		3
新乡市	51	7	21	23	滑县	4		3	1
焦作市	37	11	20	6	长垣县	7		5	2
濮阳市	19	1	16	2	邓州市	5	3	1	1
许昌市	53	27	18	8	永城市	11	7	2	2

续表

市、县	总计	城区	镇区	乡村	市、县	总计	城区	镇区	乡村
漯河市	6	3	3		固始县	10		8	2
三门峡市	5	3	2		鹿邑县	29		15	14
南阳市	48	3	41	4	新蔡县	15		7	8
商丘市	59	5	42	12					

镇区的民办初中学校，占到全省民办初中学校总数的56.68%。在城区的仅占21.60%。另有174所分布在乡村。这样的分布，加上初中阶段的义务教育法律规定，使得民办初中教育的发展更具有特殊性。在这样的大背景下，不少民办初中学校积极开展党建工作，及时端正办学目标，坚定社会主义办学方向。

漯河育才学校通过每周一升旗仪式、国旗下讲话、校园广播、板报、校园网以及课外活动基地等德育系列途径，加强对学生的爱国主义、集体主义和社会主义教育，引导学生树立正确的世界观、人生观和价值观。淮滨县第二中学紧密联系学校建设和发展的实际，结合每一阶段的中心工作，适时安排活动，如元旦联欢会凝心聚力；师德师风报告会——师德是教师的灵魂；托起生命的希望——爱心捐款（坚持每年的公益捐款活动）；学习抗震救灾英雄教师的优秀事迹；“七一”重温入党誓言，表演节目（朗诵、歌唱）；看录像——学习十九大文件精神；学习优秀共产党员的先进事迹；党员与贫困生、学困生、品德有问题的学生开展结对子等活动。泌阳县致远学校20名党员全部在教学一线，起着模范带头作用。党支部重视发挥党员的先锋作用，牢牢把握好学校的办学方向，带领校团委、少先队积极开展师德师风教育活动、学生核心素养教育活动，让爱党爱社会主义的思想在学生心中扎下深根。洛阳华夏外国语学校高度重视党建工作，积极履行党支部领导下的校长负责制，建立健全领导班子成员督促检查制度。以党建带团建，加强基层团的建设，以文化艺术活动、运动会等重点工作为抓手，提升了党建工作质量。社旗县永兴学校通过每周一次的主题班会、班报、板报，每期一次的开学典礼、演讲比赛、体育比赛、五星级班级评定、传统文化教育等多种多样的形式和丰富多彩的教育内容开展思想政治工作，使学生在潜移默化中陶冶情操，学生的整体素质和日常行为规范得到了全面提升。

（四）民办小学

全省民办小学的分布和初中有所不同，多数在乡村。资料显示，2017年，全省民办小学1807所，其中城区178所，仅占9.85%；镇区703所，占38.90%；乡村926所，占到51.25%。这样的分布情况，加上小学阶段的义务教育法律属性，特别是新的《民办教育促进法》对义务教育阶段不得举办营利性学校的规定，使得民办小学教育在发展中面临一些新的情况。如果说民办的其他层次和类别的学校在过渡期到来时还有所选择的话，民办初中和小学就只有选择非营利教育。许多民办小学的党建工作在扎实地推进。

许昌五女店实验学校切实发挥党支部的战斗堡垒作用和政治核心作用。党支部向广大学生家长发放了《学生在校满意度问卷调查表》，广泛征求学生家长对学生在校学习、生活等方面的意见和建议，收到了良好的效果。

驻马店市天中实验小学以党建为引领，有力推动了董事长和党支部书记的良性合作，各自摆正位置、明确职责、相互支持帮助。书记对董事长的工作配合不越位、支持不纵容、保证不干预；董事长对党支部书记尊重支持、真诚合作，促进了学校各项工作的开展。

（五）民办幼儿园

2017年，河南的民办幼儿园达到16183所，占到全省幼儿园总数20613所的78.51%。民办园的分布呈金字塔型，城区3558所，占21.99%；镇区5791所，占35.78%；乡村6834所，占42.23%。城区虽然占比不高，但密度较大。幼儿园层面不是义务教育，也没有严格的升学压力，但是竞争依然十分激烈。在这种情况下，有责任心、有发展远见、懂得幼儿教育规律的园所，已将党建工作与自身发展有机结合起来，形成了有特色的幼儿教育。

传承红色基因，培养孩子们的爱党爱国之心，从小树立家国情怀，一直是香榭世家幼儿园以党建互联共建为依托的办园特色，将红色教育与幼儿发展相结合，和体能运动相结合，和孩子的智能培养相结合，形成了自己特色鲜明的品牌。

卢氏县洛苑小区幼儿园把党建工作与学校业务工作紧密结合起来，与发挥组织工作职能作用紧密结合起来，找准切入点和突破口，有力推进各项党建任务。党员教职工对照十九大精神看不足，对照岗位职责找差距，并分析原因、制定措施、建立台账、逐步整改，通过学习教育引导广大党员干部都能够坚定理想信念，立足本职，求真务实，崇尚实干，时刻以事业为重，责任为重，执行为重，落实为重，争当干事创业的楷模。

2019 年 5 月 31 日，隶属培杰教育集团的培杰城东路幼儿园、培杰文博幼儿园、培杰红枫林幼儿园和培杰枫之谷幼儿园举办了 2019 年“心向祖国·放飞童年”为祖国 70 华诞献礼及庆“六一”儿童节的文艺演出。以红色为主题色、以幼儿园特色课程连贯始终，节目设计让老师、家长和孩子们充分地参与和融入，演出活动还充分考虑了孩子的特点，贴近儿童心理，形式多样，精彩纷呈。

巩义市第二幼儿园领导实行“一岗四联”，即联系一个年龄组，联系一个班级，指导一位教师，结对一名特殊儿童。党员干部深入基层一线，把握关键节点，抓住关键问题，切实解决实际困难，如为班级的工作出谋划策，为特殊儿童的转变出力援助，为班组活动把握方向，为青年教师专业成长手把手地教，取得了显著的成效。

2019 年 6 月，河南民办教育协会、河南民办教育研究院、河南民办局参与协会党建工作委员会、学前工作委员会和河南法制报社通过会议、微信群等方式对部分民办幼儿园管理人员和教师 300 人进行了问卷调查，收回有效问卷 292 份。其中来自乡镇幼儿园的 149 份，占 51.03%；来自县城幼儿园的 63 份，占 21.58%；来自省会郑州幼儿园的 31 份，占 10.62%；来自市级幼儿园的 31 份，占 10.62%。回收问卷的分布比例与全省幼儿园分布比例大致吻合。汇总分析结果如下。

1. 对党建工作认识到位

在“您认为在民办园开展党建工作”的3个选项中，选择“很有必要”的208份，占71.23%；选择“必要”的68份，占23.29%。两项合计276份，占94.52%。选择“无所谓”的16份，占5.48%。

2. 党员数量小

292份问卷中，党员数在20~29人的园所只有2个，占0.68%；10~19人的14个，占4.79%；5~9人的41个，占14.04%；4人以下的122个，占41.78%；没有党员的75个，占到25.68%。后两项合计，样本中共有197个园所党员数不足5人，占到总数的67.47。另外还有37份选择“不知道”，占到12.67%。

3. 党组织和党建工作尚未全覆盖

292份样本中，已经建立党组织的130个，占44.52%；尚未建立的162个，占55.48%。

多次开展党建活动的110个，占37.67%；曾经开展过的57个，占19.52%。两项合计167个，占到总数的57.19%。102个“没有开展过”，占34.93%；还有23份“不知道”，占到7.88%。

4. 党组织隶属关系不一

292个样本中，党组织上级主管是行业党委的4个，占1.37%；地方教育部门党委的144个，占49.32%；地方党委组织部门的37个，占12.67%；“其他”77个，占26.37%；30份“不知道”，占10.27%。

5. 样本园所规模

提供样本的园所在园幼儿主要集中在100~399人。其中200~299人的园所100个，占总样本量的34.25%。1000人以上的只有3所。99人以下的37所。

6. 积极建议

第8题设计的是“您对民办学校（教育机构）开展党建工作有何建议?”有105份问卷提出了具体的意见和建议。其中词语频数超过20的有

“党建”（29）、“工作”（26）、“建议”（21）、“教育”（20）。绝大多数建议希望在民办幼儿园积极开展党建工作。

（六）民办培训机构

河南的民办教育培训机构呈现分布广泛、专业繁多、小型分散、周期短、生源年龄来源参差不齐等特点，开展党建工作需要克服很多困难。在这种情况下，具有前瞻性发展眼光的培训机构，还是把党建工作作为重要方面，持续抓紧抓好，实现了良性发展。

郑州晨钟教育集团自2009年成立党组织以来，秉承党建优先理念，坚持党委领导下的总裁班子负责制，以党建引领文化，以文化促进经营，以经营助推公益，不断创新党建工作方法，提高党务业务融合共建能力，以服务和保证学校健康发展为目标，紧紧围绕实现“晨钟梦”做好思想文化引领，凝聚团队力量，为企业发展增添了新的动力。集团党委充分发挥政治引领作用，坚持业务开展到哪里，党组织就建到哪里，党的工作就开展到哪里。2011年成立了陈中实验学校党支部；2014年，集团党委在东西南北中5个大区分别组建了大区党支部；2016年，又在符合条件的语英组、物化组、数学组等学科组成立了党支部；为统筹管理郑州市外分校，当年又在晨钟域外公司成立了党支部；根据研究生轮岗培养特点，还专门成立了研究生党支部，为集团储备中高层后备队伍。集团党委注重“三个培养”，即把业务骨干培养成党员；把党员培养成各岗位业务骨干；把党员和业务骨干培养成各级管理干部。通过晨钟党建微信公众号、《忠诚》内刊、《聆听晨钟》月报、党建文化长廊等开展党建宣传工作；在各岗位开展“党员先锋岗”评选活动，树立看得见的党员先锋人物。通过外学先进、内树典型，全体员工从“十大优秀共产党员”“感动晨钟十大人物”身上找到学习和进步标杆，不断在师生中营造创先争优氛围。近年来，随着党建工作的深入开展，管理人员和教师员工离职率逐年下降，高学历人才不断攀升，团队归属感和凝聚力增强，确保了企业稳健、快速和可持续发展。

6月26日，在全国民办学校党建特色项目交流会上，郑州晨钟教育集团党委被命名为“全国民办学校党建特色项目建设基地”和“中国民办教育协会党建学习基地”（全国仅7家），晨钟党委上报的“红色研学活动项目”被评为全国民办学校首批党建特色建设项目。

京佳教育党支部始终把党建工作作为重点工作，坚持“围绕经营抓党建，抓好党建促发展”的总体思路，以学习型、服务型、创新型党组织建设为目标，不断加强和改进新常态下非公企业党建工作，发挥党组织的政治功能和服务功能，以党建工作服务和保障企业经营，以企业经营丰富和支撑党建工作，形成双向支撑、双向促进的良好态势，让党建始终成为推动企业发展的政治保证、智力支持和精神动力。不断创新党建工作方法，提高党建工作水平，充分发挥党建的引领作用。

联大教育集团建立了加强党员干部作风建设的长效机制和党员干部廉政档案，进行廉政谈话；实行政务、财务公开，接受干部职工监督；将相关服务承诺、办事依据、财务收支情况、活动经费情况进行公示；对干部职工关注的热点问题，及时召开会议研究，大大提高了管理的透明度。集团通过丰富的活动带动群体。多次组织党员，集体学习党知识；观看“十九大”现场报道；组织员工观看献礼建军90周年的电影《建军大业》；与中行郑州工学院支行达成党建共建的战略合作意向并签署了协议。通过学习交流、参观、考察活动等形式，加强理论与实践的结合，达到学以致用和提高实效的目的。

三　推进党建工作，实现党组织全覆盖

按照中央和省委的要求，全省各级党组织和多数民办教育学校（机构）都在积极推进党建工作。但是由于河南民办教育体量大、类型多等原因，目前党组织还没有实现全覆盖，有些已经建立了党组织的单位，工作还停留在初级阶段。

（一）地方党委和政府的努力

（1）根据省委组织部、市委组织部的要求，二七区委组织部根据全区

民办教育发展现状，于2018年12月28日下发《关于中共郑州市二七区多彩民办教育协会党支部升格为党委的批复》，安排：中共郑州市二七区多彩民办教育协会委员会设委员9名，其中书记1名，副书记2名；下设3个党总支，1个党支部，分别是中共郑州市二七区民办培训机构总支部委员会，设委员3名，其中书记1名；中共郑州市二七区民办幼儿园总支部委员会，设委员3名，其中书记1名；中共郑州市二七区民办中小学总支部委员会，设委员3名，其中书记1名；中共郑州市二七区民办教育研究中心支部委员会，设委员3名，其中书记1名。要求按照《中国共产党章程》和有关规定，做好党组织组建和党员关系转接工作。

二七区多彩民办教育协会党委迅速在全区民办教育机构开展摸底排查统计党员人数工作。据统计民办培训学校163家，有党员的27家，符合成立党支部条件的5家，总计105名党员，女党员77人，男党员28人；民办幼儿园153家，有党员的33家，符合成立党支部的9家，总计90名党员，女党员81人，男党员9人；民办中小学18家，符合成立党支部的7家，总计58名党员，女党员36名，男党员22名。通过汇总发现，全区民办教育机构有一个庞大的党员群体，为了让我们的“组织建起来，党旗飘起来，党员动起来，效果显出来”，在完成非公企业党组织组建的基础上，协会积极与上级党组沟通、对接、学习，开展各项活动，紧紧围绕发挥党组织的作用和党员先锋模范作用，具体从以下几各方面开展工作。

一是本着“成熟一个，组建一个”的原则，重点抓好3名党员以上的单位单独组建党支部工作，巩固和加强基层党组织的建设。符合成立党支部的民办中小学、幼儿园、培训学校，要按程序成立党支部。不符合成立党支部的民办中小学、幼儿园、培训学校，要将现有党员组织关系转入二七区民办教育研究中心党支部。

二是加强党建知识培训，提升党建工作水平。一方面，举办党员专题培训会，加强全体党员的政治理论学习和培训；另一方面，定期组织召开党建工作座谈会和党建工作推进会，在提高党员综合素质的基础上，提升非公党建工作水平。

三是完善组织监督机制。一方面各民办中小学、幼儿园、培训学校设立党建联络员，并建立党建联络员台账；另一方面，在民办中小学、幼儿园、培训学校设立党建指导员。选派全区 96 个公办学校党支部书记作为民办中小学、幼儿园、培训学校的党建指导员。

（2）荥阳市教体局党组按照“围绕中心抓党建，抓好党建促发展”的思路，以“建好每一支部、带好一支队伍、成就一份事业”为目标，以立德树人、全面提高教育质量为重点，以高度的政治站位意识，坚持中小学党建和民办学校党建齐头并进、齐抓共管，有效地提高了民办党建工作规范化水平。

推进党的组织和党的工作有效覆盖。

一是坚持应建必建。荥阳市有民办全日制学校 5 所、民办幼儿园 120 所、校外培训机构 500 多家、有证的 48 家，工作人员流动性大。面对“党组织难设置、党建制度难落实、队伍作用难发挥”等问题，教体局认真贯彻、落实、推进“一二六”工作法，出台了《关于加强教体系统非公经济社会组织党建工作方案》、成立了“教体系统非公企业和社会组织党建工作领导小组”、召开了“荥阳市教体系统非公社会组织党建推进会”，按照分组摸排、集中会议的形式，分析存在的问题、制定有效措施构建教体系统非公党建工作新格局。对固定党员超过 3 名的 5 家民办学校成立了党组织，2 所校外培训机构也在社区申报并成立了党组织，对暂时不具备建立党组织条件的，通过选派党建工作指导员、组建群团组织开展工作等方式，实现党的工作全覆盖，让党的方针政策贯彻和落实到每一所民办学校、每一个非公企业。5 家民办学校成立了党组织，即荥阳四小党支部、荥阳三高附小党支部、荥阳双语实验小学党支部、荥阳睿源教育党支部、荥阳新概念学校党支部，2 所校外培训机构也在社区申报并成立。

二是理顺隶属管理关系。建立健全民办学校党组织及群团组织，将民办学校党组织的隶属管理关系，归由荥阳教体局直属机关党委统一管理，且在工作要求、发展党员和“创先争优”表彰名额分配上与公办学校一视同仁。坚持党的建设同步谋划、党的组织同步设置、党的工作同步开展。

荥阳四小党支部落实“三会一课制度”，定期组织党员开展党性教育、理论学习、组织生活会，使每一位党员的党性得到了进一步的锤炼，不断提升综合素质。

党建工作与学校业务相融合，助推学校发展：党建引领与学校管理相融合。民办学校把党的组织建设、思想建设、作风建设摆在第一位，突出抓好学校思想政治工作，将思想政治工作全面融入教学、科研、管理、服务中，并且自始至终贯穿全过程。

三是党建文化与校园文化相融合。心有方向，行有定力。民办学校将党建与校园文化和办学理念、品牌创建联系在一起。校园文化建设主体的思想和观念是校园精神文化的内核，通过党的思想建设，探索推行“党建＋校园文化”“党建＋校园精神”的“党建＋”模式，帮助广大师生澄清认识、消除疑虑、振奋精神、坚定信念、自觉将行动和思想统一于中国特色社会主义理论体系重要思想的要求之中，切实做到党建与教育教学“两结合、两促进”。

四是党建工作与教育教学活动相融合。在教育实践中，民办学校结合工作实际，制定了切实可行的活动实施方案和计划，创新了活动载体，确保活动围绕学校的教学中心工作有序推进。“围绕教学抓党建、抓好党建促教学”，把党建工作的切入点和着力点放在支持和促进学校办学和发展上来，使党员队伍成为学校发展的生力军和主力军。将每月第一个周五定为党员活动日，坚持一月一主题，教体局分包领导深入所分包的民办学校，与党员共同过组织生活，为党员讲党课，强化制度约束，养成习惯自觉，增强了党组织的凝聚力。

五是把党建工作与思想政治教育及德育工作相融合。教体局要求民办学校党组织认真履责，加强分析研判，研究解决重要问题，巩固学校思想文化和意识形态阵地。实施思想政治课“名师工程”，安排政治强、业务精、作风好、综合素质高的教师授课。党组织书记带头讲形势政策课，回答好师生关心的热点难点问题。

三高附小利用五四青年节开展“听英烈故事、传承英烈精神”讲故事活动。党支部号召全体教职工以德树人，用无私的爱去教育、影响学生，让孩子在老师爱的鞭策、激励下健康成长。

双语实验小学党支部组织举办“党员修身从健身开始”活动、“快乐运动、凝聚美丽”活动，丰富了全体教职工的业余文化生活，活跃了教学氛围，增进了老师间的友谊，提升了教职工的幸福指数。

选好党建指导员，架起沟通桥梁。从 2018 年 9 月开始，教体局机关党委向各个民办学校党支部、培训机构和未成立党组织的民办学校选派了党建指导员，有效发挥了党建指导员在非公组织党建工作中的积极作用。

一是抓指导，当好带头人。教体局机关党委采取集中培训、专题学习、微信推送等方式，时刻用党建的新理论加强对党建指导员的学习教育，做到带头示范、常学常新，练好真本领，杜绝“灯下黑”。向每名党建指导员发放了“一章一册”，要求真正做到党章不离手、应知应会手册不离身，切实练好真本领。

二是抓落实，当好有心人。积极开展对民办学校支部党组织生活的指导工作，针对支部人员召集难、工作时间紧、学习没目标等难题，结合非公经济组织和社会组织的工作实际情况，创造性制定了“三个融合”的党内组织生活模式，将主题党日、“两学一做”学习教育和“三会一课”有效融合，真正使党内组织生活做到了落地落实落细，非公组织党建工作真正从“有形覆盖”向“有效覆盖”转变。

三是抓带动，当好娘家人。摆正位置，准确定位。按照“引导不主导、统揽不包揽、参与不干预、协调不强调”的原则，积极开展支部党建指导工作，做到支部党建工作必须紧密结合、服从、服务于学校教育教学这个中心，积极配合、参与和帮助学校协调各方面的关系，努力赢得非公党组织广大党员职工的信任和支持。着重加强对教学一线教师的培养，坚持实施“双向培养”计划，把学校的骨干教师培养成党员，把党员培养成学校的教学骨干，努力使他们成为学校发展的谋划者、学科技术的带头者、课程改革的推进者。

加强党建工作考核评估，强化党建工作专项督察。

一是将民办学校党建工作纳入年度考核目标。采取平时督察和年终检查相结合的方式，分基础工作和重点工作两个方面，对民办学校开展党建工作情况进行全面考核评估，切实提升民办学校党建工作水平。

二是开展党建工作蹲点调研。教体局党务办工作人员直接深入民办学校蹲点调研，主动了解民办学校党建工作基本情况，帮助找准薄弱环节、建立问题台账、提出解决方案，调动民办学校做好党建工作的积极性。

三是开展专项督导检查。依据《荥阳教体系统基层党组织党建工作评估考核细则》，对已建立党组织的民办学校的党建工作情况进行专项督察，既有效摸清民办学校党建工作的现状，又重点指导“后进”党组织整顿转化升级，推动民办学校健康发展与党建工作同步提升。

荥阳四小、荥阳三高附小、双语实验小学、鹿鸣小学、宇华盛世实验学校党支部通过党员管理带动全体教师管理，通过党建工作的规范化，进一步提升了学校的办学内涵。

（3）汝州市按照“以点带面、逐步推进、全面提升”的工作思路，突出“阵地建设标准化、运行机制规范化、管理手段信息化”，深入推进民办教育党建规范化建设。目前，汝州社会组织近600家，其中民办学校和教育培训机构近500所，占总量比例达到80%。汝州市委组织部认为，抓好社会组织党建工作的重点就是抓好民办教育党建工作，而抓好民办教育党建工作的关键就是抓典型引领，示范带动。市委组织部非公党工委主动探索、积极创新，以“四个抓手”为着力点，积极推进民办教育党建工作。

一是抓组建，提升覆盖率。一方面，通过单建、联建、挂靠建等多种方式，实现全市民办学校党组织应建尽建率达到100%；另一方面，通过选派党建指导员、建立共青团组织等，实现民办教育领域党的工作全覆盖。

二是抓管理，强化行业指导。一方面，进一步理顺教育行业党组织隶属关系，将学校党建工作从原有的属地管理统一调整为教育部门系统管理，形成业务发展与党建工作统一指导；另一方面，研究成立汝州市教育行业社会组织党总支，为加强民办教育党建工作提供强有力的组织保证。

三是抓活动，促进功能发挥。其一，在民办教育党组织中积极推进

“两学一做”学习教育；其二，在民办教育党组织中开展“三亮三比三服务”主题实践活动，进一步促进党组织战斗堡垒作用和党员先锋模范作用发挥；其三，开展党建文化成果展演活动，不断提升社会组织党组织的影响和活力。

四是抓规范，提升党建水平。一方面，建立社会组织党建工作联席会议制度，为市委决策提供依据；另一方面，选树先进典型，示范引领，打造6个社会组织党建工作示范点，其中民办学校3个，以点带面，促进社会组织党建工作全面提升。

（二）存在的问题和推进建议

总体来看，河南民办教育党建工作已经取得了一定的成绩，在各级党委和教育行政部门的领导下，民办高等教育、职业教育、基础教育、学前教育和培训教育的党建工作都有了实质性的进展。但是发展还很不平衡，还没有实现“应建必建”，主要问题如下。

（1）少数民办教育学校（机构）对党建工作的认识不到位。更多考虑的是教育的技术属性，没有提升育人的政治属性，更多地考虑学校（机构）短期的发展，忽略了人才培养的战略思考。因而主动性不强，有等待上级组织来组建的意识。

（2）找不到归口党委。在和一些民办学校和培训机构座谈时，发现他们建立党组织、开展党建活动的愿望十分强烈，但不知道找哪个部门申请建立，感觉比较迷茫。

（3）党组织作用发挥空间有限。

（4）党组织工作力量不足。

（5）工作不够规范。

（6）党员管理难度比较大。

解决这些问题，需要各级党委组织部门、教育行政部门和民办教育学校（机构）共同努力。首先要理顺隶属关系，在民办学校（机构）建立党组织。可以参照郑州市二七区的做法，在民办教育协会建立党委，统筹推进民办学校党建工作；可以推广荥阳市的做法，将民办学校党组织的隶属管理关系，归由教体局直属机关党委统一管理；也可以借鉴汝州市的做法，成立非公党工委，统筹非公有制组织和社会组织的党建工作。必要的话也可以尝试建立行业党委。总之要使民办学校（机构）找到隶属党委，正常开展党建工作。

各民办学校（机构）要提高对党建工作的认识，主动到当地党委组织部门、教育行政部门和行业主管部门申请建立党组织并积极开展工作。被动消极的等待只会影响自身的发展。

已经建立党组织的民办学校（机构），要在上级党委的领导下，根据党章党规和中央、省委、当地党组织的部署认真开展党建工作，确保社会主义办学方向，将培养合格的社会主义建设者和接班人落实到教育教学工作的实处。

B.19

河南民办高校党建工作报告

李帅卫*

摘　要： 坚持中国共产党的领导是中国特色社会主义教育最本质的特征，民办高校作为中国高等教育的重要组成部分，和公办高校一样承担着培养合格社会主义建设者和接班人的重任。民办高校由于办学模式、领导体制、运行机制等方面的特殊性，党建工作面临一些新情况新问题。本文从河南民办高校党建工作现状入手，在指出河南民办高校党建工作取得成绩的同时，也指出河南民办高校党建工作中存在的突出问题，并进行深入分析，提出对策建议。

关键词： 民办高校　党建工作　河南

中国共产党第十九次全国代表大会报告指出：党政军民学，东西南北中，党是领导一切的。坚持中国共产党的领导是中国特色社会主义教育最本质的特征，是办好中国特色社会主义大学的根本保证。民办高校作为高等教育的重要组成部分，在高等教育体系中扮演着不可忽视的重要角色。习近平总书记指出：民办高校的办学方式、组织结构、运行模式可以不同，但在坚持正确政治方向、正确育人导向上没有例外。加强民办高校党的建设，既是全面贯彻党的教育方针，保证社会主义办学方向，落实高校“立德树人”根本任务的基本保证，也是提高民办高校自身竞争力、推动高等教育健康发展的需要。

---

* 李帅卫，郑州科技学院讲师，硕士。主要研究方向：高校党建与思想政治教育。

一 河南民办高校党建工作基本情况

（一）河南民办高校基本情况

截至2018年底，河南省民办高校共计39所（含独立学院5所），其中本科19所，专科20所；普通本专科在校生51.05万人，占全省普通本专科在校生总数23.85%，其中，本科31.12万人，专科19.93万人。在校生规模5000人以下的有10所，5000～10000人的有10所，10000～20000人的有7所，20000～30000人的有10所，30000人以上有2所。2018年较2017年37所大学有所变化，新增加2所大学，主要是郑州大学西亚斯学院转设郑州西亚斯学院，新增加信阳航空职业学院。[①] 另外，周口科技职业学院由专科升级为本科，郑州成功财经学院更名为郑州商学院。在党组织关系隶属上，归口省委高校工委管理的19所，省辖市党委管理的19所，刚转设的西亚斯学院尚未明确党组织的隶属关系。39所民办高校建立党委的有31所，5所独立学院和西亚斯学院建立的是校本部的分党委，新建信阳航空职业学院和平顶山文化艺术职业学院暂未设置。39所民办高校有党员27643人，其中预备党员9413人，男党员11759人，女党员15884人，党总支201个，党支部1342个。[②] 截至2018年底，12所民办本科高校已经派驻党委书记，5所独立学院由校本部派驻，专科学校尚未派驻。

（二）河南民办高校党建工作开展情况

1. 突出思想引领，把牢政治方向

各高校党委积极贯彻落实党的教育路线方针政策，坚持用社会主义核心价值观教育武装广大干部师生，做到依法办学、规范办学、诚信办学。一是

① 数据来自河南省教育厅发布的2018年河南省教育事业发展统计公报。

② 数据来自2018年全省高校党务信息统计报表。

抓好政治理论学习，推进学习型党组织建设。各高校不断完善党委中心组织和教职工政治学习等学习制度，教育引导基层党组织和广大党员增强“四个意识”，坚定“四个自信”，做到“两个维护”。二是抓好意识形态工作宣传教育。各高校利用橱窗、板报、校园网、微信等积极宣传“中国梦”、社会主义核心价值观等主流思想，同时加强对网站、论坛、贴吧等新媒体的监管和课堂教学、讲座等传统媒介审查监督和管理，坚决反对否定和削弱党的领导。多数高校制定了《关于贯彻落实党委意识形态工作责任制的实施意见》，郑州科技学院、郑州商学院等学校党委与各行政、教学部门签订意识形态责任书，实行责任追究制。同时，注重对学校党建和思想政治工作中一些好的做法进行宣传推介。三是推进“两学一做”学习教育常态化、制度化。各高校坚持基础在学，关键在做，不断丰富学习内容，创新学习方式，通过邀请专家讲学、知识竞赛、志愿服务、选树典型等，强化党性意识，规范组织生活。

2. 完善体制机制，发挥政治核心作用

民办高校普遍实行的是董事会（理事会）领导下的校长负责制，党组织主要发挥政治核心作用。管理运作过程中，董事会（理事会）负责决策、党组织参与、行政执行。工作分工上董事会负责学校各项决策部署，行政负责教育教学和行政管理，党组织负责党建和思想政治工作。这样的一种体制运行特点决定了民办高校的发展需要董事会（理事会）、党委和行政三方形成工作合力。黄河科技学院、郑州科技学院等较早探索党委与董事会（理事会）、校行政“双向进入、交叉任职”机制，取得了良好效果。目前，多数民办高校党委书记已通过修改董事会（理事会）章程等程序进入学校董事会（理事会），一些党委班子的成员也通过修订学校章程进入了校级行政管理层，省委组织部选派党委书记任职的民办高校，一些党员董事长还兼任党委副书记，比如黄河科技学院。部分自选党委书记的民办高校，党员董事长还兼任党委书记，比如郑州澍青医学高等专科学校。党委参与决策主要是通过党委和董事会（理事会）重大事项协商沟通、党政联席会议制度等保证在涉及学校办学方向、发展规划、人才培养、干部任用、职称评聘、师生权益保障等大事要事方面党委作用的发挥，有些高校还注意发挥教代会、工会民主管理和监督作用。

3. 加强组织建设，扩大党组织覆盖

各高校通过合署办公，普遍设立了党委职能部门，也配备了一定数量的工作人员和办公场地。按照组织有关规定，完善了党委下设的分党委、党总支、直属党支部等基层组织，初步形成了党委抓总、党委职能部门分工实施，各党总支、党支部具体落实的管理模式和责任体系。各高校党委能够履行党建工作主体责任，认真落实基层党建工作责任制、党风廉政建设责任制、基层党组织书记述职评议考核等制度，校院两级党组织书记能够认真履行第一责任人职责，形成了“书记抓、抓书记”的工作体制和运行机制。郑州科技学院党委和各党总支签订党建工作责任制、意识形态责任制和党风廉政建设责任制三个责任书，传导全面从严治党压力和责任。澍青医专出台了《基层党组织工作量化考评办法》，逐步建立了科学的党建工作考核评价体系和激励约束机制。信阳学院制定了《党建工作“十三五”规划》，将办学治校与党的建设同步谋划、党的组织同步设置、党的工作同步开展，并与地方党委共建廉洁教育校地合作新模式。郑州商学院在“十三五”规划明确党建工作的整体目标和年度目标。黄河交通学院组织开展了党风廉洁教育月活动，增强党员干部的廉洁从政意识，筑牢拒腐防变防线。加强同董事会（理事会）协商，积极推动充实党务工作人员和完善党建经费保障的落实。多数高校将党建经费列入学校财务预算，未列入预算的高校实行实报实销制度。澍青医学高等专科学校给基层党支部书记每月 300 元的党务工作津贴，调动其做好党务工作的积极性。郑州工业应用技术学院、郑州升达经贸管理学院、黄河交通学院、黄河护理学院等设立了党员活动室，保障了支部活动开展。各高校认真贯彻执行高校基层党组织工作条例，创新党支部设置，坚持应建必建，做到党组织全覆盖。确保党组织作用发挥。郑州工业应用技术学院、郑州科技学院等在学生社团、公寓建立了学生党支部或者党员工作站，实现了有形覆盖与有效覆盖相结合；注重党务干部选拔培养，选好配强党组织书记。加大对党务人员业务培训，组织开展党务干部培训班、党支部书记培训班等，不断提高党务工作者的理论水平和履职能力。加强党务干部的管理，实行党务干部工作目标考核。落实待遇保障，保障党建工作开展，如郑州工业应用技术学院、郑州升达经贸管理学院等在二级学院配备了专职组织人员，有力地保障了基层党建工作的开展。

4. 规范管理，做好发展党员和党员教育管理工作

积极贯彻落实《中国共产党发展党员工作细则》，注重在优秀青年教师、学生骨干、高知群体、少数民族学生中发展党员，为党组织补充新鲜血液，壮大党的队伍。郑州科技学院充分考虑大学生和青年教师职工的学习生活实际，科学制订培养计划，在选苗时“宽进”，在育苗时“严出”，坚持成熟一个发展一个。信阳学院逐步探索并形成“分段教育、积分考察”党员发展积分考察制，把表现最突出、党员群众最认可、积分最高的优秀分子吸收到党的队伍中来。黄河科技学院结合校情，创立了“以党校和校卫队为抓手，积极培养发展学生党员”的组织发展格局。各高校比较重视组织关系管理和排查。规定专职人员工作满半年以上，其组织关系原则上必须转入，暂时不能转入的，实行组织关系一方隶属、参加多重组织生活。在党员教育上，各高校依托校、院（系）两级党校和“三会一课”等开展教育培训。澍青医学高等专科学校注意对党员进行分对象、分层次开展培训。黄河科技学院将日常教育、主题教育、集中教育和典型教育相结合，并实行入党申请人、入党积极分子、发展对象、预备党员“四级培训制”。各高校立足实际，针对民办高校教职工党员兼职人员多、流动性大等实际，充分利用网络资源优势，整合碎片化时间，开展线上线下培训，提升培训效果。各高校创新基层党组织活动形式，积极培育基层党建活动优秀品牌。黄河科技学院“现代大学制度下民办高校党组织作用发挥研究”和“双创背景下党支部在大学生宿舍文化建设中的作用探究”、郑州升达经贸管理学院“高校学生党建品牌项目路径研究”、黄河交通学院“抓党建求发展，展现公共课第二课堂新气象”、澍青医学高等专科学校“探索建立民办高校大学生党员质量保障体系的创新做法”、郑州商贸旅游职业学院“新媒体时代做好学生党员志愿服务的实践探索”等项目获得省委高校工委基层党建创新项目立项。各

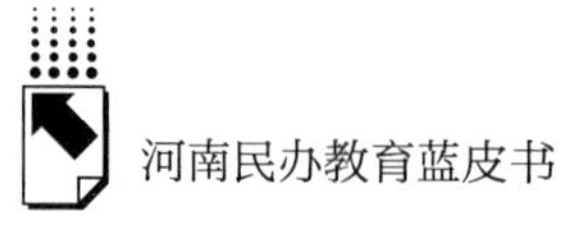

高校还通过实施党员承诺制和党员星级管理，引导广大党员积极立足岗位做贡献，在各方面发挥先锋模范作用。

5. 打造品牌，抓好思想政治教育和德育工作

各高校不断健全“全员育人、全过程育人、全方位育人”的育人机制，扎实开展思想政治教育和德育工作。郑州升达经贸管理学院设立“广亚大讲堂”和“公民意识教育研究中心”，并在龙湖镇泰山村建立了思想政治理论课教学实践基地。黄河科技学院构建了“入学教育—日常管理—创业就业”三位一体的全过程思政教育服务体系。郑州财经学院着力构建思想政治教育工作课堂教育体系、管理育人体系、课外活动体系、就业指导心理咨询服务体系四个体系。注重发挥思想政治理论课主渠道作用，积极推进思想政治理论课改革。郑州工业应用技术学院提出了“五步互动教学法”，采用专题讲座、案例教学、主题讨论、红色革命圣地参观等方式，将思想政治教育融入学生学习生活。黄河科技学院构建了“以问题为中心，实现以理服人、以情动人、以美感人、以文化人、以行育人”的五元融合的“1+5”教学模式。各高校普遍独立设置社科部或者马列部，郑州科技学院、黄河科技学院等设置了马克思主义学院。各高校不断加强思想政治理论课教师队伍建设，推进“名师工程”“青蓝工程”建设。推进辅导员职业化、专业化建设，搭建成长发展平台。重视师德师风建设，将思想政治要求纳入教师日常管理，引导教师恪守职业道德，自觉为人师表。郑州成功财经学院每年定期举办“教学质量奖”评选，表彰“四有”好老师。郑州升达经贸管理学院党委书记、院长给新聘教师做师德教育报告，举行新聘教师集体宣誓仪式，并建立了考核、监督与奖惩相结合的师德建设长效机制。创建品牌，引领校园文化。黄河交通学院开设“黄河讲坛”，邀请专家学者做专题辅导报告。郑州升达经贸管理学院形成了以思政课活动周以及爱国教育、劳动教育、养成教育为内容的“一周三教育”的特色教育工作。郑州信息工程职业学院大力弘扬传统文化，将王阳明心学“致良知”引入教学，帮助学生立志、勤学、改过、择善。郑州科技学院推进实施由影视教育工程、理论教育工程和实践育人工程组成的“春雨计划”和“启航”综合素质教育工程。信阳

学院的“五心教育”、“学生党员、干部‘五个一’工程”和“民俗文化节”等被评为“河南省高等学校思想政治工作优秀品牌”。

二 河南民办高校党建工作存在的突出问题

民办高校党建工作虽然取得了一定的成绩，但由于领导体制、运行机制等方面的特殊性，民办高校党建工作还存在着一些亟待解决的问题，需要高度重视并积极想方设法予以解决。

1. 思想上重视程度不够

“说起来重要，做起来次要，忙起来不要”是民办高校党建工作的普遍现状。由于民办高校实际掌舵人（董事长、理事长）的终极追求目标大多是经济利益，为了最大限度地获取利润，减少办学成本，对于党建等不会产生直接经济效益的工作很难做到思想上真正重视、工作上全力支持、决策时充分尊重、用人时充分协商。

2. 党务工作人员不足

基于办学成本考虑，人员精简，兼职多，合署办公是民办高校党务工作现状。多数民办高校虽然组织架构健全，但实际运行中有岗无人或一人多岗，身兼数职现象大量存在，党务工作人员严重不足，距离上级要求还有较大差距。党政班子不健全，有些二级学院党组织书记长期空缺或者由党员院长兼任；同时思想政治理论课教师、专职辅导员、党务干部配备等和上级要求还存在一定差距。另外，人员素质参差不齐，流动性大，人员变动频繁，人才流失现象比较突出。

3. 党委作用的发挥还有待加强

由于民办高校普遍实行的是董事会（理事会）领导下的校长负责制，党委主要起政治核心作用。《关于加强民办学校党的建设工作的意见（试行）》中明确指出：涉及民办学校发展规划、重要改革、人事安排等重大事项，党委都要参与讨论研究。但在实际执行过程中由于党委不是决策机构，管不了人、钱、物，使得党组织腰杆不硬、说不上话，党组织弱化虚化边缘化问题突出，党组织作用发挥十分有限。

4. 基层党组织建设比较薄弱

一些基层党组织还不健全，还未达到完全覆盖，有些即使达到有形覆盖，但未做到有效覆盖；组织生活开展不及时，质量不高，党组织活动缺乏吸引力，党员队伍管理偏松，惩戒力度不够。党的民主生活会、“三会一课”、谈心谈话、民主评议党员、主题党日等制度落实不理想，党内政治生活不严肃，平淡化、庸俗化、随意化现象突出。落实党员发展“三级培训”和党务干部培训投入不够，党组织战斗堡垒作用发挥不充分。

5. 党建工作保障力度不够

基于办学成本考虑，民办高校党建活动专项经费要么没有，要么很少，要么实行实报实销，党建活动开展受到一定程度影响。党员活动场所缺少，党员活动室普遍不足，对于上级部门关于党建工作保障要求，存在着搞变通、找理由、变相抵制，贯彻执行不到位等情况。

三　加强民办高校党建工作的措施办法

民办高校党建工作不仅仅是民办高校党组织的事情，民办高校运行特点决定民办高校党建工作要想取得成效，需要上级政府部门、学校董事会、行政多方支持，形成工作合力，只有这样民办高校党建工作才能真正做好，上级各项部署安排才能落地见效。

1. 加强学习培训

一是强化对民办高校董事长（理事长）的培训，特别是对董事长（理事长），要强化中央和上级部门关于民办高校党建工作的各项决策和部署要求的专题培训，提升他们对党建工作重要性的认识，引导他们从人、财、物等方面支持学校党建工作。二是加强对民办高校行政领导的培训，使其对新形势下加强民办高校党建工作有清醒的认识，做到党建工作和业务工作协调发展。三是加强对民办高校党组织负责人、党务工作者的培训，使其既了解党建业务，又熟悉民办教育现状、上级要求等，主动适应民办高校办学体制和要求，认真履职尽责，确保党的各项要求落到实处。

2. 完善体制机制

继续加大向民办高校派驻党组织书记制度，已经派驻书记的尽快落实派驻党委书记兼任政府督学专员的规定，明确其工作职责，使其充分担负起本单位党的政治建设工作主体责任，履行第一责任人职责；出台党组织参与决策制度具体办法，尤其是落实党委与董（理）事会之间行之有效的议事规则，对党的建设重要工作亲自部署、重要问题亲自过问、重大事件亲自处置，发挥好监督保证作用。认真贯彻执行党组织会议议事规则和党政联席会议制度，确保党的路线方针政策得到贯彻落实，凸显民办高校公益性和学术性。

3. 畅通信息来源渠道

要把民办学校党建工作纳入高校党建工作总体规划，在党建工作部署安排、政策支持等方面和公办高校一起布置，一起落实，让民办高校也能参与其中。同时要进一步畅通民办高校关于党建工作信息渠道。高校党建相关会议以及培训应该将民办高校纳入进来，使上级党委、政府关于党建工作的相关政策文件也能及时顺畅到达民办高校党委手中，使民办高校党委对上级部门的安排有一个整体、全面的把握，以保证上级部门精神得到贯彻落实。

4. 加大政策扶植和经费支持力度

尽快完善和出台关于民办高校党建工作制度法规，尤其是出台关于加强民办高校党组织建设刚性、具体性的文件，对民办高校党务工作和思想政治工作人员配备和相关保障措施予以明确规定，对于拒不执行上级规定，踩踏底线的，必要时通过缩减招生计划，限制招生等措施，促使其真正重视起来，提高政治意识，确保党的各项部署真正落实落地。尽快落实民办高校缴纳党费全额返还机制，同时给予民办高校党建工作一定的经费支持。

5. 探索民办高校与公办高校党建工作结对共建机制

民办高校可以吸收利用公办高校党建工作中的优秀做法，建立结对共建机制，引入和利用公办高校党建工作资源，拓展工作空间，推动党建工作开展；新转设的独立学院，可以依托原来公办高校党建工作经验，与原来公办高校加强合作，结合自身实际情况灵活自主开展工作，推动党建工作规范化、科学化。

6. 开展党建工作督查评估和典型选树

民办高校党建工作问题的产生主要是由于体制的原因，这些问题仅依靠民办高校党组织去解决，显然力不从心。这就需要上级部门采取措施，给予政策推动和支持。通过定期对民办高校党建工作和基层组织建设情况进行评估督查，并将评估督查结果与民办高校招生、评优评先等挂钩，促进民办高校决策机构从人员保障、经费投入、基层组织完善等方面进一步重视和加强党建工作。评选民办高校党建工作示范高校、标杆院系和样板支部等，发现、培植和树立一批民办高校党建工作的先进典型，发挥示范带动效应，从而推动整个民办高校党建工作的开展。同时鼓励民办高校结合实际，探索民办高校党建工作新思路、新方法、新途径，增强民办学校党组织的吸引力和凝聚力。

参考文献

罗爱华：《论新时代高校机关文化建设》，《当代教育实践与教学研究》2018 年第 10 期。

陈子季：《从三个关系把握全国高校思想政治工作会议精神》，《大学（研究版）》2017 年第 1 期。

徐晓莉：《加强独立学院学生党支部建设刍议》，《新西部》2018 年第 36 期。

李帅卫：《关于加强民办高校党建工作的思考》，《民办高等教育研究》2017 年第 4 期。

胡大白：《民办高校法人治理结构初探》，《黄河科技大学学报》2015 年第 4 期。

B.20

红色基因传承教育

——汝州市香榭世家幼儿园的调查报告

王建庄　岳　明　侯炳轩　王道勋　贾全明*

摘　要： 2019 年 6 月 26 日，汝州市香榭世家幼儿园入选全国民办学校党建特色项目。在全国 15.42 万所民办幼儿园中，入选党建特色项目的仅有 5 家，在全国民办教育特色项目交流会上做典型发言的只有香榭世家幼儿园的张锦娜院长。香榭世家幼儿园的红色基因传承教育引起了与会专家和领导的高度重视，得到了充分肯定。

关键词： 民办幼儿园　红色教育　汝州

2018 年，河南省幼儿园总数达到 22128 所，在园幼儿达到 437.99 万人。其中民办幼儿园 17293 所，占到全省幼儿园总数的 78.15%；民办园在园幼儿 300.46 万人，占到全省在园幼儿总数的 68.60%。

30 年后，在新中国成立 100 周年之际，这些孩子将成为推动河南省经济社会发展的中坚力量。河南向何处去？中国向何处去？很大程度上取决于这些孩子的作为。为谁培养？怎么培养？应该是当前各类幼儿园必须重视的

* 王建庄，河南省民办教育协会副会长、河南民办教育研究院执行院长；岳明，河南法制报社法律服务部主任、法律顾问；侯炳轩，河南省民办教育协会学前工作委员会理事长；王道勋，河南民办教育研究院研究员、《民办教育研究》编辑部主任；贾全明，河南民办教育研究院研究员、《河南民办教育》编辑部主任。

第一要务。

2017年10月1日，一张照片刷爆了汝州人的朋友圈。一个小女孩面对市政府办公楼前高高飘扬的五星红旗，立正，敬礼。不经意间被人拍出来传到网上的照片，执着、庄重和坚定的精神内在似乎和孩子幼小的身心无法契合。数万人点赞。人们由衷感叹，称之为“汝州最美女孩”。人们在香榭世家幼儿园找到了这个孩子。

汝州市香榭世家幼儿园是一所民办教育机构，两个园区占地6400平方米，在园幼儿650人。在县级市，这是一个规模较大的幼儿园。

在幼儿园开展党建，将红色基因传承教育融入孩子成长的过程，有没有必要？能不能做实？

第一个问题的答案是肯定的。

第二个问题，香榭世家幼儿园正在尝试。

一　理念，在创业的艰难中生成

2002年，年轻的张锦娜想办一座幼儿园，得到了家人的全力支持。有了目标的理想会产生无穷的内生动力，她北上首都，南下武汉，更多的是到省会郑州去参观、学习和体验，将蒙特梭利、多元智能、感统训练、奥尔夫音乐等教育理念或生吞活剥、或掰开揉碎，如饥似渴地学习、感悟。家人把一楼的房子腾出来，打扫干净，给张锦娜的幼儿园提供了第一期的教室。

如同所有创业者一样，建园之初遇到了一些困难，第一年招生，只来了9个孩子，不同的是，幸运的张锦娜倾心投入，获得了社会的认可。到2009年，租赁了占地2500平方米的房舍，初具规模。到2013年，香榭世家幼儿园挂牌成立，2015年被评为河南省示范幼儿园。

进行红色传承教育的理念不是一开始就完整生成的。香榭世家幼儿园开办之初和许多新生的民办园一样，也面临着生存和发展的挑战，除了地处县城、竞争激烈等困难和挑战外，还与大城市的幼儿园有着一个共同的问题，就是师资队伍的建设。总体来看，幼儿教师的工作特点是责任重大，工作强度大而同其他行业相比待遇较低，特别是民办园。香榭世家幼儿园不可避免地遇到了这个问题。遇到好苗子就想培养好，培养好了就有可能跳槽或被挖走。好幼师留不住，怎么办好园？张锦娜操心最多的就是教师问题。在尝试了各种有着时髦名称的教育形式后，她初步确立了立足儿童身心发展，多种教育形式综合运用的办园思路。而要将这种理念付诸办园实践，绕不过去的还是教师问题。张锦娜一直在想办法建设稳定、科学、适应本园育人需要的教师队伍，她多次萌发了通过建立党组织来稳定教师队伍的念头。

党的十八大提出了在新的历史条件下夺取中国特色社会主义新胜利，必须坚持党的领导的基本要求。在发展中不断思考的张锦娜，想到了党组织的引领和保障作用。确切地说，最初的考虑是，她想通过党建来坚固自己幼儿园的教师队伍。

应该说，这样的想法虽然不失片面，但是有着一定的道理。当年红军初创时，支部建在连队，使得人民队伍的凝聚力和战斗力不断增强。在和平发展的今天，民办园建立党组织，能不能解决时刻困扰的难题？

在民办幼儿园开展党建工作，面临很多问题。党员人数少，不够建支部；组织挂靠谁？没有现成的模板，等等问题。

对于幼儿园的主管部门和当地的组织部门，民办园党建也是一个新的课题。香榭世家幼儿园的幸运在于在发展的关键时刻遇到了好的政治环境和社会环境。还不是党员的张锦娜在幼儿园建立党组织的奔波中虽然遇到了一些困难，但汝州市委组织部和汝州市教育体育局表现出了极大的政治热情。作为汝州市政协常委的张锦娜，也得到了来自汝州市政协的大力支持。在建立党组织和后来的红色基因传承教育中，这些部门一如既往地给予了坚定的支持。

汝州是全国城市党建试点市，非公组织党建是该市探索进行的重点之一。在香榭世家幼儿园的发展过程中，市委组织部根据全市教育的特点提出了“读什么书，跟什么人，做什么人”的问题，要求“系好人生第一粒扣子，从孩子开始”。他们认为，发展一名幼师党员，可能会影响几个、几十个、几百个孩子的一生。所以，在党建发展中控制数量，保障质量的基础

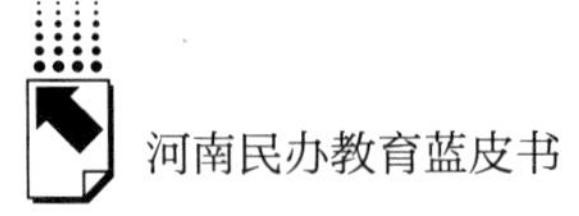

上，在全市459个村、1500个基层党组织都积极要求发展党员的大背景下，2018年全市发展600多名党员，其中两名积极分子指标就给了香榭世家幼儿园。在座谈会上，汝州市组织部组织科闫如果科长思路清晰，对高知群体、低年龄群体发展党员工作有着独到的见解。市委组织部在香榭世家党建工作初期，就通过汝州市非公党工委和教育体育局派出教体局原副局长高廷献到香榭世家幼儿园担任党建指导员。

汝州市委组织部非公党工委副书记王宗帝方向明确，对全市600家社会组织、500家民办教育学校（机构）了如指掌。2017年香榭世家幼儿园被市委命名为党建示范点，这在全市300多所幼儿园中是不多见的。在这个过程中，非公党工委以党费奖补提供活动补助，又选送张锦娜到厦门大学参加培训，指导香榭世家幼儿园逐步形成了红色文化、革命历史教育的品牌。

张锦娜是汝州市政协常委，她的参政议政能力，为社会服务的自觉行动受到政协重视，政协也对她的事业给予支持和呼吁。政协的调研、视察活动都请张锦娜参与，并安排她参加在全国政协培训中心进行的专题培训。在提高她的站位、开阔她的视野的同时，丰富她的人脉，形成她的理念。在香榭世家幼儿园红色健康教育形成的过程中，汝州市政协发挥了重要的作用。

汝州市教育体育局朱同正局长认为，教育的目的就是培养人，我们培养的是党和国家事业发展的建设者和接班人，要使学生能够真正的投身到社会发展之中，首先要明确自己的立场和站位。在为谁培养人，培养什么人的思考实践中，少数学校（机构）走形式，不深入。香榭世家幼儿园在这方面树立了很好的榜样，教育体育局应该支持和鼓励。这种红色教育，对培养孩子的人生观、世界观、价值观，树立理想信念，起到了潜移默化的作用。教育体育局更看重的是香榭世家幼儿园在实践中逐步探索出了相对成熟的方案，而且初步开发了幼儿园进行党建的课程。这样的育人方案和适应儿童身心发展的课程，契合孩子的成长需要。

汝州市教育体育局党办主任孙延国认为，香榭世家幼儿园的党建工作起到了很好的示范带动作用，全市已有7所民办学校开展了符合教育实际的党建活动。他们在特殊的节日和纪念日开展活动，将党建工作和常规工作结合起来，构建了有利于孩子健康成长的良好生态。

香榭世家幼儿园所在的风穴寺街道党工委在辖区 54 个互联共建单位中重视支持民办园进行红色阵地建设，在党建这方面给予了具体的指导和支持。积极联系消防、交警大队等单位，为孩子们的实践活动铺路搭桥，支持红色基因教育开展。党工委组织委员高乙萍经常到幼儿园帮助解决实际问题，如同呵护红色幼苗一样倾心关注。

二　信念：在不断的实践中坚定

所有党建活动的开展，是以党组织的建立为前提的。1927 年 9 月，中国共产党领导的秋收起义部队在挺进井冈山的途中，于江西永新三湾村进行改编，实行“支部建在连上”，在部队建起了严整的基层组织体系，为党的全面建设提供了可靠的组织保证。这种保证，是开展党的活动，推动党的事业发展的基本保证。2016 年 12 月，中共汝州市香榭世家幼儿园支部委员会成立。民办幼儿园党组织如何开展活动？如何将党建和幼儿成长有机结合起来？在 15 年的办园探索和红色教育尝试的基础上，党支部确立了“点亮一盏灯，照亮一大片”的教育思路，以践行“给我一个孩子，还你一个人才”的承诺为工作标尺，开展了一系列适合幼儿身心发展的活动。

（一）怀揣“一颗”红心，打造党建品牌

党支部以“童心向党聚合力　和美润园育幼苗”为主题，打造“童心向党”党建品牌。根据幼儿年龄段的特点，实行寓教于乐的活动模式，积极开展“红星闪闪”党建园本课程的研究与探索。相继开展共和国之路、革命故事表演、红色之路等探索模式。2018 年首创以红色题材为主的《红星闪闪》大型体智能早操，编排大型党建主题情景剧《传承红色基因　培养时代新人》，受到了上级党委、教育行政部门、家长及社会的好评。

（二）实施“两项”工程，彰显组织引领

一是实施园内示范引领工程。党员强、教师优，一直是幼儿园追求的目

标，党支部紧紧围绕“保教”这一中心工作，通过师徒引领、理论引领，专业技能引领，不断打造高素质的领导班子、党员和教师队伍。二是实施园外示范引领工程。通过结对帮扶、送教下乡、现场指导、接待观摩等多种形式，对全市幼儿园进行深入指导，搭建平台，促进汝州学前教育的共同发展。

（三）用活“三块”阵地，筑牢理想信念

党支部把“给我一个孩子，还你一个人才”作为最高“领奖台”，通过红色阵地、师德阵地、育人阵地宣传党的路线、方针、政策，教育全园师生爱党、爱国、爱家乡，做到听党话、感党恩、跟党走。

1. 用好红色阵地

党支部以“举旗定向，永跟党走”“国旗下的讲话”“我是党员请向我看齐”“红色经典，亲子共阅”等为主题打造红色阵地，让每一块墙壁会说话，每一块展板能传情，激励全园师生心中有信仰，脚下有力量。

2. 用活师德阵地

加强教职工对师德师风的学习，极力打造“学先进，颂党恩，跟党走”“中国梦——我的幸福教师梦”文化墙，通过开展道德讲堂、师德承诺、师德案例分析交流、师德演讲、观看师德警示视频等活动来修师德、铸师魂，让立德树人、教书育人落地生根。

3. 用活宣传阵地

展示香榭世家幼儿园教师风采，宣传香榭世家幼儿园办园理念，利用多种多样的信息化工作手段，通过公众号、小视频、互联网等各种多媒体传递香榭世家幼儿园正能量，传播香榭世家幼儿园好声音。

（四）增强“四联”合力，践行服务宗旨

学校充分发挥党支部、工青妇、家委会及父母大学的作用，凝集四支队伍力量，助推幼儿园各项工作发展。

1. 先锋育人强示范

一是抓志愿服务活动。二是抓“三亮三比三服务”活动。充分发挥

“一个党员一面旗帜”的以点带面模范作用。

2. 党群同向展爱心

党支部加强对工会、妇联、团支部的领导，充分发挥工青妇桥梁纽带作用，定期召开教代会，组织开展丰富多彩的文体活动等，积极为教职工办好事、办实事，将关爱、关心工作落到实处。

3. 家园合作促和谐

香榭世家幼儿园重视家长工作，为实现家园互动，形成教育合力，多次组织亲子郊游、亲子画展、半日活动开放、家长助教、家长学校等活动，多管齐下促进了幼儿园健康发展。

4. 父母大学共发展

2019 年香榭世家幼儿园成立了父母大学，每月定期邀请专家来园讲座，同时每周四举行院长妈妈下午茶活动，拉近了家长与学校之间的关系，也传递了科学的教育理念，收到了良好的反馈。

（五）坚持“五个”融合，打造品牌党建

将党建工作与校园文化、园所特色、幼儿游戏、帮扶工作、社会实践相融合，打造幼儿园党建亮点。

1. 党建与校园文化相融合

坚持“馨、趣、雅、育、序、谐”的环境理念，充分利用校园廊、墙、壁、角、地、池、楼、场等进行党建文化和校园文化建设。以“回顾历史”为主题传承红色记忆，以“品读幸福”为主题播撒爱祖国爱家乡的种子，以“中国梦”为主题展示幼儿的梦想，以“我的幸福教师梦”为主题展示教师的爱岗敬业的时代风采。让无声的环境滋润老师、幼儿的心田，以无形的力量带动教师、幼儿实现自己的中国梦及爱党、爱国、爱园、爱家。

2. 党建与园所特色相融合

结合园本课程，在重要节日活动中，把学校特色和党建工作融入一起，举办“三军集合过大年”为主题的元旦晚会，“传承红色基因，培育时代新人”的七一毕业典礼，“红星闪闪润童心”六一文艺汇演、“画国旗亲子共

画”“我为家乡做代言——风穴寺小导游”等活动。

3. 党建与幼儿游戏相融合

结合党的历史，在中小班设计了9个户外游戏：红军过草地，巧渡金沙江、强渡大渡河、南泥湾大生产、飞夺泸定桥、遵义会议、董存瑞炸碉堡等。改革大班的户外早操，结合红色歌曲《红星闪闪》《地道战》《南泥湾》《翻滚吧，少年》《长征进行曲》《歌唱祖国》，设计了约50分钟的早操活动，创造性地把幼儿身体大运动和革命故事、歌曲结合起来，不仅极大地调动了孩子们的运动积极性，也让孩子们铭记历史，激发民族自尊心和自豪感。

4. 党建与帮扶工作相融合

以“音乐小屋”为平台，开展“送教下乡”、关爱留守儿童“微心愿”、师徒结对“传、帮、带”等活动，抓实帮扶工作，促进共同发展。两年来，为贫困留守儿童送去衣服、学习用品等120余件，价值约9600余元。为教育系统生病的师生捐款10106万元。

5. 党建与社会实践相融合

幼儿园将党建互联确定为2019年党建工作的重点，计划进一步做好互联活动，充分利用党支部、社会、家长资源，丰富幼儿的生活经验和社会知识。在2018年孩子们走进交警大队、走进消防队、走进气象局、走进市民之家、走进环卫工群体，在丰富幼儿社会实践的基础上，进一步激发幼儿对祖国、家乡、家庭的热爱之情。

三　初心，在立足本源上升华

2019年4~6月，河南省民办教育协会、《河南法制》报社、河南民办教育研究院、民办教育党建工作委员会、学前工作委员会联合对“香榭世家现象”进行了调研。课题组成员通过走访、参观、考察、查阅材料、电话了解、现场座谈等形式开展调研，并对部分幼儿家长发放了调查问卷。本次调查共发出问卷125份，收回有效问卷125份。统计结果如下。

（1）你怎样看待幼儿园进行红色传承教育？认为“很重要”的83份，

占66.4%；认为“重要”的38份，占30.4%。两项合计121份，占到96.8%。有4份认为“无所谓”，占3.2%。

（2）对香榭世家幼儿园的办园文化和各项活动，选择“十分赞成”的87份，占69.6%；选择“赞成”的36份，占28.8%。两项合计123份，占到98.4%。另有2份选择“无所谓”，占1.6%。

（3）孩子在幼儿园期间，主要应该：这是一道多项选择题。选择“学习课本”的55份，占44%；选择“增长见识”的115份，占92%。选择“自然成长”的78份，占62.4%；选择“做游戏”的86份，占68.8%；选择“涵养品质”的110份，占88%。

（4）对孩子将来的期望。这是一道多项选择题。选择“有权”的15份，占12%；选择“有钱”的16份，占12.8%；选择“有思想”的111份，占88.8%；选择“有专长，有本领”的121份，占96.8%；选择“其他”的13份，占10.4%。

（5）孩子入园以后有哪些变化？这是一道多项选择题。选择“健康”的74份，占59.2%；选择“活泼”的100份，占80%；选择“有理”的54份，占43.2%；选择“有礼”的101份，占80.8%；选择“懂事”的107份，占85.6%；选择“没有进步”的1份，占0.8%。

（6）为什么选择香榭世家幼儿园？也是多项选择题。选择“离家近”的68份，占54.4%；选择“学费低”的5人，占4%；选择“条件好”的74份，占59.2%；选择“教育理念先进”的91份，占72.8%。选择“随大溜”的1份，占0.8%；选择“其他”的8份，占6.4%。

（7）多选题：幼儿园应该为孩子的将来打下基础，使孩子将来能够：选择“成才成功”的86份，占68.8%；选择“人格健全”的104份，占83.2%；选择“治家有方”的54份，占43.2%；选择“为社会服务”的95份，占76%；选择“随便，顺其自然”的2人，占1.6%。

（8）孩子讲红色故事，观看红色影视剧，听见国歌立正，看到国旗敬礼，您认为应该？选择“大力提倡”的73人，占58.4%；选择“继续发扬”的51人，占40.8%；选择“无所谓”的1人，占0.8%；选择“不赞

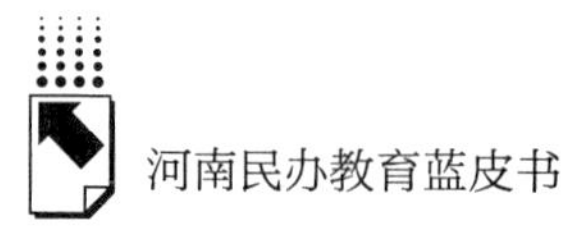

成”的0人。

（9）您参加过孩子们的活动吗？67份选择“多次参加”，占53.6%；51份选择“参加过”，占40.8%；6份选择“很少”，占4.8%；1份选择“没有”，占0.8%；0份选择“感觉没有必要”。

（10）设计的是对幼儿园工作的建议。88份问卷认真填写了建议，其中78份是对幼儿园工作的肯定，10份是改进工作的建议。对建议的关键词进行统计，频数最高的是“孩子”，占到31次，其次是“教育”“红色”“老师”“活动”等。词语还涉及“继续发扬”“素质”“健康”“能力”“爱国主义”等。在提出的建议中，主要涉及“教师不要频繁更换”“借鉴大城市幼儿园的教育模式，提高教育质量”“结合自身实际，创办特色幼儿园”“提升教师工作能力”“培养孩子的注意力和定力”“培养孩子的时间观念，动手能力”“饮食尽量少盐少油少味精”“饭菜少放调料，不放辣椒”等。

综合访谈和问卷结果，可以发现，汝州香榭世家幼儿园的红色传承教育活动，已经得到了幼儿家长的好评，得到了党委、政府和教育行政部门的肯定，获得了社会的广泛认可。课题组对在学前教育阶段开展红色基因传承教育做了如下分析。

（1）是必要的。幼儿社会领域的学习与发展过程是孩子社会性不断完善和奠定健全人格基础的过程。良好的社会性发展对孩子身心健康和未来各个方面的发展都具有重要影响。系好人生的第一粒扣子，培养具有共产主义理想、具有健全人格的未来社会主义的建设者和接班人，必须从孩子抓起。

（2）是可行的。结合社会生活实际和幼儿身心发展情况，利用实际生活情境、视频和图书故事等，引导孩子获得最初的理想信念基础，鼓励他们了解过去，了解生活，运用幼儿喜闻乐见的和能够理解的方式激发孩子爱党、爱国的情感，利用电视节目或适当的活动，向幼儿介绍党史、国旗、国歌以及观看和参加升旗、奏唱国歌的礼仪，介绍中国共产党人为人民谋利益，前赴后继，砥砺前行的精神，介绍反映中国人聪明才智的发明创造，介绍中国人民勤劳、朴素、爱国、爱家、尊老爱幼的优良传统，可以激发幼儿的民族自豪感和为社会服务的品质初芽。

（3）幼儿园的红色基因传承教育，最关键的是当地党委、政府和教育行政部门的支持，是家长的肯定和社会的认可。

（4）活动要做实，要结合幼儿身心发展的特点，组织孩子乐于参加的活动，潜移默化，润物无声，不要超越幼儿的认知水平去拔苗助长，搞形式，走过场。

（5）要有科学的办园理念，形成科学的幼儿发展的路线图，在进行红色基因传承教育的同时，注意园所的安全，注意孩子的健康，园所的软硬件设施要契合孩子成长的需要。

（6）要建立能够适应孩子成长的教师队伍。这支队伍除了具有常规的幼儿教育知识能力外，还必须具有两个条件，一是具有坚定的政治方向，热爱党的事业，有着浓厚的家国情怀；二是热爱孩子，这种热爱不是溺爱，是以高度责任心帮助孩子健康成长，以饱满的事业心传承红色基因。

附件：

汝州香榭世家幼儿园提升办园质量调查问卷统计报告

第 1 题　您怎样看待幼儿园进行红色教育？（单选题）

选项	小计	比例
很重要	83	66.4%
重要	38	30.4%
无所谓	4	3.2%
不重要	0	0%
反对	0	0%
本题有效填写人次	125	

第 2 题　您对香榭世家幼儿园的办园文化和各项活动的看法。(单选题)

选项	小计	比例
十分赞成	87	69.6%
赞成	36	28.8%
无所谓	2	1.6%
不赞成	0	0%
本题有效填写人次	125	

第 3 题　您认为孩子在幼儿园期间，主要应该做些什么？(多选题)

选项	小计	比例
学习课本	55	44.0%
增长见识	115	92.0%
自然成长	78	62.4%
做游戏	86	68.8%
涵养品质	110	88.0%
本题有效填写人次	125	

第 4 题　您对孩子将来的期望是什么？(多选题)

选项	小计	比例
有权	15	12.0%
有钱	16	12.8%
有思想	111	88.8%
有专长、有本领	121	96.8%
其他	13	10.4%
本题有效填写人次	125	

第 5 题　孩子进入幼儿园之后有哪些变化？（多选题）

选项	小计	比例
健康	74	59.2%
活泼	100	80.0%
有理	54	43.2%
有礼	101	80.8%
懂事	107	85.6%
没有进步	1	0.8%
本题有效填写人次	125	

第 6 题　您选择香榭世家幼儿园，原因是什么？（多选题）

选项	小计	比例
离家近	68	54.4%
学费低	5	4.0%
条件好	74	59.2%
教育理念先进	91	72.8%
随大溜	1	0.8%
其他	8	6.4%
本题有效填写人次	125	

第 7 题　幼儿园应该为孩子的将来打下基础，使孩子将来能够______。（多选题）

选项	小计	比例
成才成功	86	68.8%
人格健全	104	83.2%
治家有方	54	43.2%
为社会服务	95	76.0%
随便，顺其自然	2	1.6%
本题有效填写人次	125	

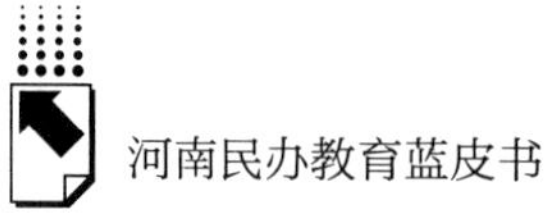

第 8 题　孩子讲红色故事、观看红色影视剧、听见国歌立正、看到国旗敬礼，您对此认为______。（单选题）

选项	小计	比例
大力提倡	73	58.4%
继续发扬	51	40.8%
无所谓	1	0.8%
不赞成	0	0%
本题有效填写人次	125	

第 9 题　您参加过孩子们的活动吗？（单选题）

选项	小计	比例
多次参加	67	53.6%
参加过	51	40.8%
很少	6	4.8%
没有	1	0.8%
感觉没必要	0	0%
本题有效填写人次	125	

第 10 题　您对幼儿园的工作有什么建议？

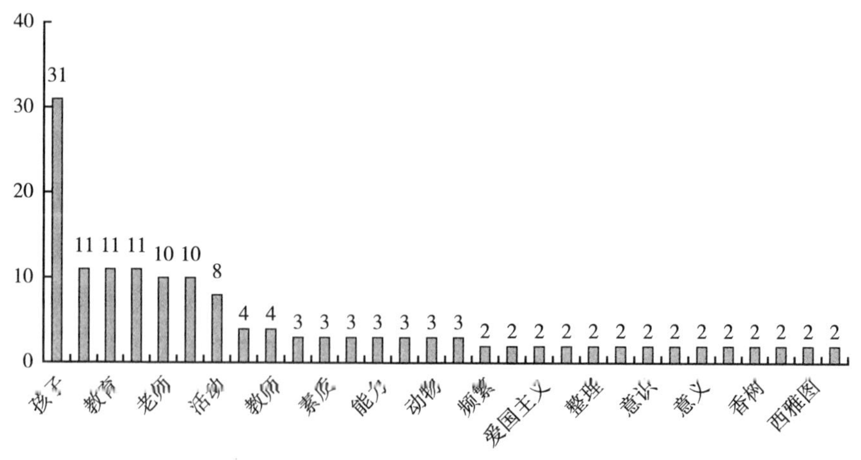

家长建议词频分析

综 述 篇

Summaries

B.21
2018年民办教育政策及影响综述

河南民办教育研究院课题组*

摘 要： 2018 年民办教育政策频出，内容涉及培训机构整顿、学前教育规范等，部分地方政府出台了支持民办教育发展的实质举措。资本市场对教育新规的反应明显。因此民办教育行业需加强自身建设，规划未来，求得发展。

关键词： 民办教育 教育政策 培训机构

新的《民办教育促进法》确立了对民办学校实施营利性与非营利性分类管理的改革方向。在此基础上，国务院颁布了《关于鼓励社会力量兴办

---

* 课题负责人：王道勋；成员：王建庄、贾全明、于佳盟、李轶、胡丁云、朱俊腾；执笔：王道勋。

教育促进民办教育健康发展的若干意见》，教育部会同相关部门联合颁布了《民办学校分类登记实施细则》和《营利性民办学校监督管理实施细则》，由此形成民办学校分类改革的基本规范体系。分类管理，是民办教育发展史上重要的里程碑，主要是规范“以非营利性之名，行营利性之实”的行为。只有分类，民办教育才能走出一条光明大道，有助于落实对于非营利学校的扶持措施，有助于充分放开营利性学校的办学自主权，只有分类管理运行、扶持、规范，才能够使得民办教育各得其所，各定其位。

2018 年国家对教育行业的关注和监管前所未有，一系列高强度、高密度的整顿使得教培等行业在恐慌与不安中规范自身、规划未来、寻找新机遇。2018 年对教育系统来说，大事多、大政多，在教育发展史上将是具有里程碑意义的一年。

1 月，国务院发布《关于鼓励社会力量兴办教育促进民办教育健康发展的若干意见》。

2 月 6 日，《教育部 2018 年工作要点》发布；13 日，四部委《关于切实减轻中小学生课外负担开展课外培训机构专项整治活动的通知》。

4 月 20 日，教育部发布《中华人民共和国民办教育促进法实施条例（修订草案）（征求意见稿）》。

5 月，教育部发布《国务院关于推行终身职业技能培训制度的意见》。

8 月 10 日，司法部就《中华人民共和国民办教育促进法实施条例（修订草案）（送审稿）》公开征求社会各界的意见；22 日，国务院发布《关于规范校外培训机构发展的意见》；27 日，国务院发布《关于进一步调整优化结构提高教育经费使用效益的意见》。

9 月 21 日，教育部发布《关于面向中小学生的全国性竞赛活动管理办法（试行）》。

11 月 15 日，新华社授权发布《中共中央国务院关于学前教育深化改革规范发展的若干意见》；26 日，教育部、国家市场监管总局、应急管理部三部门发布《关于健全校外培训机构专项治理整改若干工作机制的通知》。

12 月 20 日，教育部推动落实《国务院办公厅关于进一步调整优化结构提高教育经费使用效益的意见》。

其中，“送审稿”九章68条，对《实施条例》内容做了较大的调整，对28个原条文进行了修改，新增22个条文，删除8个条文，同时调整了章节结构，力度之大可见一斑。其中，维护举办者合法权益、保障民办学校办学自主权、规范集团化办学行为、规范培训教育机构等内容，引起广泛关注。送审稿新增的第十二条规定：“实施集团化办学的，不得通过兼并收购、加盟连锁、协议控制等方式控制非营利性民办学校。”集团化办学正是民办学校的重要扩张方式，并且其中有相当一部分采用的就是通过收购学校，实现异地扩张。一方面，送审稿的发布，表明了国家对民办教育监管政策的从严加紧，另一方面，在征求意见尚未落地的过程中众多不确定性因素，也让民办教育前途不明。

一　政策扶持

尽管法律规定民办学校教师与公办学校教师具有同等地位，但民办学校教师在退休待遇、职称评定、社会保障、评优评先等方面与公办学校教师仍存在较大差距。

在解决民办学校教师事业编制方面，多地已有一些积极探索。

在基础教育领域，上海市闵行区明确提出给予部分民办学校骨干教师“事业编制”身份；浙江省安吉县根据实施基础教育的民办学校办学规模和层次合理确定专项教师编制；温州明确民办学校引进人才可享有公办学校事业编制。早在2016年，湖南省安仁县众成实验学校与安仁县人民政府实施了“教师换学位”举措，有42名全国各地优秀人才考编后定岗众成实验学校工作，这些教师享受与公办学校教师一样的国家编制和更高的工资待遇，考编教师既享受全额财政拨款工资，又同时享受民办学校课时补贴及福利待遇。优秀教师月均收入可达7000元以上。

在高等教育领域，尤以浙江大学宁波理工学院和北京城市学院等为代表。这些民办院校或独立学院，要么以整体二级学院转置成事业单位，要么在高层次人才引进时从市里走专项指标。

2019 年 1 月，信阳市机构编制委员会批给信阳学院近百个事业编制指标，专门用于引进急需高层次人才，但未提及存量教师解决编制一事。

信阳学院的前身为信阳师范学院华锐学院，创办于 2003 年，2016 年经教育部批准转设为全日制民办普通本科高校。

2019 年 4 月 12 日，周口科技学院招聘全供事业编制教师 116 人，应聘者应具备下列资格条件：普通高校全日制本科学历、全日制研究生学历应聘者，年龄须在 40 周岁以下（1979 年 4 月 1 日以后出生）；副高级职称人员应聘者，年龄须在 50 周岁以下（1969 年 4 月 1 日以后出生）。引进教师纳入周口财政全供事业编制，归周口市人民政府有关职能部门管理，享受周口同类人员同等福利待遇。聘用教师服务期至少为五年（含试用期），拟聘用人员须与周口科技学院签订书面服务协议，明确最低服务年限和权责关系等。受聘人员应严格遵守国家法律法规和学校、部门制定的各项规章制度。周口科技学院提供教师公寓，按项目级别提供科研经费。聘用人员试用期按有关规定执行。试用期满后由用人单位进行综合考核，不合格的由用人单位提出取消聘用意见，报聘用审批机关批准。试用期满合格，但未取得高等学校教师资格证书的，保留聘用资格 1 年，保留聘用资格期间取得高等学校教师资格证书的，予以聘用。试用期间及试用期满后的工资福利待遇，按国家和省有关规定执行。现有存量教师也可以应聘。这些教师在完成基本任务量和工作量的情况下，学校发放奖金、课时补贴、提供科研经费等。

周口市教育局周口市学生资助管理中心（周口市民办公助教师管理办公室）管理民办学校编制。这次招聘后，学校全供事业编教师将达到一半。三五年后，学校会不会出现教师全部都是事业编的情况？值得期待。进一步来说，教师全部都是事业编了，学校还是民办学校吗？

周口科技学院是经河南省人民政府批准成立，国家教育部备案，具有本科统招资格、面向全国招生的普通高等院校。学校始建于 1981 年，2008 年经教育部批准升格为高等专科学校，学校前身是周口市海燕职业中专。2018 年 5 月 31 日，教育部发展规划司正式公示了新一轮新设置的高等学校名单，

40 所省级人民政府申报设置的高等学校获得通过，河南共有 4 所高校，其中周口科技职业学院正式更名周口科技学院。2019 年教育部正式批准全国首批本科职业教育试点高校，同意周口科技职业学院正式更名为河南科技职业大学，同时升格为本科院校。这是河南省唯一一所本科“职业大学”。

2018 年 11 月 29 日，北京市教委等五部门发布《北京市营利性民办学校监督管理办法》及《北京市民办学校分类登记办法》。《北京市民办学校分类登记办法》明确民办学校包括实施学历教育、学前教育、自学考试助学、其他文化教育的民办学校及民办教育机构，以及实施以职业技能为主的职业资格培训、职业技能培训的民办学校及民办教育机构。现有民办学校选择登记为非营利性民办学校的，终止时，学校的财产依法清偿后有剩余的，根据出资者的申请，综合考虑在 2017 年 9 月 1 日前的出资、取得合理回报的情况以及办学效益等因素，从学校依法清偿后的剩余财产中给予出资者相应的补偿或者奖励，其余财产继续用于其他非营利性学校办学。给予出资者相应补偿或奖励遵循下列原则：补偿或奖励数额不应超过 2017 年 8 月 31 日时学校法人名下的净资产扣除国有资产、社会捐赠资产之后的数额的 30%，其中出资者已获得合理回报的，应再做相应扣除；2017 年 9 月 1 日以后出资者的投入和新增办学积累不再作为补偿或奖励的参考依据；确定补偿或奖励数额，应在学校终止时由学校决策机构作出决议，并经审批机关和登记管理机关同意，在学校资产依法清偿其他债务以及扣除国有资产和社会捐赠资产之后仍有剩余的前提下，向出资者一次性给付①。

2019 年 3 月 14 日，河南省财政厅、国家税务总局、河南省税务局联合印发《完善支持民营经济健康发展财税政策》，从落实创办企业扶持政策、支持扩大融资、鼓励科技创新等 9 个方面提出措施，鼓励民营经济在更宽领域发挥更大作用。文件第一条就是针对民办教育，河南省财政设立省级民办教育发展奖补资金，鼓励社会资本投资教育事业。对办学规模较大、办学条

---

① 《北京市教育委员会等部门关于印发〈北京市民办学校分类登记办法〉的通知》，http：//www. beijing. gov. cn/zhengce/wenjian/192/33/50/438650/1573537/index. html。

件较好的民办学校给予综合发展奖励；对获得省级优秀民办学校称号或办学时间较长、办学规范、办学质量较好的民办普通本科高校和高职高专院校给予学科专业建设资助；组织开展民办学校师资队伍省级培训。

文件同时指出，把握民营企业家代际交接的阶段特征，强化对“创二代”经营管理人才的培养培训，鼓励和支持民营企业选聘职业经理人。落实财税相关政策措施，持续深化“放管服”改革，加大宣传力度，提升服务民营企业能力，让各项优惠政策落到实处，发挥财政资金实效。持续营造尊重、关怀、宽容、支持企业家的社会文化环境、构建新型政商关系的长效机制。

二　培训机构整顿

我国到底有多少家民办教育机构，没有一个准确的统计数据。据不完全统计，经教育部、人力资源和社会保障部审批的民办培训教育机构，全国约有5万家左右，但是通过工商注册的教育投资公司、咨询公司、文化传媒公司等，超范围从事文化教育或职业技能培训活动的培训机构，在北京、上海、广州、武汉等地体量巨大，有的省域更是达到数万家。其中广东的民办教育全国规模第一，一共有680多万名学生，囊括了全国所有的形式、模式和体制。

2018年，堪称“史上最严”的校外培训机构治理席卷了所有机构。

2月，教育部下达《关于切实减轻中小学生课外负担开展校外培训机构专项治理行动的通知》，主要针对面向中小学生开展学科类培训及竞赛活动的培训机构，进行严格规范整顿。明确指出将治理无资质和有安全隐患的培训机构；治理学科类超纲“应试”培训行为；治理学校和教师中存在的不良教育教学行为。

8月22日，国务院办公厅出台《关于规范校外培训机构发展的意见》，《意见》指出，校外培训机构开展语文、数学、英语及物理、化学、生物等学科知识培训的内容、班次、招生对象、进度、上课时间等要向所在地县级教育部门备案并向社会公布；培训内容不得超出相应的国家课程标准，培训班次必须与招生对象所处年级相匹配，培训进度不得超过所在县（区）中小学同期进度。校外培训机构培训时间不得和当地中小学校教学时间相冲突，培训结束时间不得超过晚上8点半，不得留作业；严禁组织举办中小学生学科类等级考试、竞赛及进行排名。同时，对收费管理也做了相关规定，要求收费时段与教学安排要协调一致，不得一次性收取时间跨度超过3个月的费用①。场所条件方面，校外培训机构必须有符合安全条件的固定场所，同一培训时段内生均面积不低于3平方米，必须符合国家关于消防、环保、卫生、食品经营等管理规定要求。从事语文、数学、英语及物理、化学、生物等学科知识培训的教师应具有相应的教师资格。

教培机构规范意见给线下K12（学前教育至高中教育的缩写，代指基础教育）机构带来的影响最大。自《关于规范校外培训机构发展的意见》发出后，国家对教培机构的整改也加紧了步伐，各省市也纷纷出台相关规范意见。截至2018年12月15日，全国2963个县（市、区）已启动专项治理整改工作，其中2286个县（市、区）已基本完成专项治理整改任务，县（市、区）完成率达77.15%。此外，全国共摸排校外培训机构401050所，存在问题机构272842所，目前已经完成整改256691所，完成整改率达94.08%。

9月，教育部下发《关于切实做好校外培训机构专项治理整改工作的通知》，进一步明确，未取得相应教师资格的学科类教师应于2018年下半年报名参加教师资格考试；经过教师资格考试未能取得教师资格的，培训机构不得继续聘用其从事学科类培训工作。这一文件使得2018年11月教师资格证考试突然升温，多地当年报名人数刷新历年报名记录。

11月26日，教育部办公厅、国家市场监管总局办公厅、应急管理部办公厅联合拟定《关于健全校外培训机构专项治理整改若干工作机制的通知》，通知要求线上培训机构要紧跟线下整顿政策，并必须在网站显著位置公示教师资格证号。随着关于线上培训机构整顿政策的落地，也就意味着在

① 国务院办公厅发布《关于规范校外培训机构发展的意见》，https：//baijiahao. baidu. com/s?id = 1609505037785672911&wfr = spider&for = pc。

线教育机构彻底离开监管外围的“舒适区”，正式迎来监管的史上最严时代。

12月29日，教育部等九部门下发《关于印发中小学生减负措施的通知》，通知称，教育部提交的《中小学生减负措施》（即“减负三十条”）已经征得国务院同意，各地政府要进行贯彻落实。教育部明确，要规范学校办学行为：各地方要严格按照课标教学、严控书面作业总量、限制竞赛评优活动、规范学生合理使用电子产品。各培训机构要依规登记诚信经营、严禁超标培训、严格教师聘用、严禁与升学挂钩。教育部再次发文，可以说是首次将校外培训与校内减负直接挂钩，实则也表明了将整顿、减负进行到底，坚决攻坚，对违规办校、办学零容忍的决心。受挫许久的教培机构在2019年的日子或许也来不及喘息，校内校外联合整顿，中小学减负将成为常态。

严管之下，“非正规军”面临整改、关停。对校外培训辅导从业者而言，阵痛是暂时的，行业乱象得以净化、发展秩序得以规范才是值得期待的。

三　学前教育新规

2018年11月15日，《中共中央国务院关于学前教育深化改革规范发展的若干意见》（以下简称《意见》）发布。《意见》指出，民办园一律不准单独或作为一部分资产打包上市。上市公司不得通过股票市场融资投资营利性幼儿园，不得通过发行股份或支付现金等方式购买营利性幼儿园资产。到2020年，全国学前三年毛入园率达到85%，普惠性幼儿园覆盖率（公办园和普惠性民办园在园幼儿占比）达到80%；到2035年，全面普及学前三年教育，建成覆盖城乡、布局合理的学前教育公共服务体系①。

受学前教育新规影响，美国东部时间11月15日，国内首家独立上市的幼儿园概念股红黄蓝在盘前大跌11.05%，收盘价为7.83美元/股，对比前

① 《中共中央国务院关于学前教育深化改革规范发展的若干意见》，http://www.gov.cn/zhengce/2018-11/15/content_5340776.htm。

一日收盘价 16.65 美元/股，跌幅达 52.97%，市值蒸发 17 亿元人民币至 15.9 亿元人民币。资本市场的敏锐，直接体现在了红黄蓝腰斩的股价上，开盘不到 3 分钟跌幅达 52% 并触及熔断。复牌后继续扩大至 56%，并再度熔断。不仅是未来增长的问题，而在于目前不合规的情况将会面临被“清理整治”的风险。

拥有 40 家幼儿园的博实乐也未幸免，跌幅扩大至 29%，创历史新低，市值一夜蒸发 4.5 亿美元。

而在 A 股，经过多年并购，旗下拥有 5200 家幼儿园的威创股份，开盘便钉死在了跌停板上。总挂卖单超过 80 万手，抛压超过 4 亿元。

11 月 16 日港股开盘，教育板块集体重挫，其中宇华教育、枫叶教育、天立教育、21 世纪教育、睿见教育跌幅达到 20% 以上。截至 16 日收盘，宇华教育跌幅达 14.55%、枫叶教育跌幅达 18.69%、天立教育跌幅达 15.25%、21 世纪教育跌幅达 12.15%、睿见教育跌幅达 14.01%，有相对小幅度的回升。此外，11 月 16 日 A 股开盘，幼教板块集体下挫，其中威创股份和三垒股份跌停。

港股中多家涉及幼儿园业务的企业也遭到重创，继“送审稿”之后又遭到断崖式下跌。21 世纪教育表示将由运营直营幼儿园向输出运营体系转型，建设幼教云生态平台。

为挽回投资者信心，提振股价，红黄蓝、21 世纪教育、天立教育等上市公司均通过不同渠道做出回应，只要与幼儿园业务沾边的上市公司都争相做出声明——新规对公司没有不利影响。

对于营利性民办幼儿园而言，谋求资本化可以说是雪上加霜。上市之路被堵死，资本退出的难度大大增加，而幼儿园又是一个重投入且较长周期的领域，资本或对此将望而却步。

如果说 2017 年 11 月红黄蓝事件引发了全社会对学前行业的重视，全面揭开了学前教育“底子薄、欠账多”的现实，那么《意见》的出台，直接宣告了国家对于学前行业规范与托底的决心，也首次将学前教育直接定义为重要的社会公益事业，将“办好学前教育、实现幼有所育”提高到“重大

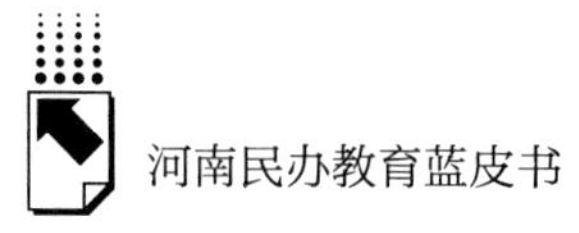

决策部署”“重大民生工程”“关系社会和谐稳定”“关系党和国家事业未来”的层面。与前所未有的重要表述相匹配的，是前所未有的严厉监管。

民办园一律不准单独或作为一部分资产打包上市；社会资本不得通过兼并收购、受托经营、加盟连锁、利用可变利益实体、协议控制等方式控制国有资产或集体资产举办的幼儿园、非营利性幼儿园；已违规的，由教育部门会同有关部门进行清理整治。参与并购、加盟、连锁经营的营利性幼儿园，相关部门应严格审核，实施加盟、连锁行为的营利性幼儿园原则上应取得省级示范园资质……《意见》的出台也宣告了投资幼儿园实体的资本大撤退。

国家并不避讳地直接指出了学前教育在整个教育体系中的各项短板问题，从多种方式并举增加公办园建设，试图努力让学前教育成为“社会公益事业”不成为一句空话，到全文用“坚决扭转高收费民办园占比偏高的局面”“遏制过度逐利行为”“一律不准”等史无前例严格的字眼来惊醒社会资本在国家重点民生工程中需要回归教育本身，让过度逐利的时代成为过去式。

四　资本市场表现

2018 年 7 月 19 日，教育部发布《2017 全国教育事业发展统计公报》，全面披露了过去一年教育行业的发展情况。民办教育的渗透率在各领域均有提升，行业欣欣向荣。各学历阶段的民办教育渗透率在 2017 年都有不同的提升，体现新民促法的大背景下，民办教育迸发强劲活力。其中，学前教育阶段的民办化程度最高，以在园人数计算，达到 56%。高中阶段的提升速度最快，2017 年渗透率增长 1.1 个百分点，达 12.9%。

2018 年下半年，“资本寒冬”的气息也潜入了教育行业。融资数据显示：2018 年上半年一级市场的投融资事件数与金额都要高于 2018 年下半年，2018 年下半年的融资额是全年的近 1/3。但不可否认，教育行业依旧备受资本关注。

表1　2018 年港股教育企业并购情况概览

单位：人民币

<table>
<tr><th>企业名称</th><th>时间</th><th>事件</th><th>金额(亿元)</th></tr>
<tr><td rowspan="3">枫叶教育</td><td>1 月</td><td>收购海口美舍学校、海口美文学校、海口常青藤幼儿园及海口美华学校</td><td>1.5</td></tr>
<tr><td>8 月</td><td>收购襄阳君鹏教育咨询公司 7 所幼儿园;将在澳大利亚设首所枫叶大学</td><td>1.3</td></tr>
<tr><td>12 月</td><td>收购目标公司泸州七中佳德教育投资有限公司 66% 的权益</td><td>1.8</td></tr>
<tr><td rowspan="4">睿见教育</td><td>4 月</td><td>收购潍坊市外国语学校全部出资人权益</td><td>1.11</td></tr>
<tr><td>7 月</td><td>拟收购东莞 1 学校所有的土地、楼宇及相关设施,计划利用该校区对集团旗下旗舰东莞市光明学校进行扩充,并额外招生</td><td>—</td></tr>
<tr><td>10 月</td><td>收购佛山市一土地用来建设 1 所寄宿制学校,计划让集团学校全面覆盖粤港澳大湾区</td><td>2.76</td></tr>
<tr><td>11 月</td><td>收购福建漳浦龙成学校</td><td>1.83</td></tr>
<tr><td rowspan="2">宇华教育</td><td>4 月</td><td>收购开封 1 高中</td><td>1.07</td></tr>
<tr><td>6 月</td><td>收购湖南涉外经济学院、湖南猎鹰技工学校、湖南猎鹰物业管理、湖南涉外经济学院职业技能培训中心 4 个标的的全部股权</td><td>14.3</td></tr>
<tr><td rowspan="2">民生教育</td><td>8 月</td><td>收购云南大学滇池学院 51% 权益</td><td>5.825</td></tr>
<tr><td>11 月</td><td>收购曲阜 1 学院</td><td>0.918</td></tr>
<tr><td rowspan="3">新高教集团</td><td>9 月</td><td>拟收购及增资广西学校举办者 51% 权益,目标学校包括广西英华国际职业学院、广西钦州英华国际职业技术学校及广西英华国际职业学校附属中学</td><td>—</td></tr>
<tr><td>10 月</td><td>收购洛阳科技职业学院 55% 举办者权益;终止收购新疆财经大学商学院计划</td><td>1.02</td></tr>
<tr><td>12 月</td><td>收购哈尔滨华德学院</td><td>—</td></tr>
<tr><td>中教控股</td><td>6 月</td><td>拟收购广州大学松田学院、广州松田高等职业学院</td><td>5.379</td></tr>
<tr><td>21 世纪教育</td><td>12 月</td><td>拟全资收购北京新天地线信息技术有限公司 100% 股权</td><td>0.2</td></tr>
<tr><td>希望教育</td><td>3 月</td><td>旗下捷星慧旅 70% 股权转让给五月阳光教育管理;上市融资的 40% 将用于收购高等教育学校及为所购学校设立新校区</td><td>0.7</td></tr>
<tr><td>春来教育</td><td>3 月</td><td>招股书显示,正收购长江大学工程技术学院</td><td>—</td></tr>
</table>

数据来源：公开资料、i-EDU 整理。

在二级市场上，2018年整体涌现集中上市热潮。在港股市场，共有19家公司拟上市或上市；美股市场有6家公司拟上市或上市。全年共有13家教育公司实现IPO。

不过，受K12学科辅导行业整顿、《民办教育促进法（送审稿）》修订、学前教育新规、宏观经济疲软、去杠杆等诸多因素的影响，教育概念股在二级市场的表现不尽如人意。相较IPO发行价，2018年上市的机构2018年12月31日港市教育股收盘价平均跌幅达23.86%，美股平均跌幅高达35.9%。

“送审稿”对民办学校的影响向来很直接，港股教育概念股股价集体应声大跌。8月13日收盘，宇华教育、睿见教育、天立教育、新高教集团、枫叶教育股价下跌逾30%，其中睿见教育下跌将近40%。中国新华教育、民生教育、中教控股跌幅超20%。中教控股盘中跌幅最大达33%，宇华教育一度跌近30%。多家港股民办教育上市公司也紧急与投资机构召开会议。相比之下，与民办学校性质较远的港股教育概念股受影响较小。

表2　8月13日港股教育板上市公司市值变化情况

单位：港元

股票名称	开盘价	收盘价	跌幅(%)	市值蒸发(亿元)
天立教育	2.70	2.01	25.56	14.32
希望教育	1.80	1.80	—	—
中教控股	9.90	9.90	—	—
宇华教育	4.01	3.40	15.21	19.92
民生教育	1.60	1.25	21.88	14.06
新高教集团	5.46	4.70	13.92	10.88
中国新华教育	3.16	2.79	11.71	5.95
成实外教育	4.56	4.5	1.32	1.85
睿见教育	6.70	4.12	38.51	52.71
枫叶教育	5.21	4.48	14.01	21.75
21世纪教育	1.10	0.99	10.00	1.36

数据来源：公开资料。

2018 年 A 股大盘全年跌幅约 26%，市值蒸发超过 14.4 万亿元，全年仅有 103 家 IPO，创近年新低。而 A 股教育题材平均跌幅 35.3%，跑输大盘。而遭遇幼教“黑天鹅”的威创股份、秀强股份跌幅超过 50%。

但是，教育行业优秀稳定的现金流、高毛利、能够快速实现规模化收益、抗周期性是吸引 A 股上市公司跨界转型的重要原因。

政策因素是教育投资行业一定要过的关，资本应该重视合规性。值得注意的是，在过去两次席卷全球的金融危机中，教育是国内主要行业中，唯一一个两次增速都跑赢 GDP 的行业，经济下行形势下，教育行业一级市场的投资节奏持续向好，抗周期性可见一斑。部分教育企业，包括在线教育企业，在“资本寒冬”下举步维艰，从投资趋势来看，资本回归理性，开始恢复教育本质。2018 年教育行业监管重要政策频发，政策出台都有其连续性，2018 年每一个对行业产生重大影响的政策都能在上半年的文件中找到端倪。教育是一个深受政策影响的行业，建立政策风险预警体系，将成为教育从业者的必修课。

2018 年政策频发，给教育行业带来了强监管和迷茫期，但是，政策的波动或许会使并购估值趋于理性，带来产业布局和整合的机会。2019 年是深入贯彻落实全国教育大会精神开局之年，是民办教育分类管理改革深入推进之年。民办教育发展已进入改革创新攻坚期、健康规范发展期和质量内涵提升期。支持和规范社会力量兴办教育，依法支持民办教育发展，是为了更好地服务经济社会发展和现代化教育强国建设。

附　　录

Appendixes

B.22
附录一　河南省民办教育协会五届五次会员代表大会工作报告

河南省民办教育协会第五届理事会任期以来，在党的十八大、十九大精神指引下，在省委、省政府的关心支持下，在省教育厅、民政厅的指导下，全省民办教育工作者同心协力，砥砺前行，不断推进事业发展。全省民办教育学校数由2015年的16707所增长到2018年的20539所，3年间增加了3652所，平均每年增加1217所；全省民办教育在校生数由525.68万人增长到674.90万人，3年间增加了149.22万人，平均每年增长近50万人。目前河南的民办教育学校数和每万人口中的在校生数增长幅度都位居全国第一。

2018年，是河南民办教育发展史上意义非凡的一年。我们在党的十九大精神指引下，迎来了改革开放四十周年；全国教育大会的召开为我们在新时代的发展指明了航向；新《民办教育促进法》和《河南省人民政府关于鼓励社会力量兴办教育进一步促进民办教育健康发展的实施意见》开始实施，为我们事业的发展提供了有力的保障。《国务院关于学前教育深化改革规范发展的若干意见》等一系列新规，为我们深化转型发展提出了新的要求。在全省教育系统深入学习贯彻全国和全省教育大会精神之际，河南省民办教育协会五届五次会员代表大会的召开正当其时。

一　2018年的主要工作

（一）全面加强党的建设，以党建引领民办教育进一步规范发展

加大民办学校党组织组建力度，实现党组织和党的工作全面覆盖是进入新时期以来，各级党组织对民办学校的基本要求。为了促进我省民办学校党组织能够充分发挥政治核心作用，强化思想引领，牢牢把握社会主义办学方向，牢牢把握党对民办学校意识形态工作的领导权、话语权，切实维护民办学校和谐稳定。2018 年，协会在省教育厅和民政厅的指导下，全面贯彻落实新修《民办教育促进法》，推动协会加强党的建设，坚持依法办学、规范办学，全面推动会员单位加强行业自律，不断提高教育质量。

2018 年 2 月 13 日，河南省民办教育协会在黄河科技学院召开会长扩大会议，传达中共中央办公厅《关于加强民办学校党的建设工作的意见（试行）》和全国民办教育党建工作推进会的精神，并成立了“河南省民办教育协会党建工作委员会”和“河南省民办教育协会党建研究中心”。党建工委和党建研究中心后，相继在部分民办高校、中学和培训机构中开展了党建工作调研活动，并在调研中吸收了各层次民办学校和培训机构兼职研究人员 20 多人。

协会会员在工作实践中高度重视党的建设。郑州晨钟教育集团党委积极探索“两新”组织党建新模式，率先在全省民办学校和培训机构中创设社会组织党建学院；黄河科技学院国际学院创新党建模式，利用“国院思政”微信公众平台开展党建工作；中共汝州市西雅图幼儿园支部，根据幼儿特

点，创新活动模式，积极开展了“红星闪闪”党建园本课程的研究与探索，2018 年 7 月编排了大型党建主题情景剧《传承红色基因培养时代新人》，受到汝州市委组织部、教育局、家长和社会的一致好评。通过党建工作的引领，河南民办教育将党的决策贯穿到教书育人的行动中去，有效的提升了人才培养质量。在 2018 年 6 月举行的全国民办教育党建工作会议上，郑州晨钟教育集团、黄河科技学院作了典型发言。全国 9 个典型中河南省占了两个，这在全国是独有的。

（二）积极参与决策咨询，为民办教育发展争取良好政策空间

充分发挥自身的人才优势、智力优势、组织优势和工作机制优势，深入开展调查研究，以更多更好的成果，为河南省的民办教育发展服务，为民办学校改革服务，为政府决策服务，是协会的重要职责。

2018 年，协会多次接受省政府、省教育厅的委托，参与地方教育法规的讨论、起草、修订工作，为政府决策提供政策咨询。会长胡大白多次参加重要文件的讨论并在省政府征求意见座谈会上提出了建设性意见。会长胡大白、副会长王建庄等协会领导作为省协会推荐专家，多次参与起草河南省人民政府关于落实新修《民办教育促进法》的实施意见，一稿列出 33 条，受到教育厅的高度肯定。2018 年 4 月，教育部发展规划司调研组到河南就《民办教育促进法实施条例》征求意见，省协会组织了郑州市二七优智实验学校、高新区艾瑞德国际学校、孟津县育才实验学校、洛宁明善学校、开封市顺河区侨星幼儿园、夏邑县育才学校、沁阳永威学校、上蔡中学等学校的负责人，在黄河科技学院举行了座谈会，向教育部发展规划司调研组就《民办教育促进法实施条例》提出意见和建议，得到教育部发展规划司副司长田福元、政策法规司副司长王大泉、教育部发展规划司民办教育管理处处长顾然、政策法规司法制办副主任翟刚学的重视和肯定。

2018 年 7 月，协会副会长、全国人大代表杨雪梅为国家创新创业专题调研组提供了黄河科技学院开展创新创业工作的经验材料，得到教育部高教

司、团中央学校部学联办、自然资源部土地利用管理司、中科院中国高新区研究中心有关同志的重视，为应用技术大学开展双创工作提供了政策咨询。

2018 年联大教育集团通过深入调查和研究，向省专题会议提交了河南省互联网及人工智能教育的发展建议。

（三）解读新政，搞好培训，为民办学校持续健康发展导航

《民办教育促进法》修订及《国务院关于鼓励社会力量兴办教育促进民办教育健康发展的若干意见》等文件发布后，民办教育改革规划部署的重点、焦点和难点问题成为行业关注的核心；如何把握政策的着力点和突破点，更好地保障师生权益也成为我省各级各类民办学校关心的问题。为了帮助大家更好地理解和执行新政，在省协会有关领导的协调下，相继开展了一系列培训活动。

2018 年 6 月 13 日至 15 日，郑州科技学院协办了由河南省教育厅民办教育处主办、厦门大学高等教育质量与评估研究所承办的河南省民办高校校长培训班。河南省民办高校校长及相关人员 50 余人参加了培训。通过学习和交流，提升了民办高校校长治学能力与管理水平，促进河南省民办高校健康持续发展。

8 月，河南师范大学新联学院举办了全省民办高校学前教育专业骨干教师暨民办幼儿园园长培训班，培训了省内民办高校学前教育专业的骨干教师及民办幼儿园园长 80 多人。

10 月，驻马店市民办教育协会举办了中小学党建和班级管理培训会，培训了全市民办中小学党支部书记（校长）、分管德育工作的副校长、德育主任近 300 人。

11 月 10 日至 16 日，平顶山市教体局在厦门举办了全市民办教育管理培训班，培训了各县（市、区）教体局主管民办教育的副局长、社办主任及部分民办中小学校长共 70 人。

这些培训的开展，对于民办学校的举办者、管理者、教学骨干深入理解民办教育发展新政，认清民办教育在新形势下的新问题和新任务，提供了理

论和政策上的帮助，有助于全省民办教育进一步创新管理理念，提升管理水平，促进教育质量提升。

（四）积极主办、承办、协办全国性的学术会议，提升河南民办教育的影响力

2018 年以来，国际层面、国家层面的会议密集的在河南召开，在提升了河南民办教育发展质量的同时，开阔了河南民办教育的视野，使得河南民办教育一步步走向全国，走向世界。

3 月 31 日至 4 月 1 日，首届全国民办高校信息技术与学生工作创新研讨会在黄河科技学院召开。4 月 9 日，第七届中国培训教育发展大会在郑州举行。

9 月 15 日至 9 月 17 日，由亚洲生物氢能联盟、亚太经济合作先进生物氢能技术研究中心主办，河南农业大学、黄河科技学院等单位承办的第十三届亚洲生物制氢和生物炼制学术会议在黄河科技学院成功举行。

10 月 13 日，中国民办高等教育改革发展论坛在信阳举办。10 月 18 日，全国民办理工高校新工科教育论坛在郑州工业应用技术学院召开。来自全国的专家学者和 22 所民办本科理工院校代表共 70 余人参加论坛，共同探讨新工科发展策略。

由中国民办教育协会培训教育专业委员会主办、郑州晨钟教育集团承办的 2018 年培训教育机构党建工作现场交流会，10 月 30 日在郑州晨钟社会组织党建学院举行。来自国内 20 个省份的近百家培训教育机构、200 余名会议代表济济一堂，共同探讨交流培训教育机构党建工作。

11 月 29 日至 12 月 2 日，第十五届全国中小学校园影视教育成果展示活动暨校园影视媒体应用研讨会在黄河科技学院举行，来自全国各省、区、市电化教育馆、教育媒体、理事单位的 500 余名全国学校代表齐聚郑州，共话校园影视教育的成果和未来。12 月 28 日，“传承黄河文明，托起中国梦想”——学前教育人才战略暨“千人千园·公益助教行”高峰论坛在黄河科技学院举行。

通过这些活动的开展，参会的国内外各界嘉宾充分感受到了河南尊重教育、尊重民办、创业光荣、办学伟大的声音、品牌、气氛、共识。与会代表集思广益，献智献策，为河南民办教育的创新发展提供了许多宝贵建议和经验。

（五）发挥桥梁纽带作用，服务政府与会员单位

省民办教育协会是民办学校和政府、社会之间沟通的桥梁，肩负着行业自律与管理的重要功能。在加强民办教育质量内涵提升的大背景下，2018年我会加强了服务民办学校水平提升工作。

2018 年 4 月，协会培训专委会组织我省部分培训机构代表签订了行业自律公约。截至 2018 年 12 月底，协助教育管理部门取缔校外培训机构 4904 所，暂时停业整改 5657 所，通过整改达标 10775 所，其中新颁发办学许可证 2427 个；21336 所问题机构已全部完成整改，整改完成率 100%。我省整改工作，得到了教育部的肯定。

2018 年，协会基础教育工委先后组织调研组深入禹州市第一私立中学、永城市东方西典国际学校、南阳博雅书院中学等学校调研民办中小学的招生、办学特色和教师队伍建设等情况。

6 月 15 日，协会基础教育工作委员会与洛阳师范学院联合共建的大地明师班结业典礼暨双选会在洛阳师范学院举行。来自全国各地的 20 多家用人单位领导出席了典礼。其中，协会会员单位郑州中方园双语小学、郑州陈中实验学校、郑州升达经贸管理学院附属小学、河南周口远志教育集团、汝州外国语学校也应邀参与了人才选聘。最终郑州中方园双语小学、郑州陈中实验学校、汝州外国语学校招聘到了中意的新教师。

（六）发挥协会智力优势，开展教研指导工作

2018 年 6 月 19 日，郑州陈中实验学校教学研究室成立，协会基础教育工委专家团成员受聘为该校教研室特聘专家。8 月 16 日，特聘专家褚清源和王红顺应邀为全校教师进行了为期两天的培训。两位专家分别围绕核心素

养的教学转化与合作学习的技术解码进行了专题讲座和体验式培训。

11 月 2 日，协会基础教育工委在封丘县实新学校举行“致敬语文”主题论坛暨封丘实新“读写建模”现场会。全省各地的 500 余名代表参加。新教育研究院副院长、儿童文学作家童喜喜作了主题报告。封丘实新学校学生展示了古诗词、国学经典诵读，实新师生展示了“读写建模”和“思维素养双生长”课堂。这次教研活动总结和推广了封丘县实新学校 22 年来不断探索阅读课程化的成功经验。

2018 年 4 月，协会会长胡大白、副会长王国平参加了学前工委在济源市龙儿雪儿生态幼儿园召开的年会。会上表彰了 2017 ~ 2018 年度十佳幼儿园、优秀幼儿园、最具情怀教育投资人、卓越园长、优秀园长、优秀教师、优秀员工、先进社会工作者及最具学习力教育机构、最具传播力教育微信平台，评选出了“幼教红旗谱”和“幼教红旗渠”。这项活动对我省民办幼儿园加强规范管理，强化评估监测，提高保教水平，促进幼儿健康快乐成长起到了极大地引导作用，全省民办幼儿园办园行为普遍规范，“小学化”现象基本消除。

2018 年 6 月、11 月，协会参与协办了由河南省关心下一代工作委员会、河南省教育厅关心下一代工作委员会主办，郑州欧亚国际展览有限公司党支部承办的第七届、第八届河南省学前教育发展大型公益论坛，邀请我国著名学前教育界资深专家河南省实验幼儿园张秋萍、东北师范大学王小英，深度把脉行业发展趋势，解决幼儿园的诉求和痛点，为参会的 400 多家幼儿园学习交流、洽谈合作提供了便利。

（七）开展对外交流，扩大开放合作

2018 年，省协会开展了广泛的对外交流活动，据不完全统计，全年接待中外来访客人近 30 次、200 多人。国际友人有美国拉文大学生物学与生物化学教授、著名环保主义者、可持续发展研究专家杰伊·琼斯，纽约州立大学石溪分校副校长兼医学院院长肯尼斯·考山斯基，德国什未林设计学校校长海达斯，韩国文化交流中心代表金延喜等 30 多人次；国内来访的有教

育部长江学者特聘教授、西安电子科技大学博士生导师马建峰，厦门大学中外合作办学研究中心主任林金辉教授，以及浙江树人大学校长徐绪卿、党委副书记王军，副校长陈新民、叶时平等20人次；北京贝德森教育集团、中关村发展集团、沪江教育科技（上海）股份有限公司、京东大学、上海音乐学院实验学校教育集团等机构也到访了协会并与黄河科技学院等院校达成了合作意向。

协会加强了与兄弟省份民办教育协会的交流。2018年4月，重庆市民办教育协会常务副会长、重庆市人大常委会原副秘书长陈传文一行7人就民办教育改革发展经验和民办教育协会党建、协会建设等到黄河科技学院与协会会长胡大白、副会长王建庄作了深入交流。陈传文副会长介绍了重庆市拟定有关《民办教育促进法》的“1+4”文件的基本情况，和重庆市民办教育界对新法实施后分类改革的思考。

10月，甘肃省民办教育协会常务副秘书长兼办公室主任刘继仁，甘肃省民办教育协会培训专委会主任南社权等一行10人到黄河科技学院，与河南省协会会长胡大白就《民办教育促进法》修订后的地方政策支持等多方面问题进行了交流。

2018年12月，河南省民办教育协会作为轮值单位主办了全国第十三次省级民办教育协会协作会议。浙江省民办教育协会会长葛为民、安徽省民办教育协会会长赵良庆、天津市民办教育协会会长张代祥和来自北京、上海、湖南、云南等各省份民办教育协会的领导，就地方协会如何在发挥政府参谋和助手、联系政府和学校的桥梁纽带、自律管理等方面发挥更大的作用等与我省协会的主要领导做了深入探讨；就学习领会国家和地方政府有关社团管理的新规定，交流了各自的经验。本次会议还讨论决定拟设立协作会常设机构秘书处，秘书处拟设在中国民办教育博物馆。

2018年，河南省民办教育协会主要领导还积极走出去，推广我省民办教育在教育教学方面的成功经验。2018年10月，黄河科技学院副校长杨保成在“2018数字经济峰会暨5G重大技术展示与交流会”上，就激发创业热情和引导青年创业，与现场800余名大学生对话、探讨，推广黄河科技学院的成功经验，从学生开始有创业想法到逐步实施，学校都有相应的团队进行跟踪指导。学校的做法得到了省委常委、常务副省长黄强，副省长刘伟、霍金花的肯定。

2018 年 11 月，“2018 应用型民办本科高校建设与院校研究高端论坛”在广州召开，全国 41 所本科高校的近百位校长、专家、学者与会。黄河科技学院副校长杨保成介绍了学校着力打造“数据驱动的教学保障体系”和“智能引领的学生成长支持体系”两大体系，以现代信息技术全面助推学校高水平应用型大学建设的做法和经验，并签署了“院校研究促进民办高校转型升级发展南方宣言”，倡议民办高校重视和加强院校研究，加强交流互动和研究探索，形成院校研究的有效模式，为民办高校建立健全研究机制，更好发挥院校研究功能具有较强的指引作用。

（八）加强组织联络，提高协会自身建设水平

3 月 17 日，协会基础教育工委在郑州组织召开了“民办中小学创变者分享会暨河南省民办教育协会基础教育工作委员会 2018 年会”。会议以“创变・赋能”为主题，引导民办中小学既不能做公办教育的翻版，也不能成为应试教育的盲目追随者，要敢于从校情和学情出发，不断创新、谋变，打造优秀的教师团队，培植学校的特色品牌。会议议题得到了出席会议的七个省的民办中小学办学人、校长 200 余人一致认同。

2018 年 4 月，在黄河科技学院召开了河南省民办教育协会五届四次会员代表大会暨全省民办学校党建工作促进会。全省 200 多名各级各类民办学校和培训机构的代表参加了会议。协会会长胡大白向与会代表与领导汇报了 2017 年以来的工作，协会第一副会长任锋，常务副会长杨雪梅，王左生、王裕清、王国平、王新奇等副会长以及郑州、周口、三门峡、洛阳等市县教育局的领导也出席了会议。此次大会是在全国上下深入学习贯彻党的十九大精神和习近平新时代中国特色社会主义思想，深入学习贯彻新修《民办教育促进法》的新形势下，召开的共议改革大计、共谋发展大业的重要会议，推动了全省民办学校党建工作和思想政治工作的开展。

（九）打造科研团队和研究平台，加强协会的科研引领作用

2018 年，协会民办教育研究院，先后两批在有关民办学校和教育机构中发展了 40 多名兼职研究员，编发河南省民办教育协会刊物《河南民办教育》6 期近 30 万字，编发研究院院刊《民办教育研究》4 期，两份刊物每期投递 510 份，在全省教育系统产生了较大的影响。河南省民办教育协会调研课题申报已超过 1000 项；参与单位发展到 23 家；除了民办高校、中小学、幼儿园、培训机构等各级各类民办教育机构积极参与外，还有部分教育主管部门、新闻媒体等各界力量参与研究，推动了全省民办教育界研究能力的提升。

2018 年，民办教育研究院继续完善工作机制，打造研究平台。启动河南民办教育蓝皮书项目，深入开展民办教育调研，研究民办教育改革方向、解读政策，为河南民办教育发展提供参考。在胡大白会长的全力支持下，《河南民办教育发展报告（2018）》由社会科学文献出版社出版并于 2018 年 11 月 23 日举行了发布会。社会科学文献出版社副总编辑蔡继辉专程到郑州出席了发布会并接受媒体的专访。河南民办教育蓝皮书的平台建设及成果在全省乃至全国民办教育界引起了较大的反响。

2017 年 11 月，中国教育学会、中国高等教育学会、中国职业技术教育学会、中国教育电视台、中国教育报刊社、人民教育出版社等 6 家单位联合开展了评选“中国当代教育名家”活动。2018 年初，民办教育研究院组织编写了编撰了《中国当代教育名家》一书。该书由社会科学文献出版社于 2018 年 9 月出版，获得了教育家的重视和赞誉。

经过近三年的努力，由协会会长胡大白主编的中国民办教育大型通史性论著《中国民办教育通史》（三卷本）近期也由社会科学文献出版社出版。该书全景式再现了中国民办教育 2500 多年跌宕起伏的历史画卷，被誉为“中国民办教育史必读书目”“教学研究重要资料用书”。本书的出版集中展现了河南省民办教育工作者的社科研究的水平和能力。

（十）以全国教育大会精神为指针，推进全省民办学校“智慧校园”建设

全省教育大会提出，要加快推进教育现代化。河南省民办学校也已在现代化的路上越走越坚实，不少民办学校实现了有线千兆进校园、核心办公教学区域无线网络全覆盖的网络环境格局，改变了传统的教育方式。2018 年，河南省民办教育协会与“特色教育”初步达成共建智慧校园以特色学校建设为主的研究性合作项目，开展“智慧校园”建设研究工作，引导民办学校在对教育资源进行重新整合的同时，赋能学生的日常消费、学习缴费和校园生活，以及学校方的校务管理，为教师和学生带来了全新的更加便捷高效的体验。

河南省部分民办学校已经做到了学生、教职工、访客凭一张代表个人身份的校园卡，即可实现校园内的身份识别、车辆出入管理、电梯管理、借阅管理、门禁管理、消费管理、考勤等“一卡通”功能，为师生创造一个安全、便捷、舒心的工作、学习、生活环境。

二　2019年主要工作安排

各位领导，各位代表，2019 年是深入贯彻落实全国教育大会精神开局之年，是民办教育分类管理改革深入推进之年。民办教育发展已进入改革创新攻坚期、健康规范发展期和质量内涵提升期。我们要一如既往地支持和规范社会力量兴办教育，依法支持民办教育发展，服务我省经济社会发展和现代化教育体系的建设。

（一）学习宣传贯彻党的十九大精神，学习全国和河南省教育大会精神，宣传国家有关政策、法规，引导全省各民办学校和培训机构深入学习贯彻党的十九大精神，认真领会，全面准确把握习近平总书记关于教育的重要论述的科学内涵和精神实质，推动全省民办教育系统贯彻党的教育方针，把立德树人落在实处。

（二）做好换届筹备工作。2020 年，协会第五届理事会五年任期已到，换届筹备工作即将启动。希望各民办学校支持协会的换届工作，积极参与，也希望各市教育局和民办教育协会能够推荐优秀的民办学校加入协会。

（三）做好学习、宣传新修《民办教育促进法》及其配套文件工作，引导民办学校加强内部治理，进一步规范办学行为，共同构建依法办学、自主管理、民主监督、社会参与的健康发展体系。

（四）加强协会秘书处制度建设。协会的制度建设要与时俱进，不断提高制度建设的水平，用制度提高工作的水平。

（五）加强对各工委会工作的指导和联络。积极组织各工委会及时总结推广各地落实分类管理改革任务的典型经验做法；开展民办教育分类管理改革专题研修活动；指导进一步做好信息报送工作，加强学校间、各学段间信息沟通、相互协作和资源共享。

（六）拟与有关教育单位或科技公司合作，为全省民办学校加快推进教育现代化提供更多支持。2019 年，省协会将以全国教育大会精神为指引，加快推进民办教育现代化。中国民办教育博物馆和黄河科技学院教育·医疗智慧馆都是省级科普教育基地，协会将根据会员们的要求，组织参观考察大学的智慧校园建设，引导中小学利用智慧校园建设，高效管理学生、班级、学校、家校，低成本高质量地推进中小学智慧校园建设。

（七）完成上级教育行政部门及中国民办教育协会交办的有关工作。

各位代表，全国、全省教育大会为我们今后的发展指明了前进的方向。2019 年，我们仍将不忘初心，牢记使命，深入学习贯彻习近平总书记关于教育的重要论述和全国全省教育大会精神，动员全省民办学校紧紧围绕立德树人这一根本任务，强措施、补短板、提质量，加快推进我省民办教育现代化，为办好人民满意的教育而努力奋斗！

B.23
附录二 2018～2019学年河南民办教育大事记

2018 年 8 月 29 日，第十次全国归侨侨眷代表大会在北京人民大会堂开幕。河南省侨联副主席、河南师范大学新联学院理事长李香枝作为代表之一参加大会，并荣获“中国侨界杰出人物提名奖”，系河南省侨界唯一一名获此殊荣者。

9 月，由中国管理科学研究院《中国大学评价》课题组完成的《2018 中国民办大学排行榜》发布，黄河科技学院在大学综合实力排行榜中排名第一，在理学、工学、农学、医学 4 个学科门类组合的自然科学排名中，黄河科技学院位列第一。这是黄河科技学院连续第三年获得武书连中国民办大学排行榜综合实力排名第一。信阳学院获评武书连 2018 中国民办大学本科毕业生升学率第 1 名。

9 月 10 日，黄河科技学院在隆重举行庆祝第 34 个教师节暨“亮身份树形象比贡献、争做出彩黄科院人”活动启动。

10 月 13 日，中国民办高等教育改革发展论坛在信阳举办。

11 月 1 日，全省校外培训机构整改工作推进会在郑州召开。

11 月 7 日，中共中央、国务院发布《关于学前教育深化改革规范发展的若干意见》，提出了到 2020 年，全国学前三年毛入园率达到 85%，普惠性幼儿园覆盖率（公办园和普惠性民办园在园幼儿占比）达到 80%；逐步提高公办园在园幼儿占比，到 2020 年全国原则上达到 50% 的目标。意见要求遏制过度逐利行为。提出：民办园一律不准单独或作为一部分资产打包上市。上市公司不得通过股票市场融资投资营利性幼儿园，不得通过发行股份或支付现金等方式购买营利性幼儿园资产。

11 月 15 日晚间，中央电视台新闻联播在第二条的位置专门对《中共中央国务院关于学前教育深化改革规范发展的若干意见》进行详细解读。

新闻播出期间，北京时间 19：34，红黄蓝盘前股价跌超 10%；19：54 左右，跌超 21%；19：59 左右，则跌至 25%。

红黄蓝跌幅曾一度扩大至 58%。

11 月 21 日，新乡医学院三全学院首批国际学生到校。该校 2017 年 8 月获批招收国际学生，2018 年首批共招收 60 余名国际学生，分别来自印度、印度尼西亚、巴基斯坦、坦桑尼亚与加纳 5 个国家，本次前来报到的 24 名国际学生均来自巴基斯坦，其余 40 余名国际学生将在 12 月陆续到校，他们将在新乡医学院三全学院进行为期 6 年临床专业的学习。

11 月 20 日，全国推进校外培训机构整改分片调度会在郑州召开。教育部基础教育司副司长俞伟跃出席会议，山西、内蒙古、山东、河南、湖北、陕西、甘肃等省份教育行政部门分管负责同志及相关处室负责同志参加会议。

11 月 23 日，全国第十三次省级民办教育协会协作会议暨《河南民办教育发展报告（2018）》（河南民办教育蓝皮书）新书发布会在黄河科技学院隆重召开。

社会科学文献出版社副总编辑蔡继辉，社会科学文献出版社编辑室副主任王玉霞及天津市民办教育协会会长张代祥等来自北京、上海、甘肃、湖南、云南、山西、江苏、重庆、安徽、湖北、河北、四川、内蒙古的民办教育协会领导，河南省社会科学界联合会主席李庚香、办公室主任李新年，河南省教育厅政策法规处、民办教育管理处处长董玉民，郑州市政府办公厅八处副处长胡旭洲，郑州市教育局民办教育管理处副处长苗伟，中国民办教育协会监事会主席、河南省民办教育协会会长、黄河科技学院董事长胡大白，河南省民办教育协会副会长、学前教育工作委员会理事长王国平，黄河科技学院副校长于向东，河南省民办教育协会副会长、河南民办教育研究院首席研究员、执行院长王建庄等出席会议。出席会议的还有蓝皮书的作者三十多人和多家主流媒体的朋友。河南民办教育协会会长胡大白致辞，全国人大常委、全国人大教科文卫委员会副主任委员、中国民办教育协会会长王佐书发来贺信。董玉民、李庚香、蔡继辉先后致辞，王建庄发布 2018 年河南民办教育发展报告。

11 月 26 日至 28 日，由省教育厅举办的河南省民办高校土建类专业课骨干教师培训班在郑州工商学院举行，来自全省 26 所民办高校的 80 余名教师参加培训。

12 月 11 日，郑州工商学院建筑工程学院第四学生党支部、郑州科技学院教务处党支部入选首批“全国党建工作样板支部”培育创建单位。

2019 年

1 月 3 日，由省教育厅主办、黄河科技学院承办的河南高校高端智库联盟揭牌仪式暨首届河南高校智库峰会在郑州举行。

1 月 8 日，郑州商学院发展战略研讨会暨揭牌仪式举行。省人民政府原副省长贾连朝，省人大教科文卫委员会主任委员、省人大常委会教科文卫工委主任朱清孟，省政府副秘书长尹洪斌，省教育厅党组书记、厅长郑邦山，省委高校工委专职委员陈垠亭出席活动，省教育厅有关处室负责同志参加活动。

1 月 16 日，河南省省长陈润儿在河南省第十三届人民代表大会第二次会议上做的政府工作报告指出，做好民办教育分类管理。

1 月 16 日，郑州西亚斯学院举行揭牌仪式。省人民政府副秘书长尹洪斌，省委高校工委专职委员陈垠亭，省教育厅相关处室、郑州大学负责同志等参加活动。

1 月 18 日，教育部党组书记、部长陈宝生在 2019 年全国教育工作会议上的讲话指出：办教育单靠财政投入不行，还要把全社会的力量和资源都调动起来。加强公办园主体地位，积极扶持民办园提供普惠性服务，规范民办园发展，多渠道扩大学前教育资源。

1 月 24 日，《国务院关于印发国家职业教育改革实施方案的通知》指出，支持和规范社会力量兴办职业教育培训，鼓励发展股份制、混合所有制等职业院校和各类职业培训机构。建立公开透明规范的民办职业教育准入、审批制度，探索民办职业教育负面清单制度，建立健全退出机制。

1月31日，2019年全省教育工作会议在郑州召开。

会议部署：加强与党委组织部门沟通协调，进一步理顺管理主体，规范隶属关系，加速推动实现党的组织和党的工作全面覆盖。会同省委组织部，做好向民办高校选派党委书记工作，推动选派的民办高校党委书记兼任教育督导专员。

会议指出：支持和规范民办教育发展。深入贯彻落实国家及河南省民办教育法律法规和相关政策措施，督促各地落实已出台的促进民办教育发展的文件和奖励扶持资金。完善民办学校内部治理体系，依法依规办学、依章依制管理。

2月12日，宇华教育集团发布公告，以约2.18亿港元的价格并购泰国斯坦福国际大学（Stamford International University）。

2月22日，教育部2019年工作要点：规范民办教育发展。

2月23日，中共中央、国务院印发《中国教育现代化2035》：支持和规范社会力量兴办教育。鼓励民办学校按照非营利性和营利性两种组织属性开展现代学校制度改革创新。加快发展普惠性民办幼儿园

2月23日，中共中央办公厅、国务院办公厅印发《加快推进教育现代化实施方案（2018—2022年）》：完善民办教育分类管理，全面落实民办教育促进法，修订民办教育促进法实施条例，积极鼓励社会力量依法兴办教育，促进民办教育持续健康发展。

3月5日，李克强总理在十三届全国人大二次会议所作的政府工作报告提出：支持企业和社会力量兴办职业教育。

无论是公办还是民办幼儿园，只要符合安全标准、收费合理、家长放心，政府都要支持。

3月16日，发布的《政府工作报告》，共修改充实了83处。关于民办教育，在草案“办好民族教育、特殊教育、继续教育”之后，增补了“依法支持民办教育发展”。

3月27日，教育部办公厅印发民办教育工作部际联席会议2019年工作

要点：民办教育发展已进入改革创新攻坚期、健康规范发展期和质量内涵提升期。民办教育工作部际联席会议坚持和加强党对民办教育工作的全面领导，坚持稳中求进工作总基调，紧紧围绕“五位一体”总体布局和“四个全面”战略布局，坚持底线思维，增强忧患意识，统筹推进稳增长、促改革、调结构、惠民生、防风险、保稳定的各项工作，提高风险防控和化解能力，支持和规范社会力量兴办教育，依法支持民办教育发展，服务经济社会发展和现代化教育强国建设。

4 月 19 日，省委、省政府召开全省教育大会，省委书记王国生、省长陈润儿在讲话中指出：要深入贯彻民办教育促进法，坚持积极鼓励、大力支持、正确引导、依法管理的方针，落实各项扶持政策，加强引导、监督、管理和服务，实行差别化扶持政策，规范办学秩序，推动民办教育发展再上新台阶。

5 月 10 日，广州日报数据和数字化研究院（GDI 智库）发布“2019 广州日报应用大学排行榜”，对公办高校民办高校使用同一评价体系，以应用指数、学术指数、声誉指数、二次评估指数四个一级指标建构综合指数，科学评价国内 891 所本科院校（非博士培养单位），推出“2019 广州日报应用大学排行榜—TOP800”以及四个子榜单，黄河科技学院在全国 891 所参评本科高校位居第 89 名，连续三年在民办本科高校中排名第一。

5 月 27 日，教育部正式公布 14 所职业学院更名的消息，周口科技职业学院更名为河南科技职业大学。

6 月 13 ~ 14 日，由中共河南省委高校工委、河南省教育厅主办、黄河科技学院承办的“2019 年河南省民办高校党建工作培训班”在黄河科技学院举办。

Abstract

This book was compiled by Henan Private Education Association and Huanghe S&T college, which scans, combs and summarizes the scale and current situation of Henan private education in 2018 - 2019 school year, and shows the share of Henan private education in national private education and Henan provincial education. It holds for a long time that Henan private education have adhered the socialist orientation of education and the principle of public welfare, which is the pursuit of featured education, and what varies constantly is the adaptation to the social development, the approach to modern school system, the innovation of personnel training mode, the continuous reform on educational methods, to solve new problems and open-up new path in the process of development. The paper analyses the internal and external environment and host and guest factors of the development of private education at present, and puts forward some countermeasures and suggestions for future development.

The book consists of general report, Segment Education section, modern school system and construction section, policy and law section, training and vocational education section, personnel training section, party construction section and summary section. It systematically reflects the basic situation of all kinds of private education at all levels in Henan Province. The general report was written by the research group of Henan Private Education Association, which leads the whole book. According to the general report, in order to achieve healthy development of private education in Henan Province, three basic principles must be followed: first, the principle of "nation first" . Second, the principle of serving the society. The third is to follow the principles of the basic laws of education. It is on the basis of adhering to the basic principles of continuous innovation that achieves the development of scale and quality. Since the 18th CPC national congress, private education in Henan has achieved sustained development. From 2012 to 2018,

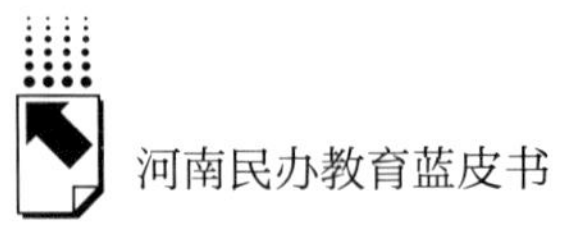

private kindergartens grew from 10362 to 17293, an increase of 6931 in six years. The number of children in kindergartens increased from 1. 7404 million to 3. 046 million, an increase of 1. 264 million. The number of private primary schools increased from 1344 to 1865, with an increase of 521. The number of students in school increased from 1071800 to 1623500, an increase of 551700. The number of private junior middle schools increased from 584 to 819, an increase of 235. The number of students in school increased from 591300 to 907300, an increase of 316000. The number of private high schools has increased from 196 to 299, an increase of 103. The number of students has increased from 259800 to 418400, an increase of 158, 600. The number of private secondary vocational schools has decreased from 234 to 170, but the number of students has increased from 242800 to 265, 400. The number of private institutions of higher learning increased from 34 to 39, with a small increase, but the number of students increased from 289800 to 510500, an increase of 220700. In 2018, the number of private education students in the province reached 6. 749 million, accounting for 27. 35% of the total number of 24676700 students in all levels of education in the province. Increased 4% from 23. 25 percent in the previous school year. In the new era, Henan's private education should pay more attention to its own construction. The government should encourage and support the development of private education, strengthen the classification management, and strengthen the support so as to make the private education develop healthily and continuously.

Combining with the current situation of private education in Henan Province, the chapter on Segment Education section analyses the current situation of all kinds of private schools at all levels in Henan Province, and puts forward countermeasures and suggestions from different aspects. The chapter on the modern school system and construction section focuses on the practical problems of Henan Province in the construction of modern university system. Policy and law section mainly analyzes the impact of classified management on private schools. Training and vocational education section mainly analyses the contribution of private education to the construction of Henan's contemporary vocational education system and the present situation of Henan's training and education. In personnel training section, the author explores the construction of the competency model of "double-qualified" teachers in private colleges and universities, the personnel training model of private colleges and universities in the new era, and the way of deep integration of production and teaching in private applied technology institutes. Since the implementation of the new Law on the Promotion of Private Education, Party construction has been the most important task in Henan's private education. In 2019, the Chinese Association of Private Education identified 70 projects with Party building characteristics of national private schools. Henan has five schools (institutions) including Huanghe Science and Technology College, Zhengzhou Science and Technology College, Zhengzhou Chenzhong Education Group and Ruzhou Xiangxieshijia Kindergarten. In Party construction section, the investigation report on Party construction in private education, the report on Party construction in private colleges and universities and the report on red gene inheritance education in Champs Xiangxieshijia kindergartens in Ruzhou have been published. To a certain extent, it reflects the current situation of Party building in Henan private education.

Keywords: Henan; Educational System; Private Education

Contents

I General Report

Abstract: The development of private education in Henan Province benefits from policies and social needs, and private education has its own distinct characteristics. In the course of development, we should adhere to the socialist orientation of education and the principle of public welfare, follow the laws of education and pursue characteristic education; constantly changing is the adaptation of social development, the approaching of modern school system, the innovation of talent training mode, the constant reform of educational methods, the constant solution of new problems and the creation of new ones in development. New Road. Changing and unchanged, gave birth to today's private education in Henan Province, but also laid a good foundation for the development of private education.

Keywords: Henan Education; Private Education; Innovation of Education

Ⅱ Segment Education

Abstract: Standing at the new historical starting point of the reform and opening up, the reform and development of private higher education in Henan Province is facing both great benefits and severe challenges. From the external perspective, the national policy strongly guides and supports the comprehensive deepening reform of private higher education. A new round of scientific and technological revolution and industrial transformation impels the transformation and upgrading of private higher education. External fierce competition forms an all-round impact and squeeze on private higher education. Henan's decision to win a well-off society in an all-round way makes the Central Plains more outstanding and urgently needs private higher education exhibition. Internally, there are still some prominent contradictions and bottlenecks in the reform and development of private higher education in Henan Province. The overlapping of old and new problems and the interweaving of old and new contradictions are mainly manifested in the lagging of supporting policy construction and the lack of innovation in supporting measures, the need to strengthen party building and ideological and political work, the imperfect internal governance structure, the homogeneous competition of disciplines and the insufficient application guidance in quality and characteristics. It is not outstanding enough, the quality of teaching needs to be improved, the loss rate of teachers is high, and the shortage of talents is still outstanding. Entering the new stage and promoting the high quality development of private higher education in Henan, we should make efforts both sides. On the one hand, we need policies to give us strength. At the government level, we should emancipate our minds, innovate our ideas and strengthen our guidance and support; at the private university level, we should deepen the reform, innovate the mode and improve the quality of education and teaching in an all-round way.

Keywords: Henan Province; Private Higher Education; High-Quality Development; Policy Supply; Deepening Reform

B. 3 Study on the Status and Development of Private Education in High School in Henan *Wu Deliang* / 052

Abstract: Since the 18th national congress of the communist party of China (CPC), with the deepening of reform and opening up and the sustainable development of economy and society, private education in high schools in Henan province has made great progress and has become an important part of basic education in Henan province. The rise and development of private basic education is the objective reflection and internal requirement of the socialist market economy in the field of education. At the same time, it also breaks the pattern of the monopoly of public high school education, which is a great reform with milestone significance in the development history of education. Education is related to the rise and fall of a nation, which needs to be paid attention to from the top-level design, and actively promotes the sustainable development of education. At present, private high school education in Henan province is facing both important historical opportunities and many problems and challenges. Based on a brief explanation of the development status of private education in high school in Henan province, this paper mainly analyzes the development status of private education in high school in Henan province, and analyzes the future development trend of private education in high school in Henan province.

Keywords: Henan; High School; Private Education

Abstract: In the past 40 years of reform and opening up, Henan's private education has gradually taken the lead in the country, from germination to development. Henan private basic education also has certain scale and school running characteristics in the development, but also faces many bottlenecks. In the new era, how to adjust the development strategy and overcome the difficulties of private basic education in Henan Province are the issues of great concern to governments at all levels, all walks of life, especially private education itself. Based on the analysis of the overall development status and bottlenecks of private basic education in Henan Province, this report puts forward the development ideas and solving strategies.

Keywords: Private Education; Basic Education; Cultural Inheritance; Henan Province

Abstract: From 2018 to 2019, Henan private pre-school education faced various policies of renovating thecommunity construction park and strictly controlling the proportion of the newly resourced parks. The living space, development speed and profit prospects of the private parks encounteredobvious bottlenecks. However, Henan private pre-school education has a good developmentfoundation for 20 years, and has formed a number of demonstration parks with garden-oriented characteristics and influential in Henan. The trend of "large scale", big role" and large impact of private parks will continue to exist for a long time.

Keywords: Preschool Education; Private Education; Henan

Ⅲ Modern School

B.6 Practice of Modern University System in Private Colleges and Universities in Henan *Tian Ju* / 088

Abstract: Constructing the modern university system is an important task in the reform of the higher education system. At present, the development of private colleges and universities is facing an important point of development towards connotation, and the construction of a modern university system with Chinese characteristics and adapted to the characteristics of private colleges and universities is a "booster" to effectively promote the reform and innovation of private colleges and universities. It is also a "system dividend" to promote the transformation and development of private universities. Based on the analysis of the significance of the construction of modern university system in private colleges and universities, the constitution of three private universities in Henan, an important carrier of modern university system, was selected as a blueprint, and the characteristics of the construction of modern university system in private universities in Henan were compared. The author puts forward the way of constructing the modern university system in Henan private universities.

Keywords: Private Colleges and Universities; Modern University System; University Statutes; Henan

B.7 Research on the Path of the Constitution of Private Colleges of Henan Province *Fan Jixuan* / 104

Abstract: The college constitution is the "charter" of college governance and the important foundation of establishing the modern college system of private colleges. This study is based on the framework of the college charter. Firstly, it analyzes the statutes of Chinese and foreign universities and the statutes of private colleges in Henan and other regions by text analysis method, to construct the index system of the statutes of private colleges. Secondly, through the analysis of present situation of elements of the text expression in the articles of association of a private colleges, Starting from the construction and improvement of the *five-in-one* corporate governance structure and the transformation of the organization structure of private colleges, we will explore the construction path of the charter of private colleges with Chinese characteristics from improving the system of democratic management decision-making, guaranteeing the right of private colleges stakeholders, coordinating to solve the relationship between private colleges and the government, the administrative organization of private colleges and the academic organization.

Keywords: University System; Private University; Constructing the Constitution of Universities; Henan

Abstract: Since the Eighteenth National Congress of the CPC, the provincial Party Committee and the provincial government of Henan Province have insisted on private education as a new growth point of education development and an important force to promote education reform, and vigorously supported and guided the development of private education. Private high school education in our province is developing rapidly. Through the research, the author believes that the board of directors of private high schools not only helps to speed up the construction of modern school system, but also helps to standardize the internal management of private high schools and improves the quality and efficiency of running schools.

Keywords: Private Education; Private High School; School Board of Directors; Henan

Ⅳ　Policy and Law

Abstract: In 2018, the development of private education in Henan is still stable. After the revision of *the Private Education Promotion Law* in 2016, a series of documents on management and regulation of private education were issued from the state to the local government. In the province's private education, it caused turmoil, and what it did and did not do have become a hot spot. As a large province of education, Henan Province should respond to the background of normative management in a way that does something and does not. It is an urgent task for Henan private education to analyze the situation, study the appropriate road development strategy, and fill in the shortcomings of education as soon as possible.

Keywords: Henan; Private Education; Adjustment Trend

Abstract: The introduction of the new *Private Education Promotion Law* and supporting policy documents constitutes the basic policy system of our national education, and it is determined that the classification management is the basic direction for the reform and development of our national education. From the perspective of the new law and new policy, classified management has a certain impact on all private education schools that include compulsory education and non-compulsory education. Classified management will speed up the promotion of "profit-making" and "non-profit" choices for private schools, and will strengthen supervision and management of private schools. Compulsory education prohibits "profit-making" schools, which will restrict the expansion of private education groups. The school will receive more supportive policies and different types of schools will be able to develop healthily.

Keywords: Classified Management; Private School; The Choice of "Profit-making" and "Non-profit"

V Training and Vocational Education

B. 11 Report on the Development of Henan Training and Education Industry

Zhu Yufeng, *Zheng Xuechun* / 155

Abstract: Since the late 1980s, the early 1990s, Henan Training and Education Industry has rapidly improved and become much stronger and been gradually in the forefront of the country with our country with our country's reforms and open-up. By the end of 2018, the whole province has added up to 24858 Education training schools. It has become an important part of Henan private education. Since 2018, lots of effective measures have been published by the State Council, the State Education Department, Provincial Education Department and four departments in order to standardize the development of Education Training Organization. It has indicated that Henan Education Organizations have stepped into the present stage of standardized development. This report has proposed many suggestions about Education development, education state, background, future development direction and valuable agreements.

Keywords: Training Education; Training Institution; Henan

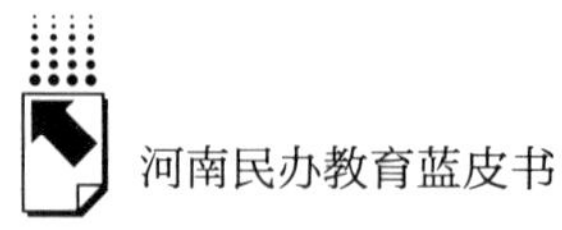

B. 12 The Construction of Henan Contemporary Vocational Education System

Wang gongbo / 167

Abstract: Contemporary vocational education in Henan has initially formed a framework for secondary vocational education and higher vocational education in nearly 70 years. Secondary vocational education has become a "direct train" and higher vocational education is building an "overpass" with remarkable achievements in development. In a certain sense, both have adapted to the needs of the primary, intermediate and advanced skilled personnel in economic and social development. However, the entrance exam to higher vocational education is still relatively difficult. At the same time, the highest level of vocational education is still limited to junior college level. Since entering a new era, the government, society and schools have been trying to adapt to the change. The framework of contemporary vocational education in Henan is gradually improved.

Keywords: Henan; Education System; Vocational Education; Private Education

B. 13 Research on Private Vocational Education Serving for the Construction of *Belt and Road*

Han Caihong / 184

Abstract: The *Belt and Road* initiative provides a strategic opportunity for the internationalization of private vocational education. Based on the unique perspective of the construction of the *Belt and Road* for private vocational education services, this paper analyzes the current situation of foreign language education services and the introduction of international quality resource services in the construction of *Belt and Road* in Henan Province. The shortcomings of education in docking the *Belt and Road* construction facilitate the use of foreign language service mechanisms to improve private vocational education from both international and domestic levels, and promote its transformation into educational international resources and the introduction of international high-quality resources. A service strategy will help the internationalized composite application talents training in private vocational education.

Keywords: Private Vocational Education; *Belt and Road* Construction; the Service Mechanism of Foreign Languages

Ⅵ Personnel Training

B. 14 Research on the Training Mode of Private Colleges and Universities under the New Normal

Li Haixia / 197

Abstract: At present, the economic development of our country has entered a new normal and puts forward new requirements for the development of higher education. Private colleges and universities are an important force in the development of higher education in China. They should actively adapt to the new normal and cultivate applied and innovative talents needed for economic and social development. Taking Huanghe Institute of science and technology as an example, this paper expounds the reform and practice of innovative talents training mode in the background of new normal.

Keywords: New Normal; Private Colleges and Universities; Talent Training Model

B. 15 Construction of the Competency Model of *Double-qualified* Teachers in Private Colleges and Universities

Wang WeiNa / 209

Abstract: With the rapid increase of social demand for applied talents, as private colleges and universities to adapt to the requirements of economic development and constantly innovate personnel training, strengthening the

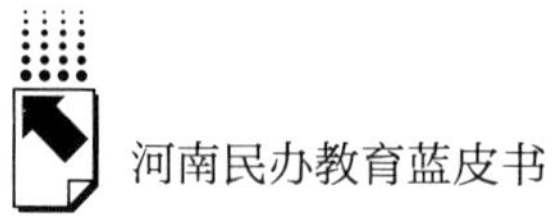

construction of *double-qualified* teachers is the key, but also an important guarantee for private colleges and universities to establish brand and characteristics. This research mainly takes private colleges and universities, especially in Henan Province as the research object, through interviews and questionnaires to analyze and study the competency characteristics of *double-qualified* teachers in some private colleges and universities. By means of principal component analysis, the data are tested and extracted, and the main factors of *double-qualified* teachers' competence are obtained. Through naming the main factors, the *double-qualified* teachers in private colleges and universities are constructed. Teachers' Competency Model, so as to improve the selection, training and assessment of *double-qualified* teachers in Colleges and universities, and standardize the evaluation mechanism of teachers' competence

Keywords: Private Colleges and Universities; Double-qualified Teachers; Competency Model

B. 16 Exploration on the Integration of Industry and Educationin Private Applied Technology College *Ding Fuyun* / 222

Abstract: In recent years, private colleges and universities have earnestly implemented the national education development strategy, adhered to the road of school-enterprise cooperation and integration of industry and education, and the level of education and teaching and the strength of running schools have been improved. However, there are still many problems and difficulties in deepening the integration. Practice has proved that correct understanding of the rich connotation of the integration of industry and education, adherence to the idea of "complementary advantages, mutual benefit and win-win", active construction of long-term mechanism of school-enterprise cooperation, and vigorously promoting the deep integration of culture, technology, resources and personnel are the correct choice for private applied technology colleges to solve the development problems, improve the quality of education and run education satisfactorily for the people in the new era.

Keywords: Private Education; Applied Technology College; Integration of Industry and Education

Abstract: With the goal of students' learning, development and learning outcomes, the construction of private colleges' teaching quality guarantee system is established, and the relationship between teachers' "teaching" and students' "learning" is clarified. Colleges and teachers should understand the motivations of students' learning, what they have learned, how to learn, what they hope schools and teachers should do and understand that how to improve the learning outcomes is an important criterion for evaluating the quality of teaching. Based on the student-centered teaching management concept, this paper analyzes the factors affecting the teaching quality of private colleges, and subsequently constructs a teaching quality guarantee system from the aspects of resource allocation, teacher training, talent cultivation and teaching reform.

Keywords: Student-centered; Private Colleges and Universities; Teaching Quality

Ⅶ Party Construction Section

Abstract: In June 2019, China Private Education Association has confirmed

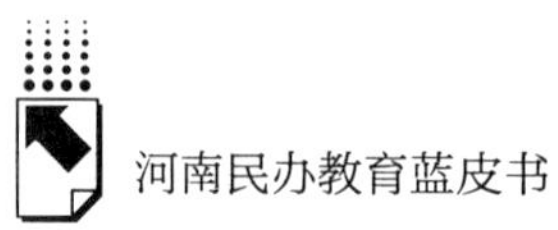

seventy characteristic projects of party building in private schools nationwide. Some schools and institutions have been selected, such as Huanghe Science&Technology College, Zhengzhou University of Science and Technology, Zhengzhou Chenzhong Education, Xiangxieshijia Kindergarten in Ruzhou City, in Chenzhong Education Group is among the confirmed party building learning Base of seven private schools in China. Xiangxieshijia Kindergarten made a typical speech at the National Exchange Conference on the Party Building Characteristic Project of Private Schools, which won unanimous praise from delegates and experts. The party building of private education in Henan Province has a great impact in China. It is the consensus of Party organizations, educational administrative departments and private schools at all levels in Henan Province to carry out party building and ideological and political education in private schools, which has brought new vitality to private education in Henan Province.

Keywords: Private Education; Construction of CPC; Ideological and Political Education; Henan

Abstract: Adhering to the leadership of the Communist Party of China is the most essential feature of socialist education with Chinese characteristics. As an important part of higher education in China, private colleges and universities bear the important task of training socialist builders and successors, just as public ones. Due to their particularity of the running model, the leading system, the operating mechanism and so on, the Party construction work in private colleges and universities faces some new situations and problems. Starting with the present situation of the Party construction in private colleges and universities, this paper also points out their achievements in Party construction work. Besides, it points out the prominent problems existing in their party construction work, makes an in-depth analysis of these problems, and puts forward countermeasures and suggestions.

Keywords: Private Colleges and Universities; Party Construction; Henan

Abstract: On June 26, 2019, Xiangxieshijia Kindergarten in Ruzhou City was selected as the party building characteristic project of the national private schools. Among the 154, 200 private kindergartens nationwide, only five were selected for the Party building characteristic projects. Zhang Jinna, principal of Xiangxieshijia kindergarten, made a typical speech atmade a typical speech at the National Exchange Conference on the Party Building Characteristic Project of Private Schools. The Education inherited by red gene in Xiangxieshijia kindergarten has attracted the attention of the experts and leaders and achieved high commendations and acknowledgments.

Keywords: Private Kindergarten; Red Education; Ruzhou

Ⅷ Summaries

Abstract: In 2018, private education policies emerged frequently, involving the implementation regulations of the law on promoting private education, the rectification of training institutions, the norms of pre-school education, etc. Some local governments issued substantive measures to support the development of private education. The response of capital market to the new educational regulations is obvious. Therefore, private education industry should strengthen its own construction, plan for the future and seek development.

Keywords: Private Education; Supported by Law; Training Institution

S 基本子库
UB DATABASE

中国社会发展数据库（下设 12 个子库）

全面整合国内外中国社会发展研究成果，汇聚独家统计数据、深度分析报告，涉及社会、人口、政治、教育、法律等 12 个领域，为了解中国社会发展动态、跟踪社会核心热点、分析社会发展趋势提供一站式资源搜索和数据分析与挖掘服务。

中国经济发展数据库（下设 12 个子库）

基于“皮书系列”中涉及中国经济发展的研究资料构建，内容涵盖宏观经济、农业经济、工业经济、产业经济等 12 个重点经济领域，为实时掌控经济运行态势、把握经济发展规律、洞察经济形势、进行经济决策提供参考和依据。

中国行业发展数据库（下设 17 个子库）

以中国国民经济行业分类为依据，覆盖金融业、旅游、医疗卫生、交通运输、能源矿产等 100 多个行业，跟踪分析国民经济相关行业市场运行状况和政策导向，汇集行业发展前沿资讯，为投资、从业及各种经济决策提供理论基础和实践指导。

中国区域发展数据库（下设 6 个子库）

对中国特定区域内的经济、社会、文化等领域现状与发展情况进行深度分析和预测，研究层级至县及县以下行政区，涉及地区、区域经济体、城市、农村等不同维度。为地方经济社会宏观态势研究、发展经验研究、案例分析提供数据服务。

中国文化传媒数据库（下设 18 个子库）

汇聚文化传媒领域专家观点、热点资讯，梳理国内外中国文化发展相关学术研究成果、一手统计数据，涵盖文化产业、新闻传播、电影娱乐、文学艺术、群众文化等 18 个重点研究领域。为文化传媒研究提供相关数据、研究报告和综合分析服务。

世界经济与国际关系数据库（下设 6 个子库）

立足“皮书系列”世界经济、国际关系相关学术资源，整合世界经济、国际政治、世界文化与科技、全球性问题、国际组织与国际法、区域研究 6 大领域研究成果，为世界经济与国际关系研究提供全方位数据分析，为决策和形势研判提供参考。

法律声明